深圳市人文社会科学重点研究基地成果

THE REPORT ON WORLD BAY AREA

世界湾区发展指数研究报告（2023）

DEVELOPMENT INDEX (2023)

主编　陈金海　范伟军

社会科学文献出版社
SOCIAL SCIENCES ACADEMIC PRESS (CHINA)

内容提要

建设粤港澳大湾区，是重大国家战略。综观纽约湾区、旧金山湾区、东京湾区等世界级湾区，它们在全球经济、金融或产业等领域极具影响力。相比之下，粤港澳大湾区的科技创新力、国际影响力等仍存在较大发展空间。粤港澳大湾区的发展成果，实际上是中国式现代化建设进程的缩影。开展粤港澳大湾区与世界知名湾区的综合比较研究，一方面，通过客观评估粤港澳大湾区城市现代化发展水平，可以更好地了解粤港澳大湾区与世界知名湾区现代化发展差距；另一方面，能为粤港澳大湾区现代化发展提供一些思考、策略，有助于粤港澳大湾区成为我国新发展格局中的战略支点、高质量发展的示范地、中国式现代化的引领地。

本书以现代化发展为主题，选取纽约湾区、旧金山湾区、东京湾区、粤港澳大湾区以及伦敦湾区、悉尼湾区中具有代表性的十大湾区城市作为研究对象，通过构建系统的评价体系量化地探索世界湾区实际发展成果。在分析完世界湾区现代化发展整体水平之后，本书还从国际化、金融发展、数字化、教育发展、生态文明五大细分领域，对比分析四大湾区发展状况。需要指出的是，由于部分数据和资料获取受到限制，本书部分章节并未全部考虑四大湾区的比较。全书共分为七个章节，具体如下。

第一章是文献综述：世界湾区现代化发展研究。本章首先对现代化发展的概念、特征、模式，相关领域研究及基础理论进行了概述，其次对世界湾区现代化发展实践进行总结分析，从而在整体层

1

面形成对世界湾区现代化发展的初步把握。

第二章是 2022~2023 年度世界湾区发展指数分析报告。本章在对国内外城市发展指标体系进行研究的基础上，搭建了世界湾区现代化发展评价指标体系的逻辑架构，认为湾区城市的现代化发展包括了经济现代化、社会领域现代化、生态与文明现代化、创新现代化和国际现代化五大维度，并严格遵循指标选取原则构建湾区城市发展指标体系，根据系列科学计算得出世界湾区发展指数结果。本章分别从综合评分角度、分维度评分角度对评价结果进行可视化解读和比较分析，总结各湾区城市的优势和不足，着重提炼粤港澳大湾区建设世界湾区的优势领域和需着力提升的领域。

第三章是粤港澳大湾区国际化发展研究报告。本章首先从国际化城市与湾区国际化特征分析出发，梳理了粤港澳大湾区国际化发展现状，然后比较分析了粤港澳大湾区与世界三大湾区国际化发展之间存在的差距，最后得出粤港澳大湾区国际化发展的策略选择。

第四章是世界湾区金融发展比较研究。本章先阐述金融发展与湾区经济的关联性，然后对比梳理世界四大湾区金融产业的现状，并通过概述世界四大湾区金融产业的发展历程，总结分析粤港澳大湾区金融发展的机遇与挑战，明确了粤港澳大湾区金融发展的提升路径。

第五章是世界湾区数字化发展比较研究。本章基于全球数字化浪潮背景，首先指出粤港澳大湾区正全方位迈向数字化，然后通过总结提炼世界三大湾区数字化发展的鲜明特征和国际位势，着重指出粤港澳大湾区数字化发展的不足之处，最后得出了推动湾区数字化发展的战略思考。

第六章是粤港澳大湾区高等教育高质量发展研究。本章先对粤港澳大湾区高等教育发展进行了概述，厘清了高校与所在区域互动发展的重要意义、内在逻辑，并梳理了区域与高等教育协调发展的相关经验；然后在分析粤港澳大湾区高等教育融合发展的目标和机遇挑战基础上，提出了粤港澳大湾区高等教育高质量发展的对策建议。

第七章是世界湾区生态文明发展比较研究。本章基于绿色发展是粤港澳大湾区战略选择，阐述了粤港澳大湾区生态文明发展的基本特征特点。同时，针对世界主要湾区绿色发展的国际态势进行深入分析，为粤港澳大湾区的生态文明发展提供经验与启示。最后，从制度、金融、环保、建筑与交通等多角度提出推动粤港澳大湾区绿色发展的建议。

研究得出的主要结论如下。

一 世界湾区发展指数分析报告

首先，本书对国内外城市发展指数、现代化发展评价体系等相关文献资料进行梳理，研究发现，城市发展指数的侧重点及指标选取存在较大重叠，基本集中于经济水平、社会发展、生态环境、创新能力等领域。在指标选取中，本书综合考虑指标的可得性、科学性、可获得性等原则，最终构建了 2022~2023 年度世界湾区现代化发展评价体系，其中将世界湾区现代化发展指数结果作为总指数。总指数由经济现代化、社会领域现代化、生态与文明现代化、创新能力现代化与国际现代化五大领域的分指数经过权重处理后构成。因此，一级指标有 5 个，二级指标有 13 个，三级指标有 65 个。

在此基础上，根据所构建的评价体系经过数据处理与指数计算，得出以下结论。

第一，根据世界湾区现代化发展指数结果，采用自然断裂点的分级方法，将十大城市分为三个梯队：第一梯队城市有东京、纽约与伦敦，第二梯队为悉尼、深圳、旧金山与香港，第三梯队为圣何塞、广州与澳门。

第二，对一级指标评价结果进行分维度分析，结果表明：在经济现代化维度中，得分前三依次为纽约、旧金山与伦敦，表明这三大城市具有良好的经济基础。在社会领域现代化维度中，得分前三依次为东京、悉尼与伦敦，表明这三大城市的社会化程度较高。在生态与文明现代化维度中，得分前三依次为东京、伦敦与纽约，表明这三大城市较为注重生态环境保护与文化文明建设。在创新能力现代化维度中，得分前三依次为东京、伦敦与深圳，表明这三大城市的创新能力与成果较显著，其中深圳作为粤港澳大湾区发展的重点城市，以打造"国际科技产业创新中心"为目标之一，扎实推进大湾区的现代化发展。在国际现代化维度中，得分前三依次为纽约、东京与圣何塞，表明这三大城市具有较大的国际影响力。

第三，对二级与三级分项指标评价结果进行分析，结果表明：各个城市在不同指标维度上占比不同，优势与短板较为明显，呈现了不同的现代化发展结构。第一梯队城市基本不存在明显短板；第二梯队城市存在一些较为明显的短板；第三梯队城市在各项现代化发展维度中得分往往与平均值有一定差异，存在较大发展空间。

最后，本书对世界湾区现代化发展指数衡量结果进行评价分析，具体结论如表0-1所示。

表 0-1　世界湾区现代化发展指数评价主要结果

城市	经济现代化	社会领域现代化	生态与文明现代化	创新能力现代化	国际现代化	总指数
东京	5.24	15.31	9.38	19.42	7.90	0.572
纽约	12.09	8.37	7.36	12.43	8.17	0.484
伦敦	8.09	10.20	9.21	13.42	6.61	0.475
悉尼	4.45	12.87	7.25	7.55	5.01	0.371
深圳	6.21	8.96	4.07	13.15	3.44	0.358
旧金山	9.31	6.23	5.86	6.97	6.86	0.352
香港	4.61	9.95	3.08	8.05	4.11	0.298
圣何塞	6.87	6.75	4.65	2.93	7.67	0.289
广州	4.20	9.19	2.89	8.19	2.61	0.271
澳门	5.48	7.12	3.51	0.14	1.54	0.178

二　粤港澳大湾区国际化发展比较研究

国际化是国际典型湾区的重要特征之一，随着《粤港澳大湾区发展规划纲要》逐步落实，粤港澳大湾区的国际化水平不断提升，国际影响力也不断增强。研究发现，目前大湾区内城市呈现国际排名不断上升，国际性综合交通枢纽功能不断提升，开放型经济增长态势强劲，对外开放平台竞争力显著增强，国际交往交流活动明显增多等良好势头。但与其他三大湾区相比，粤港澳大湾区仍存在一些问题。例如，大湾区经济总量虽大，但经济效率偏低；交通及航运枢纽建设仍有较大差距，具体体现在港口联动不强、机场航线重复度高、国际航线网络有待完善等方面；产业高端化不足，金融枢纽功能不强，产业结构尚存优化空间，金融中心国际影响力有待提高；科技创新国际化步伐仍待加快，世界名校集聚不足，产学研没有形成真正合力，人才要素流动不够便利；在智慧建设层面，大湾区整体智慧化建设水平有待提升；人文休闲湾区建设还有差距，文旅资源缺乏有效整合，文旅服务体系不完善，等等。

因此，在粤港澳大湾区国际化发展策略选择上，本书认为可从以下几个方面努力。一是建设具有全球影响力的国际科技创新中心：强化战略科技力量支撑，打造关键核心技术策源地；建设具有全球比较制度优势的人才创新高地；加强开放创新，营造国际一流创新生态。二是建设具有全球竞争力的国际经济贸易中心：培育位于世界中高端的高精尖产业，构建具有国际竞争力的世界级金融中心，提升消费国际化水平，构筑全球贸易枢纽。三是建设全球领先的智慧湾区：前瞻布局数字基础设施，搭建智慧城市管理平台，打造多元融合的智慧应用场景。四是建设全球一流国际物流中心：优化穗深港交通物流枢纽布局；加快建设国际物流大通道；优化货物运输组织。五是建设具有世界影响力的国际人文交流中心：大力塑造湾区人文精神，共同推动文化繁荣发展，深化对外交流合作。六是建设国际一流宜居湾区：全力推进绿色湾区建设，构筑休闲湾区，提高公共服务配置水平。

三　世界湾区金融发展比较研究

湾区经济是港口经济、滨海经济、都市圈经济与湾区地理形态聚合裂变而成的一种特有经济形态，优越的地理区位、繁荣的港口经济、大规模的制造、强大的金融能力和创新能力等多重元素的叠加，推动湾区在一国一域经济增长中发挥引领作用。在粤港澳大湾区的建设过程中，金融作为高端服务业，是湾区经济在港口经济和工业经济发展成熟后兴起的新业态之一。发展金融行业，是粤港澳大湾区发展到一定阶段突破自身资源条件限制的内在要求，是建设国际一流湾区的必然选择。

纽约湾区、旧金山湾区、东京湾区均具备开放的经济结构、高效的资源配置能力、强大的集聚外溢功能和发达的国际交往网络等优点，分别形成金融湾区、科技湾区、产业湾区的发展特色。粤港澳大湾区以香港、澳门、广州和深圳为核心城市领衔发展，拥有世界级的金融实力，已经形成了包括银行、证券、保险、基金、期货等多个金融领域的完整产业链。尽管粤港澳大湾区建设已取得阶段性成果，但其金融发展在创新研发、市场融合、人才储备等诸多方面仍面临挑战。未来，粤港澳大湾区可通过发展绿色金融，发挥金融科技优势，以及建立宏观审慎管理框架等手段助力实现"双碳"目标，推动数字金融发展，加强联合监管。在中央指导、地方政府大力支持下，大湾区城市群将克服来自关税、经济制度、法律体系及行政体系的差异，协同建设，成为改革开放领导者、产业升级引领者、科技创新先行的世界级城市群。

四　世界湾区数字化发展比较研究

当前，新一轮科技革命和产业变革正如浪潮般汹涌而至，数字技术已经成为塑造全球经济格局、改变全球竞争格局的关键力量。在这个数字时代的浪潮中，粤港澳大湾区凭借其坚实的信息技术产业基础，迅速打造了人工智能、大数据、工业互联网、云计算等数字产业的领先力量，这一区域拥有世界一流的科研机构和高校，为数字技术的创新提供了坚实的支撑。同时，传统制造业的转型升级也释放了巨大的数字技术需求，为数字产业的快速发展创造了市场动力。粤港澳大湾区正在积极构建一体化的数字经济体系，包括数字商业、数字产业、数字基础设施、数字社会、数字政府和数字科创体系，这一体系将数字技术广泛应用于各个领域，为经济社会发展注入了新动力。另外，湾区的高度对外开放、要素流动和商业创新优势，使其成为数字经济创新的重要源泉，也将其打造成全球数字经济的重要发展引擎。

全球各大湾区也积极响应新一轮科技革命和产业变革，将数字技术视为塑造未来的关键力量。在这一浪潮中，不同湾区展现了各自独特的数字化特色。纽约湾区以数字化赋能金融和文化产业为主要优势，形成了独特的精神内核。旧金山湾区拥有世界级的科研机构和高科技企业，科研与产业之间的良性互动源源不断地为数字科技创新提供动力，全球顶尖的数字科技企业位于此地，引领着全球数字化的发展趋势。东京湾区秉持着工匠精神，通过数字化技术的赋能，不断夯实全球先进智造中心的地位，以智造和供应链为硬科技牵引的数字化发展方向，在硬科技领域的数字化发展方面表现出色，为全球智能制造和供应链领域提供了关键支持。

与世界这几大湾区相比，粤港澳大湾区在科技创新规模和经济增长方面表现出色，虽然仍存在一些差距，如在科技创新质量、企业国际竞争力、要素流动和公共服务一体化等方面，但这也催生了更多的机会，粤港澳大湾区以构建更高水平的数字湾区为目标，驱动数字技术成为推动社会经济发展的主导力量，将数字化技术渗透到各个领域，并将湾区的制度优势化作数字化发展的重要保障，践行数字化原则将为湾区的高质量和跨越式发展提供强大动力，努力提升自身的科技实力和国际竞争力，优化产业结构，逐渐缩小与其他世界湾区的差距。在数字技术的引领下，世界各大湾区将共同推动全球数字化进程，为未来的数字时代创造更多可能性。

五　粤港澳大湾区高等教育高质量发展研究

创新已成为当今世界经济、社会发展的主要驱动力。高校天然的多学科优势、丰富的人才资源、多功能特性，使其成为科技第一生产力和人才第一资源的重要结合点，在国家和地区创新发展中具有重要地位，发挥着独特作用。粤港澳大湾区的高等教育发展，对提升区域科技创新能力、增强地方经济实力以及推动地区产业升级和经济结构转型具有关键作用。

目前，大湾区高等教育集群已具雏形，需要更好地发挥协同效应，将大湾区打造为更高质量的区域高等教育集群乃至世界性高等教育集群。粤港澳教育合作发展不仅要创新人才培养模式，为大湾区建设提供高素质人才支撑，而且承担着培养担当民族复兴大任的时代新人、增进港澳青少年国家认同的重要使命。粤港澳大湾区拥有超过170所高等教育机构，学生总人数超过200万，然而总体上与其他湾区（美国旧金山湾区、纽约湾区和日本东京湾区）相比，顶级大学在助力经济结构重塑和推动珠江三角洲腹地高科技发展方面仍存在一些局限性。

一方面，粤港澳大湾区三地毗邻，具有文化共通性特征，香港、澳门高校具有显著的国际化优势，粤港澳大湾区各个城市与国际的交流较为密切，具有非常厚重的移民文化。另一方面，从中央对粤港澳大湾区的高标准定位来看，内地建设与区域经济发展地位匹配的世界一流高等教育体系，仍然面临较大挑战。例如，区域在重大科研与实验项目上优势不突出，甚至短板明显，内地九市大学学科结构布局不科学问题较为普遍，高端优势学科不明显，等等。

为了推动大湾区高等教育的高质量发展，应采取一系列对策。

首先，需要加大政策支持力度，以形成"外向型"高等教育中心，支持高校与区域经济发展的互动。其次，应充分认识到大湾区经济发展与高等教育发展的"不协调不平衡"短板，通过合理布局高等教育资源，推动高等教育与区域经济的协同发展。再次，应加强顶层设计，做好机制衔接，构建合作广泛、创新开放、具有全球影响力的大湾区高等教育体系。最后，应对接产业，构建粤港澳大湾区职业教育体系，以满足现代产业发展的需求，推进粤港澳大湾区的高等教育高质量发展。

六　世界湾区生态文明发展比较研究

世界湾区地带已成为全球发展的焦点，其快速经济增长伴随的繁荣景象的背后，是不能忽视的与之伴随的严峻环境挑战。在这个背景下，探索湾区生态文明的发展已然成为当今社会研究的一个关键议题。湾区，作为城市发展的特殊景观，在生态文明发展之路的成功经验和面临挑战方面，提供了珍贵的启示。

纽约、东京、旧金山这几个世界级湾区的生态文明发展，不仅仅代表了不同国家和地区的城市，更是各自具有独特特征和优势的典型，通过对它们在可持续城市发展、绿色交通、城市绿化、产业转型等领域的深入剖析，共同探索湾区生态文明的不同路径。纽约湾区，不仅成了经济繁荣的代表，而且是可持续城市发展的楷模。其绿色转型不仅是一种发展战略，更是对环境的长期投资，包括城市绿化、环境保护和绿色产业的持续发展。东京湾区，一直以来在环境保护和低碳发展方面走在前列，其经验对其他湾区具有很大的借鉴价值。科技赋能、智能城市规划、环保合作等领域的成功实践，为湾区的可持续发展提供了宝贵经验。旧金山湾区，其"绿化城市"已成为城市品牌，这里的绿色产业和创新实践不仅带动了城市的新发展，而且让生态环境保护成为城市的鲜明标签。其发展经验更是表明，环保与经济可以实现协同增长，为湾区和其他城市提供了可持续发展的范本。

与世界湾区生态文明发展经验相比，粤港澳大湾区在加强部门协调、均衡城市功能、优化城市布局、发展绿色产业、引导产业转型等方面潜力巨大，面对绿色发展的重重挑战和生态文明建设中遇到的多种阻碍，粤港澳大湾区将在探索绿色交通、产业转型等城市可持续发展之路上，努力成为更加生态、绿色、宜居的全球可持续发展的典范。

前　言

一　研究的缘起

　　摆在案头的《世界湾区发展指数研究报告（2023）》书稿，将是该系列报告第三年连续发布。经过连续三年不间断地追踪和分析世界湾区发展状况，我们的研究报告逐渐获得国内外科研院所、高教机构的广泛认可和包括粤港澳大湾区在内的国际湾区政商界及社会公众的高度关注，在理论和实践领域引起越来越大的反响。

　　从历史的维度看，早期的人类文明多出现在两河流域以及尼罗河、恒河、黄河、长江流域，"这些河流的存在，能够弥补降雨的不足，但这也意味着人们面临着发展水利灌溉系统及其相应的社会政治组织的艰苦任务"[①]。从这一点看，文明从来不是唾手可得的，其形成需要人的主观努力，同时对山川、河流、气候等自然条件有严重的依赖性。人类通过协作开展有组织的生产劳动，而让自然资源发挥最大化的效用，大江、大河的平缓流域以及中下游冲积扇特别是河海交汇之域似乎理所当然能够滋生文明形态。因此，人类文明的本质就是人类生产、生活和其他社会活动的组织方式。例如，在耕种以及驯化动物的探索中，人类逐渐超越了原初的狩猎和采集活动，而进行更加有组织的生产、生活和交往活动，这就是农业革

[①]　〔美〕丹尼斯·舍曼等：《世界文明史》，李义天等译，中国人民大学出版社，2012，第19页。

1

命。这给人类带来超越自身生理限制的力量，因而也就潜在地获得了超越其他动物的力量。与此同时，这也成为人类产生阶级差别的基础原因。当有群体试图垄断对神灵的解释权、对生活资料的分配权、对生产协作的管理权时，[1]人类才得以获得有秩序的生存空间。由此，阶级和国家出现，标志着人类文明的诞生。在国家的组织和推动之下，人类在经济、政治、文化、社会和生态等领域不断推动文明内容发展，使人类文明在物质文明、政治文明、精神文明、社会文明和生态文明等方面不断分化、深化和发展。随着生产力的发展，人类文明不仅在内容上不断发展，而且在形态上不断迭代，从而推动着人类文明从古代向现代，乃至向更高阶段发展。在不断推动文明进阶的过程中，人类自身得到发展，社会获得进步。

随着西方世界进入文艺复兴时代，西欧国家通过复兴古希腊文明，也吸收了世界文明（包括东方文明）的精华，形成了举世瞩目的文明成就。这主要体现为物质的极大丰富和科学技术带来的瞩目成就。工业化后，西方文明加速传播到全世界，"适者生存"成为论证西方国家行为"合理性"的工具理念。现代化带来了物质财富物质文明——工业化之后，西方文明加速地传播，率先实现现代化的西方国家利用其强大的物质力量对外推行殖民主义和帝国主义，"适者生存"成为西方国家合理化、正当化其殖民世界的理论和"道义公理"。

西方文明的传播带来了不可逆转的负面结果。首先，近代以来，因为物质文明和科技的进步，国家之间的冲突和战争变得越来越惨烈；无论是一战、二战这样的大规模全局性战争，还是局部性战争，概莫能外。而率先实现现代化的西方国家对非西方国家持续其主导地位，就会导致当今的全球治理的危机。其次，物质的现代化

---

① 韩震：《人类文明形态的演进历程》，《人民论坛》2021年第34期。

往往会对传统的制度体系产生巨大的冲击。最后,尽管现代化为技术所驱动,但资本的内在属性往往导致了社会片面追求利润。因此,现代化与其催生的文明是以资本主导还是以人为本,成为矛盾的焦点。

当前"百年未有之大变局"加速演进,世界、人类的共同家园出现诸多治理难题——"人类文明已经走到了一个前所未有的十字路口",面临巨大困局。一方面,面临着堆积如山的全球治理问题,巨大风险和挑战时刻威胁人类文明的存亡绝续;另一方面,当今世界体系是由先发工业国家主导的,先发国家一旦感觉其为全球治理付出的成本高于收益时,便会选择逆全球化,回到自己的舒适区,任凭后发国家在风雨中飘摇。

阿诺德·汤因比早在其20世纪的巨著《历史研究》中就曾预言"中国人完好延续、保留了一个超级文明,世界的希望在中国,人类的归宿在中华文明"[①]。具有五千年中华文明史的文化,应当挺身而出,为解决21世纪的人类文明发展困局提供解题方案。来自经济界、文化界、学术界、媒体界的众多有识之士其实已经意识到:"文明发展的大趋势是不断促进全人类更大范围更深程度的协作,现代文明就是要促进全人类生存与发展以及降低协作成本而创造的事物的总和。"[②]中华文明因其"天下型文明"特质,[③]恰恰具备团结凝聚世界人民进行新型大协作的能力,能够"将人类世界带到一个超越狭隘利益博弈、争取创造更大共同福祉的新境界"[④]。

---

① 〔英〕阿诺德·汤因比著,D.C.萨默维尔编《历史研究》,郭小凌等译,上海人民出版社,2010,第3564页。
② 周兴旺:《文明大趋势:为什么说21世纪是中国世纪》,光明日报出版社,2023,第13~20、288~288页。
③ "天下文明"最早出自《周易》的"见龙在田,天下文明"。周兴旺:《文明大趋势:为什么说21世纪是中国世纪》,光明日报出版社,2023,第16、43页。
④ 周兴旺:《文明大趋势:为什么说21世纪是中国世纪》,光明日报出版社,2023,第16~23页。

二 中国式现代化：构建人类文明新形态

现代文明的要素和形态，应该说是在现代化发展过程中不断生成和发展的。历经百年奋斗，中国始终坚持和发展中国特色社会主义，在走现代化新道路过程中，逐步创造了一种富有活力、包容性强、可持续发展的文明新形态。这种文明新形态的关键主要体现在以下几个方面：首先，在中国共产党的坚定领导下实现了国家的独立、稳定和发展，确立了人民的主体地位；其次，中国特色社会主义将物质文明、政治文明、精神文明、社会文明和生态文明有机融合，构建了多层次、多元化的现代文明体系，这一体系不仅注重经济发展，还关注政治制度的完善、文化的繁荣、社会的和谐以及生态环境的保护；最后，这些基本理念通过中国共产党的纲领性文件加以固化，在全面深化改革过程中，这种现代文明的新形态的主体要素、内容要素和机制要素已经全部生成，它们之间的有机关系也被以制度化的方式予以确认。

中国式现代化新道路使中华民族在构建现代文明过程中，遵循了中华文明历史逻辑、现代化发展逻辑和共产主义运动逻辑，做到了不忘本来、吸收外来和面向未来的有机结合。一方面，坚持中国共产党的领导可以看作是人类文明新形态的一种建构方式，创造性地做到了统揽全局、协调各方，既保证了多元一体，又做到了多方协同，为文明转型提供了支撑力和领导力。坚持社会主义原则，则使中国传统的人本主义思想和马克思主义的人民中心理念实现了有机统一，做到了发展为了人民，发展依靠人民、发展成果由人民共享。另一方面，中国对内改革、对外开放，遵循现代文明建构规律，充分调动各种力量，吸收现代化发展经验，服务人民。同时，也并未简单地按照别人开出的"药方"来做，而是遵循自身文明发展逻辑，把握发展节奏，从容地走自主发展之路。"中国式现代化"的提出致力于对西方现代化的深刻反思，为人类寻求全球战后治理格局的一种新样态、一条新路径。

中国式现代化是致力于促进更多民族国家共同富裕的全新的文明形态。西方式现代化，从15世纪开始迄今500余年，从工业革命开始迄今近300年，尽管创设了一定程度的物质上的现代化，然而从其现代化产生的实际效果来看，几百年的积累仅仅让12亿人（即占世界总人口15.8%的人）进入高收入行列。中国人口占世界人口的18%，中国式现代化模式摒弃西方主导的现代化模式的"资本至上"原则，通过对资本进行理性控制，由"零和博弈"转向"合作共赢"，从而实现更公平正义的全球化运作中的分配机制，致力于实现惠及更大群体的更多人群的共同富裕。这样一种"共同富裕"的现代化模式一旦实现，将为全世界新增更为广大的高收入人群，提升全球更为广阔的地区、民族和国家的现代化水平。这种不断增强全人类物质文明的现代化模式将不断推进形成人类文明的新形态。

中国式现代化强调不以牺牲环境为代价换取现代化成果，倡导人与自然和谐共生的发展理念。纵观西方各国的现代化进程，多不可避免地走过一条"先污染、后治理"的发展道路，早期工业发展对能源等自然"馈赠"产生严重路径依赖。因此，工业革命曾给环境带来过巨大的破坏，也一度遭受来自自然的疯狂"反噬"，给人类的生存带来严峻挑战。"中国式现代化"一经提出，就坚持人与自然和谐共生，强调把高质量发展作为现代化建设的首要任务，倡导绿色发展，将绿色理念贯穿发展始终，注重经济发展与生态环境保护的协同推进。中国提出的"绿水青山就是金山银山"，精准概括了道法自然、天人合一、人类社会与自然环境协调发展、人与生物和谐发展，为全体人民提供了美丽、繁荣的生活环境，人人都有幸福感。

中国式现代化摒弃利益争抢，强调"双赢"，坚持惠及世界各国的和平发展模式。西方的现代化进程，最早源于西方大国通过殖民地获得财富，开启原始积累。国际湾区的起源也概莫能外，多源于强者之间的冲突、斗争甚至爆发世界性战争后国际城市（城市群）的重新洗牌。中国认为"和平与发展"是当今世界发展的主题，强调全面实现中华民族伟大复兴，且在坚持追求自身发展目标的同时，致力于为世界上其他发展中国家带来新的更好发展机遇。"一带一路"倡议是中国式现代化探索过程中的经典案例。该倡议推动十年来，吸引全球超过 3/4 的国家和 32 个国际组织参与，拉动近万亿美元投资规模，为沿线国家创造 42 万个工作岗位，让近4000 万人摆脱贫困[1]，预计共建"一带一路"将使参与国贸易增长2.8%~9.7%、全球贸易增长 1.7%~6.2%[2]。通过中国智慧和经验，"一带一路"倡议有效推进全球经济发展，也成为"南南合作"，即发展中国家间的经济技术合作的重要典范；"一带一路"也发展成为造福各国、惠及世界的"幸福路"。中国式现代化发展不仅为全球大多数发展中国家提供了独立发展的"第二条"现代化途径，同时也丰富了发展选择。

综上，从文明发展的角度来看，中国特色社会主义的持续发展

---

① 参见蒋彪、利璐《专访：共建"一带一路"倡议助力全球和平发展——访委内瑞拉国际问题专家格尔芬施泰因》，新华网，http://www.xinhuanet.com/silkroad/2023-08/03/c_1129784470.htm，2023 年 8 月 3 日。

② 参见史霄萌《共建"一带一路"倡议九年来推动全球共同发展成效显著》，中华人民共和国中央人民政府门户网站，https://www.gov.cn/xinwen/2022-09/14/content_5709753.htm，2022 年 9 月 14 日。

与人类命运共同体的建设形成了紧密互动关系。这将使中国特色社会主义所塑造的人类新文明形态对人类命运共同体的构建产生深远影响，从而引领着人类文明的未来发展方向，为构建全人类更加美好的未来提供了有益的思路和借鉴。

三　粤港澳大湾区：迈向中国式现代化引领地

世界湾区潮涌，浩浩荡荡奔流。施罗德 (Schroders) 发布的《2023 年全球城市指数报告》显示，2023 年全球 30 个最佳城市大多分布在湾区，全球已进入湾区时代。[①]

世界大大小小的湾区，各有各的形态，各有各的魅力。三大湾区——纽约、旧金山、东京，自不必说，知名度小一些的湾区，同样洋溢着浪漫的生活气息，涌动着澎湃的经济活力。

作为欧洲创新中心的伦敦湾区，是英国最重要的经济引擎之一，拥有众多知名企业和金融机构。有资料显示，伦敦湾区的 GDP 在过去 10 年中增长了 20%，远超英国其他地区。金融服务、科技创新和创意产业是伦敦湾区的主要支柱产业，伦敦金融城仍然是全球重要的金融中心之一。

伦敦湾区以其丰富的创新生态系统而闻名于世。湾区拥有众多高等教育机构和研究中心，其中伦敦大学、伦敦政治经济学院、伦敦商学院等顶尖学府为湾区的创新生态系统提供了强大的人才支持。此外，湾区还拥有多个创新中心和孵化器。科技公司如 Google、Facebook、Amazon 等纷纷在伦敦湾区设立了研发中心。

[①]　前瞻产业研究院：《国际湾区发展路径及经验借鉴》，"前瞻经济学人"微信公众号，https://mp.weixin.qq.com/s/1OVLNFuzUt3XudrpeUxXiA，2023 年 6 月 29 日。

在南半球最富裕的国家澳大利亚，坐落着墨尔本湾区。墨尔本有辉煌的人文历史，拥有澳大利亚唯一被列入联合国"世界文化遗产"的古老建筑，其被称为"澳大利亚的文化首都"。墨尔本湾区作为澳大利亚的全球创新中心，是澳大利亚最具活力和多元化的地区之一，澳大利亚经济的关键驱动力之一，也是澳大利亚最大的港口之一，以强大的经济地位、创新生态系统、基础设施建设成为世界瞩目的焦点。拥有多所世界一流的高等教育机构，如墨尔本大学和莫纳什大学，建成多个创新中心和孵化器，每年举办多个创新和科技活动，吸引着全球各地的创新者和投资者。金融服务、教育、旅游、创意产业是墨尔本湾区的主要支柱产业。

里约热内卢湾区，位于"足球王国"巴西的东南部，是巴西最重要的经济、文化和旅游中心之一，拥有壮丽的自然景观和独特的城市风貌。石油和天然气产业是里约热内卢湾区经济的重要支柱。此外，湾区还拥有发达的金融服务、旅游业、航运业，为经济增长提供了多元化支持。资料显示 2015 年以来，里约热内卢湾区年平均 GDP 增长率约为 2.5%，折射出湾区经济的韧性和潜力；该湾区的人口从 2000 年的约 1000 万增长到 2019 年的约 1170 万，年平均增长率约为 0.6%，显示了湾区作为人口聚集地的吸引力。

在中国的湾区"星群"中，除了粤港澳大湾区，还有环渤海湾区、环杭州湾区、北部湾大湾区、长三角湾区等。

环渤海湾区涉及京津冀鲁辽五省市，是中国重要的经济区域之一。中国与韩国、日本、俄罗斯等国家在此湾区建立了多个自由贸易区和经济合作区，促进了跨境投资和贸易往来。湾区的制造业产值占全国比重超过 20%，涵盖了多个行业，如钢铁、化工、机械制造等。根据统计资料，过去 10 年中，环渤海湾区的 GDP 保持有力增长，年均增速高于全国平均水平。在环渤海湾区的沿海城市，如天津、大连和青岛等，高技术制造业、航空航天、电子信息等新兴产业蓬勃发展，这些产业的崛起为湾区经济转型和升级提供了契机。

环杭州湾区以强大的创新能力而闻名。湾区拥有众多高等教育机构和研究中心，例如，浙江大学和杭州电子科技大学等知名学府培养了大量优秀的科研人才，为创新提供了人才和科研基础。制造业是环杭州湾区经济的支柱，涵盖了汽车制造、电子信息、机械制造等领域。与此同时，服务业也在该湾区的经济中扮演着重要角色，如金融、旅游、文化创意等领域发展迅速。过去 10 年中，湾区 GDP 强劲，展示出蓬勃活力。

北部湾大湾区，也就是通常所说的北部湾城市群，地跨粤、桂、琼三省区，在中国西部大开发战略格局和国家对外开放大局中具有独特地位。北部湾城市群自然条件优越，战略地位和区位优势明显，未来经济要素集聚会很快。国家在 2022 年出台了《北部湾城市群建设"十四五"实施方案》，将推动北部湾大湾区发展驶入"快车道"。

长三角湾区作为中国东部沿海地区的重要经济区域之一，长期以来备受关注。湾区内的苏、浙、沪三省市之间的经济联系日益紧密，形成了高度互补与协同发展的态势。长三角湾区具有强大的创新引领能力，上海交通大学、浙江大学、南京大学等知名学府为湾区培养了大量人才。湾区的经济总量占全国的比重逐年上升。2022年长三角地区经济总量占全国的比重为 24.1%，2023 年上半年占全国的比重为 24.2%，[①] 在中国的经济版图中占据着耀眼的位置。

---

① 裴龙翔：《开启一体化进程，长三角进发高质量发展新动能》，《工人日报》2023 年 8 月 23 日。

在繁星闪烁的世界湾区群中，粤港澳大湾区一"出道"即惊艳世人。与纽约、旧金山、东京世界三大湾区相比，粤港澳大湾区具有鲜明的独特气质。

1. 是一味追逐西方发展模式，还是和平发展、互惠共赢？

中国式现代化是走和平发展道路的现代化，在坚定维护世界和平与发展中发展自己，又以自身发展更好地造福世界。从世界三大湾区和粤港澳大湾区发展的比较中，我们能找到有力的证明。

纽约湾区，其发展起源于殖民地贸易。殖民地体制下的奴隶制度曾在此长期施行，殖民者对印第安原住民的管治让这片土地的历史弥漫着悲伤。旧金山湾区原本也是印第安人的家园，大航海时代开始之后成为西班牙殖民地，后来又因为战争在美墨之间易手。纽约湾区的华尔街是美国垄断资本的大本营，牵动着大国博弈与兴衰；旧金山湾区遍布高科技公司，并且聚集着世界知名的风险投资公司，很长一段时间几乎垄断了科技创新。西方三大湾区在发展过程中，一直在维持不公正的国际分工格局，助推国际分工利益在发达国家与发展中国家之间的分配畸形失衡，让发展中国家深陷国际分工陷阱。

粤港澳大湾区走的是和平发展道路。粤港澳大湾区的城市，自古以来就是中国的领土。目前被划入粤港澳大湾区的九座城市，是一个国家内部自然形成的城市群。粤港澳大湾区的发展，是九座城市自愿、平等选择的抱团发展、协调发展、融合发展。粤港澳大湾区在发展过程中，不仅没有出现垄断全球光刻机等高端资源的现象，而且在依靠科技自立自强努力迈向全球价值链的中高端，努力打破不公正的国际分工格局，为其他国家和地区摆脱国际分工陷阱探路。

2. 是利润优先，还是生态优先？

中国式现代化是人与自然和谐共生的现代化。"像保护眼睛一样保护自然和生态环境"①，是我们在中国式现代化之路上提出的重要理念。

是优先发展经济，还是优先保护环境，是更看重短期利益，还是更看重可持续发展，是区分发展理念、衡量发展品质的"试金石"和"分水岭"。

世界三大湾区历史上都经历过严重的空气污染，尤其是以臭氧为主的光化学污染。此外，1978年春天，纽约湾区爆发了拉夫运河污染事件，而此次让广大妇女儿童深受其害的事件的起源，则在于1920年到1953年这里曾是化学废物填埋场，一直没有得到妥善处理；二战后日本东京都经济高速向前，以牺牲一部分生态环境和民众健康为代价而实现追赶型发展，却长期面临严重的大气污染、水污染、垃圾堆积等问题；旧金山海湾的污染事件屡屡发生。在世界三大湾区发展过程中，资本主义追逐利润导致对自然环境的加剧破坏。正如长期致力于研究生态危机的美国前副总统戈尔所言："人类按照'唯利是图'的原则通过市场'看不见的手'为少数人谋取狭隘机械利益的能力，不可避免地要与自然界发生冲突。"②

港珠澳大桥，世界上最长的跨海大桥，是连接粤港澳三地的"民心桥"，是粤港澳大湾区互联互通的"脊梁"。在这座大桥修建过程中，为了实现白海豚"不搬家""零伤亡"目标，有关方面采取了研究人员出海跟踪并标识白海豚、缩短施工工期、调整施工方案等措施，耗资共约3.4亿元。③"绿色发展，保护生态"，粤港澳

① 《习近平著作选读》第一卷，人民出版社，2023，第19页。
② 〔美〕约翰·贝拉米·福斯特：《生态危机与资本主义》，耿建新、宋光无译，上海译文出版社，2006，第19页。
③ 陈绪厚、李金檐：《港珠澳大桥：保护白海豚花了3.4亿，实现"零伤亡不搬家"》，澎湃新闻，https://www.thepaper.cn/newsDetail_forward_2552560，2018年10月22日。

大湾区发展的这一条基本原则，正在成为实实在在的生动实践。

粤港澳大湾区寸土寸金、人口密集，2022年大湾区经济总量超13万亿元人民币，以不到全国1%的国土面积、5%的人口总量，创造出全国11%的经济总量。[①]保护生态环境，是粤港澳大湾区永续发展所需，是当地人民美好生活所需，也是保护当地生态系统独特性和生物多样性所需。

粤港澳大湾区本是一片绿美之洲，发展过程中依然高度注重"美"事，把"美丽湾区"作为愿景，坚持节约资源和保护环境的基本国策，实行最严格的生态环境保护制度，坚持最严格的耕地保护制度和最严格的节约用地制度，推动形成绿色低碳的生产生活方式和城市建设运营模式，让粤港澳大湾区成为永不沉没的梦幻之船。

3. 是惠及精英层的发展，还是惠及全体人民的发展？

中国式现代化是全体人民共同富裕的现代化，要求"发展成果由人民共享，让现代化建设成果更多更公平惠及全体人民"[②]。西方现代化往往以资本为主导。

以美国为例，美国精英阶层主导着美国政治经济，在全球化格局下，精英阶层把企业经营放在海外，虽然发展很快，但利润大多被精英阶层谋取，国内民众较少得到实惠。比如，纽约湾区的金融大鳄们获取巨额财富，却很难为民众带来涉及基础设施、基本民生等领域的效益。

① 徐雯雯：《发展机遇前所未有！ 2022年大湾区经济总量超13万亿元人民币》，大洋网，https://news.dayoo.com/guangdong/202311/07/139996_54602813.htm，2023年11月7日。

② 习近平：《高举中国特色社会主义伟大旗帜 为全面建设社会主义现代化国家而团结奋斗——在中国共产党第二十次全国代表大会上的报告》，求是网，http://www.qstheory.cn/yaowen/2022-10/25/c_1129079926.htm，2022年10月25日。

　　粤港澳大湾区立足本土，坚持以人民为中心的发展理念，积极拓展大湾区内部城市在教育、文化、旅游、社会保障等领域的合作，共同打造公共服务优质、宜居宜业宜游的优质生活圈。如今，港澳青年到内地创业蔚然成风，港澳居民及随迁子女同等享受学前教育、义务教育、高中阶段教育等政策落地实施，大湾区内符合条件的医疗机构可按规定使用已在港澳上市的药品和医疗器械，粤港澳大湾区的"硬联通""软联通""心联通"不断增进着大湾区人民的福祉。

　　4. 是单向度的发展，还是综合式、集成式发展？

　　"实现高质量发展"是中国式现代化的本质要求所在。"高质量发展"是追求"全能冠军"，为此不能忽略任何一个方面、一个领域的发展。

　　世界三大湾区早期发展或多或少存在相对单一的弊端。纽约湾区主打"金融牌"，是美国金融业最发达的地区，被称为"金融湾区"；旧金山湾区是著名的高科技湾区，科研资源丰富，科技巨头企业云集；东京湾区以"产业湾区"闻名，是日本最重要的工业资源"押注地"，成为日本各种产业的中心。在各自主要发展的领域，世界三大湾区均有出色的表现。但在主打领域之外，世界三大湾区则显露出一些短板。

　　粤港澳大湾区自始注重金融、高科技、产业等综合发展。大湾区金融改革亮点频出，粤港澳金融合作不断加深，跨境资金融通不断推进；广深港澳科技创新走廊建设加速向前，持续构建开放型协同创新共同体；大湾区内产业集群不断兴起，实体经济动能越发强劲。《粤港澳大湾区发展规划纲要》实施4年多来，粤港澳大湾区注重各个方面均衡发展、协调共进。

四　粤港澳大湾区：让世界读懂中国式
现代化的新窗口

2013 年以来，"读懂中国"国际会议已举办数次，其影响力日益提升，越来越多的国内外人士正是通过这一会议了解中国立场背后的发展逻辑。2023 年 4 月在广州主办了新一届"读懂中国"的专题论坛，其主题就聚焦于"读懂中国·湾区对话"。会上英国工党影阁财政部发言人、议会上院议员戴维森勋爵表达了对粤港澳大湾区的深刻看法，他认为"人类未来的兴衰也许取决于世界能否找到合适的合作方式，而粤港澳大湾区则很可能是全球发展格局大变革下的一个合作范例"。

粤港澳大湾区将"建设富有活力和国际竞争力的一流湾区和世界级城市群，打造高质量发展典范"视为长远战略目标，其通过对人类文明新形态的精彩演绎成为中国式现代化的重要缩影，更是全球关注的焦点。这一发展典范正成为世界探索新文明形态与发展的精彩篇章，为我们打开了理解中国式现代化的崭新视角。

作为全球唯一一个在"一个国家、两种制度、三个关税区、三种货币"的条件下建设的、涉及不同的制度体系的、国际上没有先例的大湾区，如何通过敢想敢试的制度创新和规则衔接，实现人流、物流、资金流和信息流拆墙松绑，既是建设国际一流湾区的关键挑战，也是制度创新的巨大动力。

改革开放以来，中国一直致力于通过"接轨"进入全球规则体系，而今天则要进一步通过"湾区"这一路径，将一体化的国内规则作为促进国内大循环的关键力量，进而推进规则的"国际化"变革，从而不断改革完善国际体系和国际规则，促进"双循环"。在

"有事大家商量着办"的倡议下，为构建真正开放包容的多边主义，为营造更加公平公正的全球治理格局贡献中国力量。

粤港澳大湾区正是通过敢于思考、敢于尝试的制度创新改革路径，借助港澳国际制度体系加上湾区实践的双重特点，探索了政府治理、市场机制、法治建设、产业发展、社会保障等方面的在制度设计、实施评估和总结推广上的新路径。尤其是对于粤港澳大湾区重大合作平台制度，及时地总结出许多可复制可推广可持续制度向全域甚至全国转化的应用，逐步形成了面向全球与服务全国的制度创新试验场带动功能，为中国的现代化发展提供了有力支撑，体现了中国式现代化的新内涵。

从实际来看，近年来，粤港澳大湾区也已成为中国甚至全球经济动力最强劲、创新发展最活跃的区域之一，在利用科技创新促进产业和经济发展等方面，走在了全国前列。应该说，科技创新已成为粤港澳大湾区在全国乃至全球的一张闪亮名片。数据显示，"深圳—香港—广州科技集群"创新指数近三年连续位居全球第二，大湾区也已构建了一套完整的创新生态链，涵盖了基础研究、技术攻关、成果转化、科技金融以及人才培养等环节，并充分发挥出了企业、高校、科研机构和国家实验室体系、重大科技基础设施集群、国家技术创新中心体系等重要创新平台的集聚效应，吸引了一批科技人才、研发机构和高新技术等创新要素，为以数字技术为代表的未来科技创新发展提供了全球性资源和合作伙伴，凸显了中国高质量发展的成就。未来中国还将通过粤港澳大湾区积极探索在更多领域"单边开放"，吸引更多国际要素流入，为科技创新提供更多动能，推动粤港澳大湾区这艘科技创新"巨轮"有序"出海"。

此外，随着全球气候变化和环境问题的升级，绿色可持续发展已成为全球共识。而粤港澳大湾区追求经济增长，也关注生态平衡、资源利用效率和民生福祉。在生态与经济之间的新平衡发展经验为其他国家和地区提供了宝贵的经验。大湾区的绿色技术和创新将有助于全球环保产业的发展，推动清洁能源和环境科技领域的进步，为全球应对气候变化和环境挑战提供有力支持。推动形成了绿色低碳的生产生活方式和城市建设运营模式，在为居民提供良好生态环境等方面的成功实践，即在追求经济繁荣的同时，也不忽视环境保护和社会公平，在国际上树立了中国式现代化新实践的典范。

同时，粤港澳大湾区的文化之脉，与其千年来的发展历史紧密关联——其所蕴含的丰富历史文物和文化遗产，构成了中华民族现代文明中不可或缺的部分。这里融合了古越族文化、中原文化、移民文化、海洋文化、畲族文化、疍民文化等多种元素，形成了岭南文化的独特特质，彰显了中华文明的包容性发展。而这一具有地缘、族缘、史缘的文化共同性特征，则成为粤港澳大湾区发展的命脉和灵魂。中华文化的多元性与统一性在粤港澳大湾区的发展中得到体现，近年来，围绕共建人文湾区"塑造湾区人文精神""共同推动文化繁荣发展"等目标，大湾区积极深化历史文化研究，注重挖掘文化资源，进一步丰富了湾区人文精神内涵及载体，持续加强粤、港、澳三地人文交流合作，促进了中华文明永续传承，培育了现代文化的创新精神，为中华文明的继承与创新提供了有力的支持，也为世界各地的文化交流和合作提供了宝贵的经验。

2023年是《粤港澳大湾区发展规划纲要》颁布实施4周年。4年来，粤港澳大湾区建设在很多方面取得了阶段性进展，有力地促进了香港、澳门和内地经济加速融合，开创了经济发展新格局，形成了我国更高水平对外开放新格局。在此背景下开展粤港澳大湾区与世界一流湾区的综合对比研究，就有着重要的现实需求和学术价值。

有鉴于此，2023年世界湾区发展指数研究将采用包括文献综述、数据分析、案例研究、定量评价和政策研究等在内的多维度、多视角和多要素的方法，在进行广泛深入的文献整理、数据收集和综合分析的基础上，构建世界湾区现代化发展指数，为粤港澳大湾区未来发展提供有力支持。

本书共包括七章研究内容，全书结构安排如下。第一章，对湾区的现代化发展进行了全面梳理，阐明了现代化的概念、特征，以及湾区现代化发展的基础理论。本书不仅关注理论，还聚焦实践，深入研究了纽约、旧金山、东京和粤港澳大湾区等湾区的发展经验，为读者呈现了不同背景下湾区发展的特点与趋势。

第二章，重点介绍了2022~2023年度世界湾区发展指数分析报告，详细解读城市发展指标体系的研究与构建，为读者提供了一个全新的视角，以便更好地理解湾区发展的关键因素。

第三章，重点关注了粤港澳大湾区的国际化发展，分析了湾区国际化特征，并比较了粤港澳湾区与世界三大湾区的国际化发展差距，提出了一系列战略选择，以指导粤港澳湾区未来的发展。

第四章，关注湾区的金融发展，特别是强调粤港澳大湾区的金融发展机遇与挑战。深入探讨了金融与湾区经济之间的关系，同时也细化并研究了粤港澳大湾区在租赁金融、科技金融和绿色金融等领域的创新。

第五章，聚焦数字化发展，探讨了粤港澳大湾区如何迈入数字时代。将湾区的数字化发展与世界三大湾区进行了详细的对比，为湾区的数字化发展提供了战略思考和路径。

第六章，深入研究粤港澳大湾区的高等教育发展，强调高等教育与城市发展的紧密关系，为湾区的高等教育发展提供对策和建议。

第七章，从国际视野中吸取经验教训，强调湾区生态文明建设的重要性，并提供战略思考，包括强化协同机制、引领绿色金融、无废湾区建设、现代建筑业高质量发展以及完善绿色交通体系，为粤港澳大湾区的可持续发展提供具体政策建议。

这份报告不仅关注湾区发展的具体问题，还提供了湾区发展的全球视野。希望通过阅读这份研究报告，读者可以更好地理解湾区的现状、发展趋势，以及未来发展的机遇与挑战。我们也期待这本专著能够为学术界、政策制定者、企业家和社会各界提供有益的信息和启示。

目录

目录

第一章

文献综述：世界湾区现代化发展研究

党的二十大报告指出，以中国式现代化全面推进中华民族伟大复兴。习近平总书记强调，中国特色社会主义的基本纲领是把我国全面建成社会主义现代化国家。[①]世界湾区的发展通常承担着各国或各地区的核心角色，区域内集聚着大量的优质资源，并在全球分工中发挥着重要作用。湾区发展也是通往世界的开放发展，充分发挥湾区现代化建设的引领作用，有助于我国实现社会主义现代化全面建设。

第一节　世界现代化发展概述

现代化起源于人类的现代工业文明替代传统的农耕文明。在资本主义市场经济与生产方式的制度背景下，自18世纪工业革命开始，以蒸汽机发明为标志，人类社会正式步入工业化时代。工业技术革命掀起了社会变革浪潮，大大解放了社会生产力，社会财富创造和生产生活条件发生了巨大变化。现代化是人类历史上最剧烈、最深远并且显然是不可避免的一场社会变革。[②]

一　现代化发展的概念及特征

20世纪50年代初期，美国著名经济学家西蒙·库兹涅茨（Simon Smith Kuznets）创办的《文化变迁》杂志在芝加哥大学召开学术会议，讨论了经济发展不平衡及美国对外政策等问题及相关理论。会议中提到"现代化"一词，且被普遍认为是指农业社会向

---

① 习近平：《关于坚持和发展中国特色社会主义的几个问题》，《求是》2019年第7期。
② 〔美〕吉尔伯特·罗兹曼：《中国的现代化》，国家社会科学基金"比较现代化"课题组译，江苏人民出版社，2010。

工业社会的转变，自此"现代化"这个术语被广泛使用在经济、政治、社会、历史等多个学科领域研究中，尤其是发展经济学广泛使用"现代化"概念，形成了系统的理论体系。随着社会和经济的发展，"现代化"概念的内涵和外延也不断丰富拓展。

（一）现代化发展的概念

一般认为，现代化是指工业革命以来由于现代社会生产力的发展导致社会生产方式的大变革，引起人类社会经济、政治、文化加速发展和社会适应性的大趋势。[①] 因此，现代化发展是一个包括经济、政治、文化、社会、科技等在内的综合发展进程，是一个具备综合性、动态性、发展性的概念，当前现代化发展的概念并没有统一定论。

美国普林斯顿大学的西里尔·布莱克（Cyril Black）教授对现代化的定义是，科学革命以来，人类知识不断增进，传统社会制度逐渐演化，以适应现代功能，并加强对环境控制的一种变迁过程。美国著名政治学家、思想家塞缪尔·亨廷顿（Samuel P. Huntington）认为，现代化包括工业化、城市化以及识字率、教育水平、富裕程度、社会动员程度的提高和更复杂而多样化的职业结构。[②] 美国学者吉尔伯特·罗兹曼（Gilbert Rozman）在《中国的现代化》一书中指出："所谓走向现代化，指的是从一个以农业为基础的人均收入很低的社会，走向着重利用科学和技术的都市化和工业化社会的这样一种巨大转变。"[③]

罗荣渠在《现代化新论——世界与中国的现代化进程》一书中

[①] 戴木才：《论世界各国现代化的共同特征》，《思想理论教育》2023 年第 4 期。

[②] 〔美〕塞缪尔·亨廷顿：《变动社会中的政治秩序》，王冠华等译，上海人民出版社，2008。

[③] 〔美〕吉尔伯特·罗兹曼：《中国的现代化》，国家社会科学基金"比较现代化"课题组译，江苏人民出版社，2010。

指出:"广义而言,现代化作为一个世界性的历史过程,是指人类社会从工业革命以来所经历的一场急剧变革,这一变革以工业化为推动力,导致传统的农业社会向现代工业社会的全球性的大转变过程,它使工业主义渗透到经济、政治、文化、思想各个领域,引起深刻的相应变化;狭义而言,现代化又不是一个自然社会的演变过程,它是落后国家采取高效率的途径(其中包括可利用的传统因素),通过有计划的经济技术改造和学习世界先进,带动广泛的社会改革,以迅速赶上先进工业国和适应现代社会环境的发展过程。"[1] 赵宏海认为,对发展中国家来说,现代化是工业革命以来人类社会从农业社会向工业社会持续而深刻的社会变迁,是以科技革命和制度创新为根本动力,工业化、城市化互动并进,不断推进经济、科技、社会、政治、文化、组织与管理制度等社会各个方面达到现代发展水平的变革过程。[2]

站在发展的观念和视角,现代化是指以现代工业、信息与科技革命为推动力,以人的物质文化生活水平不断提高为标志,以环境优化和民生改善为着力点,实现从传统的农业社会向现代工业社会、信息社会转变,对经济、社会、政治、文化、生态等各个领域产生革命性的影响,引起人类社会活动方式的根本性和整体性变迁的过程。可见,现代化绝不仅仅是经济现代化,还包括社会现代化、文化现代化、政治现代化以及生态现代化,而现代化的核心和最终目标是人的现代化。[3]

从历史角度来看,现代化是指人类社会从工业革命以来所经历

---

① 罗荣渠:《现代化新论——世界与中国的现代化进程》,北京大学出版社,1993。

② 赵宏海:《安徽省城镇化与农业现代化协调发展研究》,安徽大学博士学位论文,2013。

③ 朱元秀:《现代化视角下长三角地区转型发展研究》,华东师范大学博士学位论文,2013。

的一场急剧变革，这一变革以工业化为推动力，导致传统的农业社会向现代工业社会的全球性大转变，它使工业主义渗透到政治、文化、思想各个领域，引起深刻的变化。[①] 从经济发展来看，现代化发展不局限于现代化发端时工业文明对传统农耕文明的替代，而是在工业文明深入发展的基础上整个国民经济结构的一种前进性发展。

（二）现代化发展道路及模式

尽管世界各国在现代化发展中互有关联，但现代化发展进程往往并不同步，不同国家实践现代化的方式、路径选择和过程会依据国情、历史、文化传统等不同而有所差异，但大体上现代化发展道路可分为资本主义现代化道路和社会主义现代化道路两类。其中，资本主义现代化道路较为典型的有英法模式、美国模式和日本模式等；社会主义现代化道路具有代表性的则有苏联模式和中国模式。

1. 资本主义道路下的现代化发展模式

资本主义现代化是基于资本主义市场经济与生产方式制度背景下诞生的，从实质上来说，资本主义现代化道路是一条由资产阶级领导的现代化道路。早在中古时期，商品经济和贸易活动的兴盛，在加速推动封建社会经济结构解体的同时，为资本主义的萌芽提供了良好温床。随着资本主义的进一步发展，资产阶级的经济、政治力量不断壮大，为各国资产阶级革命准备了条件。继尼德兰革命之后，17~18世纪，以英国、法国、美国等为代表的国家相继爆发了资产阶级革命，不仅摧毁了封建专制统治，而且为资本主义制度的确立和资产阶级掌权开辟了道路。

---

① 罗荣渠：《现代化新论——世界与中国的现代化进程》（增订本），商务印书馆，2004。

（1）英国现代化模式

英国现代化模式的产生是多个因素相互作用的结果，包括思想启蒙、工业革命、政治和社会改革以及战争和全球化等因素。在现代化发展之初，英国的自由主义和个人主义的思想开始萌芽，英国启蒙思想家所提倡的个人自由和民主制度，在一定程度上影响了英国政治、经济和社会发展，成为英国现代化的基础。政治改革是英国现代化进程中的重要一环。19 世纪初，英国通过实施选举改革、议会改革、工厂法、民法改革等一系列的政治改革，确立了君主立宪政体，推动了英国政治制度的现代化。

随着第一次工业革命的到来，产生的新生产技术和商业模式，推动了英国的城市化和城市生活的发展，英国经济和社会逐渐从农业向工业转型，英国也因此成为欧洲主要的制造业和工业中心。同时，英国依靠其强大的贸易实力、金融影响力，庞大的海外殖民地和高效的自由贸易体系，发挥工业先发优势和绝对的技术优势，实施对全球的殖民统治。社会改革在英国现代化发展中同样重要。19 世纪后期，英国实施了一系列社会改革，包括公共卫生、教育和住房改革等。这些改革改善了英国人民的生活条件，同时也促进了英国社会的现代化。总体来说，英国现代化代表了一种自下而上的现代化模式，即通过自由主义、民主制度和市场经济等手段来推动社会的现代化，而非通过强制性的国家干预和统一的现代化计划来实现。

（2）法国现代化模式

自法国大革命推翻封建统治开始，资产阶级政权登上舞台，资本主义得以发展。在拿破仑执政期间，政府先后颁布了一系列经济政策法令，大力发展近代工业，奖励创造发明，从而促进了技术的革新，推动了资本主义工商业的发展，使法国工业近代化取得了一定的成效，并为产业革命的发生提供了物质技术前提。之后随着法兰西第二帝国的建立，路易·波拿巴在统治期间，通过国家干预的方式将工商业扩展到极大的规模。法国的冶金业、纺织业和交通业都得到迅速发展，至1870年法国工业革命基本完成。1870~1913年法国开始了第二次工业革命，工、农、商业和交通运输业等各方面得到进一步发展。尤其是电力的应用，使工业化程度又向前跨进了一步，此时，法国已成为仅次于英国的世界工业强国。二战后，法国奉行国家干预的经济政策，戴高乐将军在1946年成立了法国计划总署，制定法国战后经济腾飞的所有"五年计划"。在此类计划指导下，法国建立了从核能源、航空航天、铁路到汽车、农业、医疗、教育、社保等独立的经济和社会保障体系。

此外，农业现代化发展在法国整个现代化进程中也不容忽视。法国农业现代化过程是农业生产技术现代化和农业结构现代化相配合的发展过程。受19世纪法国工业化进程的影响，农业升级能够获得更多的技术支持，加上交通运输业的快速发展，法国农业实现了由小农经济向商品经济，进而向市场经济的发展。资本主义市场机制促进了农业结构发生改变，使专业化生产成为法国农业生产的主要模式。20世纪中期后，法国政府通过加强对农业的政策支持和资金支持，例如加强土地流转、支持农机设备升级、加强农业从业者技能培训、提供财政补贴、加大农产品出口等多种形式，为推进农业现代化发展夯实了基础。20世纪90年代，在人类可持续发展理念的影响下，法国农业发展从粗放型过渡到集约型，在实现机械化、化学化和电气化的基础上，全面提升农产品质量和农业层次。在农业生产结构上，法国农业现代化的基本特征是以畜牧业为主，农、林、牧并举，三者紧密结合，呈现了均衡性的特点。

（3）美国现代化模式

大多数学者认为美国现代化开端于 18 世纪末到 19 世纪初。随着美国宪法的制定和生效，美国正式成为一个独立主权国家。面临新环境，美国对欧洲政治体制和观念进行移植并加以改造，建立了独具特色的美国式民主政体，即以立法机关为核心，复合分权与多重制衡的宪政体制。在宪政体制下，各个部门之间保持相互的独立性，部门之间与部门内部设置了多重权力制衡机制：参众两院之间的制衡，行政权与立法权之间的制衡，司法部门对立法和行政部门也具有制约的权力。

在工业化进程中，美国通过土地扩张、国外移民获得了发展所需的自然资源和人力资源，这为后续现代化发展提供了良好的物质基础和人力基础。在历经第一次工业革命和第二次工业革命后，美国工业生产得以迅速发展，铁路、电报和蒸汽船等新技术成果的应用，极大地推动了美国的工业化进程，改变了美国的经济结构和社会面貌，极大地推动了美国的现代化进程。美国建立了统一的国内市场、相对完整的产业部门，从模仿创新走向自主创新，实现了全国经济均衡发展。

同时，农业的现代化变革对美国现代化进程也起到了重要的推动作用。从 19 世纪到 20 世纪上半期，随着美国领土的扩大和不断向西部拓殖，西部从自给农业向商业化农业转变，农产品的商品化、农业生产的专业化和机械化，以及农业经营方式的集约化和规模化程度越来越高。农业的发展还带动了东部和南部农业的发展与转向，从而推动整个地区的农业现代化。从一定意义上说，西部开发所带动的农业现代化与东部的工业化共同构成美国经济现代化的主要动力。

（4）日本现代化模式

作为现代化历史进程中"继起范式"的代表性国家，日本属于"后发赶超型现代化"的典型。从宏观角度看，日本的现代化进程经历了近代产业化时期、高度产业化时期和后工业化时期。在19世纪中叶，日本明确了走现代化道路的方向后，开始了一系列资本主义改革，包括积极引进西方科学技术与机器设备，招聘外国专家，派遣学生出国留学，培养本国的专业技术人才，同时开始建立一批军工、铁路、矿山、航运等重工业及化工企业。到19世纪80年代，日本以纺织业为支柱产业，开始出现工业革命高潮。二战战败后，日本现代化得益于分阶段制定和实施合理的产业政策及依赖海外市场的外向型经济结构，实现了快速发展。当进入经济稳定增长阶段时，日本产业政策重点集中在调整能源资源结构，从高能耗资本密集型转为低能耗技术密集型。到1980年日本官方宣告实现了"追赶型现代化"的历史使命。随着赶超时代的结束，日本经济增长速度开始下降，泡沫经济破灭，其现代化范式也遭遇了前所未有的挑战，面临国内消费不足、贫富差距拉大、经济过度依赖海外、对外经济摩擦不断等突出问题。直到2021年岸田文雄组阁，抛出了实施"新资本主义"的提法，并指出战后日本资本主义将进入第三个阶段，即"新资本主义"阶段。

不同于欧洲发达国家的原生范式，日本现代化模式呈现后发型、外生性、赶超式的特征，在现代化进程中，日本权力集中于中央政府。中央行政机关保持对地方行政的强有力控制，确保了对社会资源的整体掌控、合理分配与规划，满足现代化发展的需求。同时，日本现代化还呈现了外部依赖、子系统间失衡、子系统内均衡等一系列特征。其外部依赖性主要表现在，二战后美国大规模推进日本经济和社会体制的重建，从资金贷款、技术转让、市场开放等各个方面扶持日本现代化发展。美国帮助日本建立了更开放、自由的市场经济，并且提供了经济援助、贸易优惠和技术转让等方面的支持，日本和美国形成了紧密的贸易和产业合作基础。同时，在军事和安全领域美国也为日本提供了帮助。其子系统间较强的不平衡性体现为文化、政治、经济、社会等领域之间的失衡。相较于经济现代化，其他领域的现代化发展存在不同程度的滞后。而日本现代化子系统内部发展相对均衡则表现在战后日本经济现代化推动形成了中产阶级占比极高的橄榄型社会结构，出现了均等化、中流化等标志性整体特征，此外城乡差距也较小。

2. 社会主义道路下的现代化发展模式

（1）苏联现代化模式

苏联模式是世界上第一个探索超越资本主义的社会主义现代化模式。苏联模式是在政治革命取得成功的基础上，自上而下推行的一种全面的政治、经济与社会变革，是一种国家主要通过指令性计划进行资源配置与财富分配，从而实现以重工业为主导的赶超型现代化发展模式。[1] 根据梅杜舍夫斯基的观点，苏联的社会主义现代化属于保守主义模式，其特点是：现代化与军事扩张相结合，特别是与保持伟大国家的目标相联系；现代化总是与主要目标相联系，而相对忽视人民生活水平的提高；现代化主要是追求现代化的表面形式，而不是追求现代化的深层内容。以军事发展为目标往往导致经济不均衡；以追求伟大国家为目标，往往忽略人民生活，甚至通过大规模超强制的方式来进行，造成人民的苦难。[2]

---

[1]　赵宏：《社会主义现代化苏联模式失败的教训及启示》，《科学社会主义》2023年第 2 期。

[2]　〔俄〕阿列克谢耶夫主编《18~20 世纪俄国现代化的历史经验》，科学出版社，2000。

（2）中国式现代化模式

中国式现代化模式兼具传统现代化的普遍性与中国特色现代化的特殊性，是两者的有机统一。根据中国式现代化发展理念的历史进程，在新民主主义革命期间，现代化发展理念集中在军事领域，这也正是中国社会主义现代化建设思想萌芽的开端。随着新中国成立，国内社会环境趋向和平稳定，中国共产党将建设工业现代化作为新中国成立初期的主要现代化目标，以建设工业现代化为主的社会主义现代化思想由此初步形成。经过社会主义三大改造和开展大规模的社会主义建设，各项社会主义发展制度逐渐形成，较完整、独立的工业体系的建立使社会主义现代化国家建设基础得到进一步夯实，这也为持续推进国民经济发展、探索中国特色现代化提供了条件。

1964 年 12 月，周恩来总理在第三届全国人大第一次会议的《政府工作报告》中首次正式提出"四个现代化"的概念，即"把我国建设成为一个具有现代农业、现代工业、现代国防和现代科学技术的社会主义强国"。这体现了中国共产党领导人对社会主义现代化含义认识的逐步深化，也为后续改革开放时期社会主义现代化国家的进一步发展提供了依据，中国现代化的历程正式开启。1979 年 12 月，邓小平在会见日本首相大平正芳时明确指出，"我们要实现的四个现代化，是中国式的四个现代化。我们的四个现代化的概念，不是像你们那样的现代化的概念，而是'小康之家'"[1]。这是首次提出了"中国式""四个现代化"的重要概念，有力地推进了中国特色社会主义现代化建设。

---

① 《全面建成小康社会重要文献选编（上）》，人民出版社、新华出版社，2022，第 14 页。

随着中国特色社会主义理论的不断成熟，党总结了社会主义现代化建设的实践经验，对中国式现代化作出理论升华，集其大成，创造性地概括提出"中国式现代化是人口规模巨大的现代化，是全体人民共同富裕的现代化，是物质文明和精神文明相协调的现代化，是人与自然和谐共生的现代化，是走和平发展道路的现代化"[①]。从本质上来说，中国式现代化是坚持中国共产党领导，坚持中国特色社会主义，实现高质量发展，发展全过程人民民主，丰富人民精神世界，实现全体人民共同富裕，促进人与自然和谐共生，推动构建人类命运共同体，创造人类文明新形态的现代化。

（三）现代化发展的共性特征

从世界各国现代化发展模式来看，其存在显著的差异性，但同时也表现了一定的共性。现代化发展过程都需经历从农业社会到工业社会，再到知识社会这样一个跨越路径，并由此产生深刻的社会形态和经济格局的变化。现代化发展既是系统性与局部性的统一、阶段性与积累性的统一，也是总量性与结构性的统一。具体而言，现代化发展的共性表现为生产工业化、经济市场化、政治民主化、社会法治化、生活城市化、生态绿色化。[②]

生产工业化。生产工业化是传统社会进入现代社会的重要标志。区别于传统社会的以小农、手工、分散为特征的农业生产，现代化社会生产是建立在工业化生产基础上的、具有一定高度的社会生产力。纵观历史的三次重大工业变革，从蒸汽机时代到电气化时代，再到信息化时代，都引起了社会生产模式质的飞跃。生产的工业化发展使得国家的经济实力和综合国力得到提升，也带动了人们

---

① 习近平：《习近平著作选读》（第 2 卷），人民出版社，2023，第 401 页。
② 戴木才：《论世界各国现代化的共同特征》，《思想理论教育》2023 年第 4 期。

生活水平的提高。因此，生产工业化是现代化进程的根本动力，是决定其他方面发展进步的第一位因素和基础。

经济市场化。在现代经济的运行过程中，现代经济是一种市场化程度越来越高的经济形式，市场成为现代社会整个经济联系的纽带，成为资源配置的主要方式。社会各种资源都直接或间接地进入市场，由市场供求形成价格，进而引导资源在各个部门和企业之间自由流动，使社会资源得到合理配置，即形成市场经济。在世界现代化运动的进程中，经济市场化越来越与经济全球化相联系，呈现经济行为主体的权责利分明、资源配置市场化、市场竞争、必要的有效的宏观调控、经济关系的国际化等特点。另外，在市场形成的实际过程中，基于文化传统、社会特点不同，不同国家的市场经济形式和市场化程度也存在着种种差异。

政治民主化。现代社会在科学技术和经济结构上的发展进步，必然在上层建筑领域引起相应的深刻变化，民主、自由、平等和人权成为不可阻挡的发展趋势和世界潮流，政治民主化越来越成为人类政治文明演进的发展趋势。政治民主化意味着每个社会公民在政治生活中具有独立的政治人格和平等的权利，具有公民应有的政治权利。在政治生活中能够自由地行使和实现自己的公民权利，自由地支配自己的精神和行为，自由地决定自己的事务，不以他人的意志为自己的意志。公民享有政治权利的平等性，不承认有任何政治特权和社会特权。随着现代化的进一步发展，现代社会更加重视政治生活的民主化、法治化和程序化，并且在制度文明的强化中不断得到推进。

社会法治化。法治与一个国家的现代化相生相伴、相辅相成，法律、法治成为现代社会制度的重要组成部分和核心内容。工业革命引起社会重大变革，带来经济结构、社会结构、文化观念的巨大发展和变迁，推动国家现代化的进程。在这个过程中，旧的社会关系被新的社会关系替代，需要现代法律制度对新的社会关系予以调整和保障。社会法治化使国家政治权力和社会关系按照明确的法律秩序运行，按照严格公正的司法程序协调人与人之间的关系，来决定政治、经济、文化和社会等方面的公共事务。法律面前人人平等，全体公民养成了自觉遵守法律法规的思维方式和行为习惯。一个国家或地区的现代化建设在法治的轨道上进行，法治成为国家治理和社会治理的基本方式。

生活城市化。伴随世界现代化运动的不断发展，社会由以农业为主的传统乡村型社会，向以工业和服务业等非农业产业为主的现代城市型社会逐渐转变，传统乡村的生产方式和生活方式逐步为现代城市的生产方式和生活方式所取代，城市成为现代社会生产生活的主要场所。城市化既包括人口、经济结构、地理空间等的城市化，也包括社会组织关系、思想文化、生活方式和社会文明等的城市化，是从物质生产方式到精神生活方式、社会生活方式的整体性转变发展。一般认为，人们在城市能够获得更好更高质量的物质生活、精神生活和社会生活，诸如工作、教育、医疗、住房、休闲等。

生态绿色化。随着经济增长和现代化的发展，人类社会在人与自然关系的处理上会朝着和谐共生共赢的绿色发展道路前进。具体表现为工业文明正在向生态文明转型、化石能源向可再生能源转型、高碳经济向低碳经济转型、人的生存价值向生态价值转型。这意味着绿色能源、绿色制造业、绿色产品、绿色金融、绿色住宅、绿色消费等的生成，意味着绿色理念和价值观、绿色生产方式和绿色生活方式的形成。但不同的是，西方在现代化过程中对生态绿色的追求是基于以资本为中心、物质主义膨胀，采取了先污染后治理的现代化模式，而中国式现代化摒弃了西方老路，开辟了人与自然和谐共生的现代化新路。中国式现代化更加追求和谐共生，边发展边治理，在发展过程中将环境问题作为内在约束来考虑。

二　现代化发展领域相关研究

20世纪50年代，关于现代化研究就在美国经济学、社会学、政治学、历史学等多领域广泛开展。国外学者多从现代化变迁过程、制度演变等角度对现代化问题进行探讨。国内学者对现代化发展的研究主要集中在对不同行业或领域的现代化发展进行探讨。

（一）现代化发展演变进程

美国社会学家丹尼尔·勒纳（Daniel Lerner）基于对六个中东国家的一次大规模社会调查，在其1958年发表的《传统社会的消逝——中东的现代化》中提出，世界各国的发展道路都是从传统社会经过过渡型社会，最后进入现代社会。勒纳通过城镇化、教育、大众传播的普及和参与四个要素的相互作用对现代化过程进行诠释，并认为现代大众传播媒介可以帮助人们突破地理的限制，开阔视野，培养发展现代性格。[①]1959年，美国社会科学研究会比较政治委员会召开了政治现代化研讨会，并于1966年出版《发展中地区的政治学》一书。在该书中，阿尔蒙德等从政治发展模式的视角对现代化社会进行解读，认为发达的政治体制是现代社会的特征，不发达的政治体制是传统社会的特征。[②]

---

① Daniel Lerner, *The Passing of Traditional Societies: Modernization in the Middle East,* Macmillan Pub Co.,1958.

② 〔美〕加布里埃尔·A.阿尔蒙德、詹姆斯·S.科尔曼等：《发展中地区的政治》，任晓晋等译，上海人民出版社，2012。

1960 年，罗斯托（Rostovian）发表了《经济增长的阶段：非共产党宣言》，指出可根据经济指标把所有社会的发展分成传统社会阶段、为起飞创造前提的阶段、起飞阶段、成熟阶段和高额的大众消费阶段，1971 年，他又增加了一个追求生活质量阶段。在罗斯托看来，现代化发展是一种连续发展模式，经济发展与工业化在现代化中起到重要推动作用，并且精神文化也是影响因素之一。由于文明遗产和文化传统的差异，不存在任何一种普适性的现代化道路和模式。[①] 以色列社会学家艾森斯塔德（S. N. Eisenstadt）主导阐发的"多元现代性"理论，认为现代化过程是体制变革和新因素持续增长的过程，一个国家要想成功实现现代化，关键在于具有容纳多元化力量的社会结构及能力，这种弹性的社会结构能够有效应对社会持续变迁所带来的问题，或者具备在复杂的多样化过程中处理问题的能力。从中国式现代化发展演变来看，中国式现代化作为一个原创的、独特的理论命题，是中国现代化建设实践的理论升华。[②]

（二）区域现代化发展水平

现代化发展评价体系的建立是判断现代化发展水平的重要前提。在现有相关研究领域，主要分为两个研究方向，一个是从区域现代化发展水平的综合角度，另一个是区域单个领域的现代化发展角度。姜玉山、朱孔来认为中国特色的国民经济现代化涵盖了经济现代化、社会现代化、科技现代化、城市现代化、国民素质现代化、国民经济和社会发展信息化、生活质量现代化和生态环境优良

---

① 〔美〕W.W. 罗斯托：《经济增长的阶段：非共产党宣言》，郭熙保、王松茂译，中国社会科学出版社，2001。

② 王跃生、马相东、刘丁一：《建设现代化经济体系、构建新发展格局与推进中国式现代化》，《改革》2022 年第 10 期。

化这八个子目标。[①] 师博、明萌也有相似的看法，认为中国式城市现代化应当体现在高素质的城市居民、高质量发展的城市经济、高层次的城市社会、高端的城市居民生活方式、高水平的城市治理能力、高品质的城市文化产业体系、适宜生存发展的城市生态环境、高效能运转的城市基础设施，因此，中国城市现代化评价指标体系应当包含人的现代化、经济现代化、社会现代化、生活方式现代化、治理现代化、文化现代化、生态现代化和基础设施现代化八个维度。[②] 陈柳钦从经济现代化、社会现代化、文化现代化、科技现代化、教育现代化、政治现代化、生活现代化、环境现代化、人口现代化等 9 个维度来构建城市现代化框架结构。[③] 何传启选择城市功能和形态、建筑和住房、基础设施、公共服务、公共管理、国际联系等 6 个维度 73 个具体指标作为城市现代化的分析变量。[④] 程美东认为现代化水平可以从科技和生产力的发达程度、社会平等自由与和谐稳定程度以及人们精神文化丰富程度三方面去衡量。[⑤]

（三）不同领域的现代化发展

由于现代化发展是一场涵盖政治、经济、社会、文化、生态等全方位的社会变革，因此，现代化发展的研究领域也呈现了多样性，学者们从不同视角关注各个领域的现代化发展，包括经济领域、产业领域、社会领域、文化领域、环境领域、数字领域等。本书选取了较多学者研究的经济、产业、教育、农业四大领域进行简

[①] 姜玉山、朱孔来：《现代化评价指标体系及综合评价方法》，《统计研究》2002年第 1 期。

[②] 师博、明萌：《中国式城市现代化的理论内涵及评价研究》，《西北工业大学学报（社会科学版）》2023 年第 1 期。

[③] 陈柳钦：《城市现代化及其指标体系新框架》，《中国市场》2010 年第 3 期。

[④] 何传启：《中国现代化报告 2013：城市现代化研究》，北京大学出版社，2014。

[⑤] 程美东：《论中国式现代化道路的文明蕴涵》，《毛泽东邓小平理论研究》2022年第 9 期。

单概述。

1. 经济体系现代化

建设现代化经济体系本质上是传统经济体系转换到现代化经济体系，具体包括社会主要矛盾、资源配置方式、产业体系、增长阶段等方面的特征性变量。[①] 在经典的现代化理论看来，经济现代化的核心过程就是工业化，甚至可以把经济现代化等同于工业化，这意味着现代化的实质就是由工业化驱动的现代社会变迁。[②] 从驱动因素划分上，经济现代化分为以市场驱动为主、以政府驱动为主、政府与市场共同驱动三种模式。例如，英国、美国和法国大体可归为以市场驱动为主型；德国、日本大体可归为政府与市场共同驱动型；苏联和计划经济体制下的中国大体可以归为以政府驱动为主型，随着改革开放的深入，中国推进了市场化改革，中国经济现代化从单纯以政府驱动为主型转向政府和市场共同驱动型。

现代化经济体系建设是推进和拓展中国式现代化的首要基础和有力支撑。贺晓宇、沈坤荣分析了现代化经济体系如何通过全要素生产率推动经济高质量发展，论证了现代化经济体系完善对全要素生产率提升、经济发展质量提高的推动作用。现代化经济体系对全要素生产率提升的促进作用具有区域差异性。[③] 李志花、柳江发现数字经济与现代化经济体系之间存在密切联系，在微观层面，数字经济通过规模经济、范围经济和精确的匹配机制影响现代化经济体系建设中的市场体系和分配体系，使生产效率和匹配效率得到进一

---

① 高培勇、杜创、刘霞辉等：《高质量发展背景下的现代化经济体系建设：一个逻辑框架》，《经济研究》2019 年第 4 期。

② 黄群慧：《新发展格局的理论逻辑、战略内涵与政策体系——基于经济现代化的视角》，《经济研究》2021 年第 4 期。

③ 贺晓宇、沈坤荣：《现代化经济体系、全要素生产率与高质量发展》，《上海经济研究》2018 年第 6 期。

步提升；在宏观层面，数字经济通过资本深化和技术创新两个途径促进了现代化经济体系建设。①

2. 产业现代化

产业的现代化发展是建设现代化经济体系的动力引擎和物质技术供应基础。陈英武等认为现代化产业体系是以先进制造业、现代服务业和现代农业为核心，以新兴产业及未来产业为增长引擎，实体经济、科技创新、现代金融、人力资源协同发展，具有自主可控、安全韧性、数字引领、融合发展、绿色低碳、治理协同、全要素生产率高等特征的产业体系。② 由于不同学者对产业现代化理解的侧重角度不同，构建的现代化产业指标评价体系也有所不同。例如，林木西、王聪基于实体经济、科技创新、现代金融、人力资源四个维度建立现代化产业指标体系；③ 范合君等从发展环境、支撑体系、农业现代化、工业现代化、服务业现代化、产业可持续发展6个维度确定了现代产业体系的评价体系；④ 魏婕等基于产业技术创新能力和产业公共服务能力两个维度构建包含 28 个基础指标的产业基础能力评价指标体系。还有学者从产业链现代化视角进行研究，姚树俊、董哲铭从数字化、韧性、创新、绿色和安全视角多维度构建我国产业链供应链现代化水平指标体系；⑤ 张虎等从产业链的基

---

①　李志花、柳江：《数字经济与现代化经济体系的关系研究》，《当代经济》2022年第 9 期。

②　陈英武、孙文杰、张睿：《"结构 – 特征 – 支撑"：一个分析现代化产业体系的新框架》，《经济学家》2023 年第 4 期。

③　林木西、王聪：《现代化产业体系建设水平测度与区域差异研究》，《经济学动态》2022 年第 12 期。

④　范合君、吴婷、何思锦：《企业数字化的产业链联动效应研究》，《中国工业经济》2023 年第 3 期。

⑤　姚树俊、董哲铭：《我国产业链供应链现代化水平测度与空间动态演进》，《中国流通经济》2023 年第 3 期。

础、数字化、创新性、韧性、协同性和可持续性六大维度构建了产业链现代化指标体系。[①]

学者们较为一致地认为，近年来，我国现代化产业体系建设水平呈不断上升趋势，且存在区域发展不平衡问题，但总体差异呈缩小趋势。科技创新指数的总体差异表现较为明显。产业链现代化水平整体呈先抑后扬态势，东部地区的产业链现代化水平明显高于中部和西部地区，产业链现代化水平区域差异主要来源于区域间差异，并且区域差异有扩大的趋势。产业链韧性和产业链可持续性有待提高。产业基础能力方面，全国及各地区明显提高，但分布特征各异，各城市间的绝对差异和相对差异逐渐扩大，呈现明显的分化趋势。同时，新时代背景下我国产业现代化发展面临劳动生产率与劳动收入份额未能实现同步增长、工业产值比重下行、产业结构演进与生产率倒挂、创新投入产出分化等现实问题。[②]优化产业空间布局，优化产业内部的初次分配机制，大力提升产业技术创新能力和产业公共服务能力，坚持创新驱动产业效率提升，深化市场改革和实施产业空间动态平衡战略，是实现产业现代化发展的有效路径。另外，建设培育世界级先进制造业集群，高水平集聚产业和创新要素，确立数字经济领先发展优势，壮大绿色低碳产业规模等，有助于推动中国产业嵌入国际产业链的中高端。[③]

3. 教育现代化

中国现代化进程的本质特征之一是教育的普及和扩展。叶平、

---

① 张虎、张毅、韩爱华：《我国产业链现代化的测度研究》，《统计研究》2022年第11期。

② 张辉：《我国产业现代化发展的结构性问题与应对策略》，《人民论坛·学术前沿》2023年第5期。

③ 盛毅：《中国式产业现代化的理论探索与战略选择》，《经济体制改革》2023年第2期。

王蕊认为教育现代化的内涵在于教育各组成要素的全面现代化，不仅包括水平、规模、结构、资源、设施、投入等要素，也包括观念、目标、内容、管理、人员等要素，体现了教育的现代性本质。[①] 从广义角度理解，教育现代化是指以现代观念和各类现代科技成果完善和提升教育，并使之满足现代社会发展需要的过程；而狭义上的教育现代化则指向教育观念、教育制度、制度方法、教育设施、教师队伍等现代化。朱铁军、桑青松从理念云际传播、资源开放共享、人才交叉流动、创新链式推进、个性集群发展、阶段分类评价六大层面提出长三角教育现代化协同发展路径。[②] 秦玉友着眼于中国式教育现代化的内涵分析，认为人的现代化、家校社协同发力、教育资源的合理配置是中国式教育现代化的战略基点。[③]

高丙成认为机会普及化、投入优先化、质量优质化、发展公平化是教育现代化的重要体现，基于此建构了我国教育现代化评价指标体系，研究发现，我国教育现代化发展水平逐年提高，进程不断加快，但教育现代化水平存在明显的区域差异。经济发展与教育现代化相辅相成，经济发展水平与教育现代化发展水平相关性显著，但教育现代化发展水平与经济发展水平的协调性尚待提高。[④] 蔡文伯、曹元洁等基于构建教育发展指标体系对民族地区教育现代化发展水平进行测度，研究发现，民族地区整体教育发展指数呈阶梯上升趋势，财政分权、财政自由度、转移支付力度和教育投入努力程

---

① 叶平、王蕊：《中国教育现代化区域聚类与特征分析》，《教育研究》2003 年第7 期。

② 朱铁军、桑青松：《长三角教育现代化发展协同机制研究》，《黑龙江高教研究》2023 年第 2 期。

③ 秦玉友：《中国式教育现代化的内涵分析与战略设计》，《教育发展研究》2023 年第 3 期。

④ 高丙成：《我国教育现代化评价指标体系的构建与应用》，《教育科学研究》2019 年第 7 期。

度对民族地区教育发展指数有正向影响，而经济实力和城乡差异对其有负向影响。[①]

4. 农业现代化

国内学者在农业现代化方面的研究成果颇为丰硕。辛岭、蒋和平从农业投入水平、农业产出水平、农村社会发展水平和农业可持续发展水平4个维度，设置农业现代化发展水平的综合评价体系。[②]谢会强等从农业产业现代化、农业生产体系现代化、农业经营体系现代化、农村基础设施和公共服务现代化、农村居民思想观念和生活质量现代化，以及农村治理体系和治理能力现代化6个方面构建农业农村现代化指标体系。[③]安晓宁、辛岭关注中国农业现代化协调发展，从农业生产现代化、经营管理现代化、质量效益现代化、生态环境现代化和农村社会经济现代化5个方面去考虑。[④]程美秀、陈秋分基于国际比较视角，目标方面侧重农业现代化的程度水平研究，从产出能力、竞争力、资源环境友好度3个维度建立指标体系。[⑤]

当前，我国农业现代化发展水平整体上处于上升趋势，但不同区域农业现代化发展呈非均衡状态，其中东部地区高于中部地区，中部地区高于西部地区。空间分布特征表现为与经济区域、粮食功

①　蔡文伯、曹元洁、赵志强：《民族地区教育现代化发展水平的测度与评价——基于2011~2019年教育发展指数分析》，《青海民族研究》2022年第3期。

②　辛岭、蒋和平：《我国农业现代化发展水平评价指标体系的构建和测算》，《农业现代化研究》2010年第6期。

③　谢会强、王涵、谭宇航：《中国农业农村现代化发展水平的时空演变特征及区域差异研究》，《世界农业》2023年第3期。

④　安晓宁、辛岭：《中国农业现代化发展的时空特征与区域非均衡性》，《资源科学》2020年第9期。

⑤　程美秀、陈秋分：《国际比较视角下中国农业现代化成效评估与影响因素分析》，《资源科学》2022年第10期。

能区域分布特征的高度关联性。① 各省农业农村现代化发展具有明显的地理空间集聚特征，其空间集聚模式以"高－低"或"低－高"为主。从农业现代化的影响因素来看，张春玲、李安娜发现数字普惠金融对促进农业现代化水平提升具有正向空间溢出效应，且经济发展水平是数字普惠金融助推农业现代化的重要影响因素。② 傅华楠和李晓春也认为数字经济有利于形成区域间农业现代化协同推进的发展格局。且数字经济对农业三个子体系现代化的驱动效应是：产业体系现代化＞经营体系现代化＞生产体系现代化。③ 李艳琦则认为农村三产融合对农业产业链供应链现代化具有显著驱动作用，农业生产性服务业集聚在农村三产融合驱动农业产业链供应链现代化发展过程中发挥了中介作用。④

为加快推动农业现代化发展，一方面，政府应根据各地区农业现代化发展程度采取不同的政策，实行差异化、阶梯性发展战略。政府部门可通过实施数字化转型、打造平台模式驱动农村三产融合。鼓励行业协会通过创建示范区、构建全国性平台、构筑示范项目促进生产性服务业多样化集聚，为农业产业链供应链现代化提供支持。建立多元化的农业科技投入机制，激发社会资本投资活力。⑤另一方面，继续推进数字技术赋能农业，提升农业人才素质培养，

---

① 钱佰慧、郭翔宇、张翔玮等：《省域农村现代化水平评价与区域差异分析》，《农业现代化研究》2022 年第 5 期。

② 张春玲、李安娜：《数字普惠金融助推农业现代化的空间效应及门槛效应分析》，《燕山大学学报（哲学社会科学版）》2023 年第 1 期。

③ 傅华楠、李晓春：《数字经济驱动中国农业现代化的机制与效应》，《华南农业大学学报（社会科学版）》2023 年第 3 期。

④ 李艳琦：《农村三产融合、生产性服务业集聚与农业产业链供应链现代化》，《中国流通经济》2023 年第 3 期。

⑤ 张新仕、王桂荣、刘斐等：《农业科技现代化的内涵、外延、存在的问题与发展对策》，《农业科技管理》2023 年第 1 期。

建设数字技术人才队伍；[1] 深化数字经济在农业经营管理层面的影响，完善数字经济驱动农业现代化的内在机制。[2]

三 湾区现代化发展基础理论

湾区作为一种独特的区域经济发展形态，其现代化发展的本质是现代城市群的发展，由港口城市带动本国一定区域实现从单一发展到多元发展的转变。由于湾区发展具有独特性与综合性，难以用单一理论解释，因此本部分将从经济全球化理论、金融集聚理论、数字化发展理论、教育发展理论及可持续发展理论五个方面来阐述湾区现代化发展的理论基础。上述相关理论与湾区现代化发展密不可分，经济全球化促进了世界范围内资源与要素的高效流动，为世界湾区现代化发展提供了良好环境；金融聚集提高了金融资源利用效率，促进了产业之间结合发展，为世界湾区现代化发展提供了不竭推力；数字化发展促使湾区向"数字湾区"转型，加深信息技术与制造业等多方产业融合；教育发展是社会进步的基石，能够为湾区社会未来提供高质量人才储备，成为现代化湾区发展的有效支点；可持续发展是湾区长远发展的必要条件，能够使经济建设与资源环境实现良性循环。

（一）经济全球化理论

全球化这一概念最早由西奥多·莱维特（Theodore Levitt）提出，被普遍认为是通过人类社会的生产力、市场、科技等多方面发展形成的，是世界各国在多领域的融合、依赖与联系。它体现在经

---

① 王晨曦、孔德仪、牛天勇：《传统制造业企业数字化转型问题及推进对策研究》，《中外企业文化》2023 年第 1 期。

② 王进、史明聪、李志超：《数字经济驱动农业高质量发展：内在机制与经验证据》，《西安财经大学学报》2023 年第 4 期。

济、社会、文化等多个领域，主要以经济全球化的影响最为深远，是科技进步与生产力发展的双重结果。[①] 联合国经济和社会事务部发展政策委员会（CDP）将经济全球化定义为"由于跨国境的商品与服务贸易的不断增长、国际资本流动规模和形式的增加以及技术快速且广泛的传播，使得世界各国经济的相互依赖性增强。它反映了市场边界的持续扩张和相互融合，以及新千年世界经济发展的不可逆趋势"。美国经济学家约瑟夫·斯蒂格利茨（Joseph Eugene Stiglitz）将经济全球化定义为"交通运输和通信成本急剧下降使世界各国与人民之间的关系变得更为紧密，同时商品、服务、资本、知识以及人员跨境流动（在较小程度上）的人为障碍被打破"[②]。在马克思恩格斯全球化思想中，经济是全球化发展的初始动力，生产力是经济全球化的核心推力，经济全球化的本质是资本主义的扩张发展，以经济全球化为起始点的全球化趋势是生产力发展的结果。现在一般认为，经济全球化是指伴随着国际交易成本的下降，技术、资本和劳动力等生产要素在全球范围内的流动和配置过程，表现为贸易的自由化、生产的全球化以及金融资本的国际化，并带来了各国相互依存程度的不断加深。

经济全球化发展的必要条件是社会生产力与科学技术水平发展到更高水平，为资本跨越国界获得更高利润提供可能。因此，经济全球化一方面能够优化全球资源配置，推动市场经济体制变革，另一方面也加剧了资本盲目逐利与贫富差距。它作为世界市场形成以来各国经济交往合作的结果，体现了资本在国际市场大循环、生产

---

① 西奥多·莱维特：《市场的全球化》，陆熊译，《外国经济与管理》1984 年第 3 期。
② 约瑟夫·E.斯蒂格利茨：《全球化及其不满》，李杨、章添香译，机械工业出版社，2010，第 6 页。

环节的国际大分工以及国际贸易一体化发展。经济全球化的主要特征包括贸易自由化、生产国际化、资本全球化与科技全球化等，其中科技全球化是指各国科技资源在全球范围内的优化配置，表现为先进技术和研发能力的大规模跨国界转移，跨国界联合研发广泛存在。经济全球化使得经济活动与贸易突破国界约束，在全球范围内进行生产和消费等环节重组。安东尼·吉登斯（Anthony Giddens）在《现代性的后果》中认为全球化是现代性的根本后果之一，经济全球化实质是现代全球化。而在 20 世纪 80 年代，人类迎来第三次科技革命"信息技术革命"，全球信息网络化发展为国际交流提供了技术基础，降低了人们的沟通成本，使得国际贸易与跨国公司投资经营等活动更加繁荣。[①] 同时期曼纽尔·卡斯特（Manuel Castells）提出"信息城市"与"流动空间"理论，强调信息技术在当代城市发展中的作用。[②] 该理论认为城市依靠流动得以建立，例如资本流动、信息流动与技术流动等，城市的资源积累是通过流动要素而非固态要素，流经城市的流动要素会为城市积累知识、财富、控制力与权力。经济全球化会促进这一流动性在经济与政治等活动过程中发挥更加重要的作用，行政边界与社会关系等限制作用得以弱化，人类经济社会活动范围不再局限于传统的固定时空内。

在全球价值链分工格局下，生产要素在世界范围进行配置，这进一步推动了经济全球化的现代化发展，最终经济全球化的现代性越发明显，成为不可逆转的国际趋势。在经济全球化时代，各个经济体在经济全球化的浪潮中相互依存，没有一个经济体能够在封闭中实现经济的可持续发展，湾区的现代化发展同样离不开经济全球

---

① 〔英〕安东尼·吉登斯：《现代性的后果》，田禾译，译林出版社，2000。
② 〔美〕曼纽尔·卡斯特：《网络社会的崛起》，夏铸九、王志弘等译，社会科学文献出版社，2001。

化的推动。经济全球化使生产要素在世界范围内优化配置，作为全球经济发达程度最高的区域，湾区内部与对外的要素流动最为频繁，这些流动要素对湾区的塑造作用至关重要。上述经济全球化理论，为理解湾区在经济全球化中的地位及经济全球化如何推动湾区形成与发展提供了坚实的理论基础。

（二）金融集聚理论

"金融集聚"这一概念最早由金德尔伯格（Kindle Berger）提出，将地理因素引入金融中心，提出资源在空间转移与集聚的理论，并提升其在区域内的配置效率。[1]在金融集聚概念形成的过程中，英国著名经济学家马歇尔（Marshall）最早注意到工业集聚，他认为英国工业区的专业化发展促使集聚群形成，外部规模经济的实现是其最强驱动力。由于金融活动具有较为独特的属性与多样化的结构体系，目前对金融集聚的定义尚未形成较为一致的论述，多为以产业集聚概念为基础向金融领域延伸。当前引用范围较广的定义为谭朵朵提出的"整体金融行业受某种或几种因素驱动而向中心靠拢，是产业集聚形式的具象化与特殊化"，主要指金融机构将自身资本、信息与技术等要素引入特定区域，不断集中各类金融资源，联结周边产业及地区，逐渐形成多层次多样化的空间集聚群。[2]

金融集聚常被分为两类：一类是金融企业与其他产业在空间上集聚的地理集聚；另一类是金融资源及要素在行业间发挥作用、推动经济发展的功能集聚。[3]通常金融集聚从地理聚集开始，累积到一定程度后功能集聚表现明显，由此两者逐渐演变为相互关联与相

---

[1] Kindle Berger, C. P., *The Formation of Financial Centers: A Study of Comparative Economic History*, Princeton: Princeton University Press, 1974.

[2] 谭朵朵：《金融集聚的演化机理与效应研究》，湖南大学博士学位论文，2012。

[3] 刘佳：《粤港澳大湾区金融集聚对区域经济增长的影响及行业异质性研究》，首都经济贸易大学硕士学位论文，2021。

互促进，并不断提升金融行业的集聚速度，加快金融资源的渗透和协同，实现经济与金融的深度融合。金融集聚是动态的、充满要素与资源的交换流动，存在阶段性和层次性，具有非均衡特性。作为不同生产要素和产业相互作用的效果，金融集聚不仅能够通过降低成本、拓展领域以促进金融行业整体的高效率，更能在交换流动中吸引其他产业与行业，推进金融行业与多种产业的协同与融合，从而实现更大规模的集聚，形成更为广阔的金融市场。

金融集聚的形成有众多影响因素，其中关键在于跨国金融机构规模和数量的增加。科技创新革命与经济全球化推动了资本在经济体内外部加速流动，信息在地理空间的不同分布进一步推动了这种双向流动，金融活动不断协调配置资本，促进金融集聚。金融集聚的其他影响因素包括产业集聚的衍生与推进、空间外生性、资本等金融资源的高效流动性、规模经济与信息不对称助力等，政府政策与经济效益也会对金融集聚起到一定程度的促进作用。

金融集聚具有空间性、层次性与复合性的特征。金融集聚的空间性体现于金融机构在空间上的高度集中，是其他生产要素集聚的首要条件。较近的空间距离能带来更明显的溢出效应，形成人才、技术等重要资源的共享环境，进而能够吸引更多的企业入驻而获得利益，生产的外部经济性得以体现。金融集聚的层次性表现在对于不同地区、不同规模下的集聚，由于金融要素分配与流动具有差异，金融集聚带来的辐射能力与其作用范围具有区域分层现象，大致可分为微观、中观和宏观三个层面。微观层面的作用范围通常为城市内部；中观层面扩展到城市之间，金融资源能较为自由地流动；宏观层面呈现国际化，金融资源在国际范围内重新分配。金融集聚的复合性表现在市场需求多样化带动金融产品与服务的多样化，但金融资源的地理位置与服务对象等自身独特属性不变，导致需求满足需要其他产业协助。这一过程不仅推动了金融资源、产品与服务资源等与空间交织，也推动了金融产业与其他产业的结合，使得金融业与其他产业共同进步、共同发展。

随着新兴科技与金融服务不断发展，金融集聚的现代化特征不断明显，并成为现代化发展的重要推力。金融集聚有利于金融中心城市的形成，进而能够扩大周边地区居民的储蓄需求，鼓励其向投资转化，集聚作用与辐射作用相互统一。同时，金融集聚也有效降低了金融机构在日常运行与设施维护等方面的成本，提高了现有资源利用率，行业间信息交流更便利。在制度条件与环境不断优化的现代化过程中，以技术创新为传导的金融集聚更能加速推进地区内各个产业的结构调整与升级，为湾区发展提供强大驱动力。

（三）数字化发展理论

目前，数字化通常被定义为与信息技术相关的数字资源以及利用这些技术促进产业或地方转型的策略、过程或模式。[1]数字化发展与数字技术的起源与快速进步密不可分。数字化发展的主要驱动力是以数字技术为代表的信息技术，通过运用技术手段以更新区域生产生活方式，促进要素流动与资源高效配置，从而创造更多经济价值。二战期间技术的商业化推动了现代计算机的诞生，随着存储技术、电子元件、使用协议等不断更新，产业融合与数字赋能不断深化，最终形成现在以数字技术为核心的互联网发展方向。

数字技术的快速发展与广泛应用催生了数字经济，作为在农业经济、工业经济之后出现的一种新经济形态，[2]数字经济具有无

---

[1]　匡爱平、汪明峰、张英浩：《数字化重塑全球——地方互动的研究进展与展望》，《地理科学进展》2023 年第 2 期。

[2]　陈修颖、苗振龙：《数字经济增长动力与区域收入的空间分布规律》，《地理学报》2021 年第 8 期。

边界性、低成本性、高成长性与高渗透性的发展特征。[①] 数字经济是数字化转型发展的基础，数字化转型发展又对数字经济的高质量发展具有促进作用。"数字经济"一词于 1996 年被唐·泰普斯科特（Don Tapscott）首次提出后，其内涵得到丰富阐释。早期数字经济多被定义为单一部门或单一产业，是某种贸易方式通过网络平台实现数字化。随着数字科技的不断发展，数字化对经济等领域的推动作用不断加大，数字经济的定义也随之扩展，增加了传统行业的数字化部分，数字产业化和产业数字化成为区域数字化发展的两大重要特征。[②] 而"数字金融"作为金融产业数字化的具体概念，既包括互联网金融与区块链技术引发的新形式数字金融，也包括传统金融机构利用金融科技实现的新型金融业务模式。金融科技作为金融业与当今数字技术结合的产物，将新兴的数字技术应用于金融领域以提高信息有效处理效率，代表着数字金融的技术特性。陈晓华在"2020 区块链数字经济产业发展高峰论坛"上提出了数字经济"五化理论"（即产业数字化、数字产业化、数据化治理、数据价值化与数据资产化），并认为数字经济的三要素为数字科技、数字产业与数字金融。数字科技赋能产业能够打破传统行业发展的供需模式，成为数字金融创新发展的重要动力。借助互联网平台的重要载体，数字经济与数字金融的高速发展能够实现产业融合，这种融合可以体现在生产方式融合、产品融合、服务融合与竞争规则融合等方面。三要素不断深化数字经济与数字金融的便捷性、直接性、可持续性等特性，一方面促使更多创新产品与服务出现，满足了更为

---

① 鲁玉秀：《数字经济对城市经济高质量发展影响研究》，西南财经大学博士学位论文，2022。

② 张辉、石琳：《数字经济：新时代的新动力》，《北京交通大学学报（社会科学版）》2019 年第 2 期。

多元化的需求；另一方面使得第一、第二与第三产业之间界限更加模糊，推动了产业融合与结构升级。

数字化转型是产业数字化的重要表现形式，是信息技术引发的系统性变革。数字化转型思想最早可以追溯到帕特尔（Patel）和麦肯锡（McCarthy），[①] 此后这一思想内涵不断被概念化与时代化。《2021 数字化转型白皮书》将数字化转型定义为传统行业与人工智能、云计算、大数据等新兴技术深度融合，借助数字技术对企业上下游生产要素、组织管理架构进行可视化分析，不断优化、整合全链条资源，推动企业主动转型并提高自身经济效益或形成全新的商业运营模式。[②] 杨建功认为数字化转型是数字时代经济发展的特有现象，意味着经济主体或经济领域通过数字化实现了从传统向现代的跃升；数字化是数字化转型概念的核心，同时也是现阶段经济发展方式的主要趋势之一。[③] 工信部将我国数字化转型划分为信息化（1956~2003 年）、业务数字化（2003~2016 年）与数字化转型（2016 年至今）三个阶段。其中信息化阶段主要依靠政府政策推动信息技术发展与产业信息化；业务数字化阶段将高速发展的信息技术广泛应用；数字化转型阶段以数据为重要生产要素，成为各行业可持续发展与各产业高质量发展的重要推力。数字化转型发展重点之一是产业融合，佩蕾丝和弗里曼提出的"数字信息技术–经济范式"理论认为技术创新能够从微观、中观与宏观三个层面对经济发展产生正向影响。[④] 而"数字信息技术–经济范式"理论的核心在于

---

① Keyur Patel, Mary Pat McCarthy , *Digital Transformation: The Essentials of e-Business Leadership*, McGraw-Hill, 2000.

② 高星：《数字化转型对企业绩效的影响研究》，广州大学博士学位论文，2022。

③ 杨建功：《制造业数字化转型的碳减排效应研究》，兰州大学博士学位论文，2023。

④ 王姝楠、陈江生：《数字经济的技术–经济范式》，《上海经济研究》2019 年第 12 期。

数字信息技术能够通过大数据卓越的数据整合与分析能力实现该领域的突破创新。[①]

（四）教育发展理论

教育发展理论研究关注的是教育系统和教育政策的演变和变革。在过去几十年中，许多学者和研究人员致力于研究教育发展的理论和实践，以推动教育的现代化和改革。基础教育改革理论关注教育制度和教学方法的改革，包括课程改革、教学方法改革、评估改革等方面。该理论试图通过改进教育内容和方法，提高学生的学习效果和能力。教育管理与领导理论关注学校管理和领导力，包括变革型领导理论、学校效能理论等。它探索了有效的学校管理和领导模式，以提高学校绩效和教师发展水平。信息技术的快速发展促使教育技术与在线学习理论诞生，该理论重点为如何有效地利用技术和在线平台来支持教学和学习活动，以及它们对学生学习成果的影响。教育政策理论关注教育政策的制定、实施和评估，通过研究政策对教育系统的影响以及政策的制定和实施以促进教育发展。随着全球化的进程，跨文化教育成为一个重要的研究领域，该理论关注不同文化背景下教育的挑战和机遇，以及跨文化教育对个体和社会的影响。

高等教育发展水平是一个国家发展水平和发展潜力的重要标志。高等教育发展理论的研究重点是在社会不断变革的背景下高等教育作出适应性变革与发展的诸种规律，也是研究者基于改革与发展的需要，从理性思维领域，甚至从哲学的高度认识和把握高等教育发展变化规律所获得的成果。[②]布鲁贝克（John. S. Brubacher）将

---

① 夏明、周文泳、谢智敏：《城市数字经济高质量发展协同路径研究——基于技术经济范式的定性比较分析》，《科研管理》2023 年第 3 期。

② 卢晓中、陈先哲：《论高等教育变革背景下的高等教育发展研究》，《高等教育研究》2013 年第 12 期。

高等教育哲学观划分为高等教育认识论与高等教育政治论，前者强调"闲逸的好奇"，后者则重视能够解决复杂社会复杂问题的实际知识。① 高等教育治理经过漫长的历史演进，经历了大学自治论、政府主导论、多元共治论等转变，政府全面介入高等教育治理过程已然成为世界各国高等教育发展的共同趋势。②

教育协同效应是教育发展理论到实践的基础，它是一种"1+1>2"的效应，学生与教师是教育协同效应的核心主体。教育协同效应通过优化整体系统的结构与功能，使无序系统或结构向有序方向转变，是系统与周围环境进行物质、能量和信息交换的方式，是一切不同功能系统普遍具有的自然机理，并在诸多领域发挥作用。③ 教育协同可以分为三个部分：教师协同、学生协同与评价协同。教师协同一方面包括区域本身对教师教育事业的制度与流程优化，采用更为合理高效的方式进行教育资源整合流动；另一方面包括教师自身在教育方法与形式中的交流合作与协同创新，使教育内容更加贴合要求、教学方法更为多样。学生协同集中于推动学生间的交流合作，如区域间与学校间的校际交流项目、家校间与学校内部的学生活动等，学生协同的发展趋势是深层次、多元化、全方位，真正提高学生综合素质与情感认同。评价协同是指区域形成或制定的共同认可的教育评价标准体系，通过这一体系进行学校考核、教师考核与学生考核等评价行为。教育评价是针对系统有序程度与教育优化程度的评价，这种评价包括体制内评价与体制外评价，体制内评价包括教育行政系统内各个教学机构评价，体制外评

---

① 〔美〕约翰·S. 布鲁贝克：《高等教育哲学》，王承绪等译，浙江教育出版社，2001。

② 马浚锋：《中国地方政府高等教育治理的制度逻辑研究》，广州大学博士学位论文，2022。

③ 刘永振：《论系统的协同作用》，《中国社会科学》1985年第2期。

价即教育行政系统外的教育研究机构、学术科研团队及新闻媒体等评价。教育评价往往由政府主导、外部协助，随着第三方专业教育评价的逐步发展，由社会组织与专业机构共同参与的体制外评价机制正在逐步探索。①

互联网科技的不断发展同样带动了教育信息化不断演变。教育信息化是指在教育过程中，比较全面地运用以计算机多媒体和网络通信为基础的现代化信息技术，促进教育的全面改革，使之适应于正在到来的信息化社会对教育发展的新要求。②20 世纪 90 年代，美国克林顿政府提出"国家信息基础设施"（National Information Infrastructure）计划，发展以因特网为核心的综合化信息体系和推进信息技术在社会各个领域的普遍应用，尤其是把信息技术在教育中应用作为实施面向 21 世纪教育改革的重要途径。③ 自此，教育信息化进程逐渐加快，为教育领域的现代化带来了巨大推力。陈琳等将我国教育信息化划分为起步混搭期（1995~1999 年）、奠基普及期（2000~2011 年）、应用提升期（2012~2017 年）、融合转型期（2018 年至今）四个阶段。④ 在融合转型期，教育开始与其他领域深度融合，为学生提供更加个性化和多样化的学习体验。人工智能、大数据和物联网等新兴技术的应用进一步拓展了教育信息化的边界，虚拟现实和增强现实技术在教学中的应用也逐渐增多，为学生创造了更加沉浸式和互动性强的学习环境。

---

① 赵敏、张绍清、黄明亮：《粤港澳大湾区基础教育协同发展的现实困境与未来进路》，《教育理论与实践》2022 年第 34 期。

② 祝智庭：《世界各国的教育信息化进程》，《外国教育资料》1999 年第 2 期。

③ 南国农：《教育信息化建设的几个理论和实际问题（上）》，《电化教育研究》2002 年第 11 期。

④ 陈琳、姜蓉、毛文秀等：《中国教育信息化起点与发展阶段论》，《中国远程教育》2022 年第 1 期。

（五）可持续发展理论

可持续发展是指既满足当代人的需要，又不对后代人满足其需要的能力构成危害的发展。狭义的可持续发展为企业自身的可持续发展，广义的可持续发展强调经济、社会和环境的相互耦合发展，表现为人类社会系统与物质系统的完美结合。[①]可持续发展理论经历了漫长的演变过程，现已经成为各国社会经济发展过程中的指导性理论。人类史上首个保护环境的全球性宣言是 1972 年公开通过的《人类环境宣言》，可持续发展理念雏形由此成为国际议题。1980 年，国际自然与自然资源保护同盟起草的《世界自然资源保护纲要》提出"必须研究自然的、社会的、生态的、经济的以及利用自然资源过程中的基本关系，以确保全球的可持续发展"，并对可持续发展理论进行了系统性的定义和阐述。[②]1987 年，世界环境与发展委员会发布了《我们共同的未来》报告，报告以可持续发展为基本纲领，对其理论内涵与当今世界环境与发展的问题及具体行动建议进行了深刻阐述，并将可持续发展定义为："既能满足当代人的需要，又不对后代人满足其需要的能力构成危害的发展。"[③]1992年，联合国在里约热内卢召开的环境与发展大会上通过了《里约环境与发展宣言》，可持续发展理念真正从理论走向实践。[④]2002 年，约翰内斯堡可持续发展首脑会议通过了《约翰内斯堡可持续发展宣

---

① 张琪睿：《基于创新政策视角新能源企业研发投入对可持续发展影响研究》，山西财经大学硕士学位论文，2023。

② 朱丽娜（Juliana Forero）：《基于社会文化可持续性的城市历史文化遗产保护研究》，华中科技大学博士学位论文，2013。

③ 郭晨星：《全球环境治理主体结构模型建构及经验验证》，山东大学博士学位论文，2010。

④ 朱达俊：《联合国三大环境宣言的发展及对中国的影响》，《资源与人居环境》2013 年第 9 期。

言》，讨论了 21 世纪的可持续发展行动计划。[①]

在我国可持续发展进程中，习近平总书记关于绿色发展重要论述开拓了新境界。绿色发展是以效率、和谐、持续为目标的经济增长和社会发展方式，是这一理念的核心概念。狭义的绿色发展主要是以奉行环境友好型的生产生活方式为核心的发展理念和模式，重点是解决发展中产生的环境污染和生态损坏等问题；广义的绿色发展包含了狭义的绿色发展、循环发展、低碳发展三个概念的内核，是绿色循环低碳发展的统称，是资源节约型、环境友好型、能源低碳型的发展理念和模式。关于绿色发展的内涵，我国部分学者认为绿色发展本质上是一种可持续发展模式，以绿色驱动为动力，目标是实现人的全面发展；[②]根本要义是在现代化建设中实现人与自然和谐共生；[③]价值核心是可持续性，集中表现为处理人与自然关系时所应遵循的价值标准、价值目标和价值规范的有机统一。[④]赵若玺、赵建军认为，绿色发展是发展理念与人类思维方式的双重变革，它通过协调经济发展、社会进步和自然环境保护三者关系，最终实现节约资源和保护生态环境的发展目标。[⑤]习近平总书记关于绿色发展重要论述主要内容包括价值目标、发展路径以及保障措施三个方面，其中价值目标是绿色惠民和绿色富国，发展路径是发展循环经济、低碳发展和安全发展，保障措施则包括制

---

① 徐晓峰：《联合国三次人类环境会议宣言比较分析》，《科技展望》2014 年第 13 期。

② 刘耀彬、袁华锡、胡凯川：《中国的绿色发展：特征规律·框架方法·评价应用》，《吉首大学学报（社会科学版）》2019 年第 4 期。

③ 沈广明：《人与自然和谐共生现代化的生态意蕴及绿色发展》，《广西民族大学学报（哲学社会科学版）》2020 年第 2 期。

④ 渠彦超、张晓东：《绿色发展理念的伦理内涵与实现路径》，《青海社会科学》2016 年第 3 期。

⑤ 赵若玺、赵建军：《绿色发展：实践指向与价值追寻》，《人民论坛·学术前沿》2019 年第 12 期。

度保障、法治保障和科技保障。[①]雷德雨从重要前提、关键环节、基本路径、基本要求、价值归旨五个方面入手，认为在习近平总书记绿色发展重要论述中，转变经济发展方式是重要前提，发展循环经济是关键环节，绿色科技创新与生态法制保护的合力联动是基本路径，正确处理经济发展与保护生态环境之间的关系是基本要求，改善人民群众生存发展的生态环境是价值归旨。[②]习近平总书记关于绿色发展重要论述继承发展了马克思主义生产力理论，创新和发展了人的全面自由解放理论，丰富与发展了中国特色社会主义理论体系。

在绿色发展实践过程中，绿色港口理念与湾区高质量建设息息相关。湾区因港而生、向海发展，港口作为交通运输网络的枢纽，能够为货物运输、船舶往来、客流运转提供场所，在推动湾区经济与贸易，尤其是海运贸易的发展中发挥着重要作用。部分学者将ISO 环保标准与环境管理系统（EMS）相结合，建立了符合港口可持续管理的指标体系，进而发展出绿色港口（低碳港口）的概念。[③]中央财经大学绿色金融国际研究院将绿色港口定义为在生产运营和服务过程中，贯彻绿色发展理念，积极履行法律责任和社会责任，综合采取节约资源和能源、保护环境和生态、应对气候变化的技术和管理措施的港口，是以绿色观念为指导，建设环境健康、生态保护、资源合理利用、低能耗、低污染的新型港口。与传统意义上的港口相比，绿色港口能更好地解决生产贸易与运输增加带来的高耗能高污染问题，对海洋、陆地等生态环境和人类健康等更为友好。

[①] 焦艳、李合亮：《习近平绿色发展理念的形成及内容》，《中共天津市委党校学报》2017 年第 2 期。

[②] 雷德雨：《习近平绿色发展思想论析》，《经济研究参考》2017 年第 10 期。

[③] 陈岩：《论第五代港口》，《中国集体经济》2009 年第 21 期。

部分学者研究发现，绿色港口形成的三种主要影响因素包括利益相关参与者、绿色政策和科学监控。港口行业的四类利益相关者为内部利益相关者、外部利益相关者、立法和公共政策相关者，以及行业利益相关者。满足后三组利益相关者的目标对实现港口的可持续发展至关重要。[①]

第二节　世界湾区现代化发展实践

湾区由于其独特的地理形态和发展优势，在内部往往能形成高度发达、良性循环的城市群与城市圈，并对周边区域发展产生显著的推动作用。本书着重关注四个世界典型湾区——纽约湾区（New York Bay Area）、旧金山湾区（San Francisco Bay Area）、东京湾区（Tokyo Bay Area）和粤港澳大湾区（Guangdong-Hongkong-Macao Bay Area）。四大湾区均有较高的城市化水平、较为开放的经济结构、较为高效的资源共享与配置能力，并以港口城市为依托形成带有各自特色的重要区域。

在地理区位上，纽约湾区地处美国东北部大西洋西岸，以纽约市为中心，其中心区域主要包括曼哈顿区（Manhattan）、布朗克斯区（Bronx）、布鲁克林区（Brooklyn）、皇后区（Queens）和斯塔腾岛（Staten Island）5个相对独立的行政区，目前约有2000万人口，联合统计区面积约达1.3万平方英里（3.4万平方千米），是美国最大的都会区，纽交所、纳斯达克等都位于此地，是著名的金融湾区，也是文化、娱乐、创新方面的中心城市之一，以其迷人的城

---

① 刘俊亮：《考虑绿色发展的粤港澳大湾区港口竞争力研究》，大连海事大学硕士学位论文，2022。

市风景、多元文化和繁荣的商业环境而闻名于世。

旧金山湾区位于美国西海岸，濒临太平洋，核心城市为旧金山、圣何塞与奥克兰等，包括旧金山都会区与圣何塞都会区，旧金山都会区包括旧金山－奥克兰－弗里蒙特（San Francisco-Oakland-Fremont）都市区范围，圣何塞都会区包括圣何塞－森尼维尔－圣克拉拉（San Jose-Sunnyvale-Santa Clara）都市区范围。旧金山湾区人口约 900 万，是美国人口较多的都市区，拥有知名科创圣地"硅谷"，苹果、谷歌、脸书等世界品牌总部也位于此地，是著名的科技湾区，也因其文化多元性与极高的艺术氛围而闻名于世。

东京湾区濒临太平洋，以东京为核心，包括东京都下辖 23 个区，如横滨、千叶等，人口约 3800 万，是世界上人口规模较大的都市区之一。东京湾区是日本地理环境最优越的地区与最大的工业城市群，作为日本重要的政治、经济与文化中心，拥有索尼、三菱、丰田等世界知名品牌，是著名的产业湾区，也是创新和科技发展的重要枢纽。

粤港澳大湾区位于我国南部，是以广东省广州市、深圳市、珠海市、佛山市、惠州市、东莞市、中山市、江门市、肇庆市等"珠三角九市"与香港和澳门两个特别行政区为主的"9+2"城市群，总面积约 5.6 万平方千米，核心城市是香港、澳门、广州、深圳，人口约 7000 万。粤港澳大湾区是充满活力的世界级城市群、国际科技创新中心、"一带一路"建设的重要支撑、内地与港澳深度合作示范区、宜居宜业宜游的优质生活圈，是"高质量发展湾区"的典范，聚集了众多的高新技术产业和创新企业。

四大湾区的发展历程各不相同，其中纽约湾区是著名的世界金融中心，旧金山湾区注重高新技术发展与高质量人才引进，东京湾区发展重心为工业与制造业，三者在经济增长、金融集聚与技术创新等方面都取得了较为显著的成就，形成了以金融产业为核心、多种产业互补、多种资源交织的新型发展模式，并以此吸引更多高质量人才与资本以提高金融集聚程度。粤港澳大湾区作为新兴湾区，拥有"一个国家，两种制度，三个关税区，三种货币"的制度与区位优势，能够不断提升金融与产业的融合程度，构建"金融＋产业"的新型模式。四大湾区在地理位置、人口规模和经济发展等方面均有所不同，但每个湾区都具有自身独特的特点和优势，为各自国家或地区的经济、文化和科技等领域作出重要贡献。本部分从四大湾区现代化发展实践着手，探索各个湾区在现代化进程中的发展重点与独特形态。

一 纽约湾区

纽约湾区又称纽约大都会区，其金融中心发展历程可以追溯到 17 世纪，纽约市的建立开启了纽约港的开发之路，在独立战争时期开始大规模的建设与扩张。纽约更是美国最早完成工业化的城市，制造业蓬勃发展。19 世纪初，由于巴拿马运河开通、纽约湾地理位置优越，纽约市的港口作为东海岸唯一连接内陆航运和五大湖区港口的大型海港，成为美国最大的港口，吸引了大量外商进行投资、贸易与再投资，纽约凭借交易链带来的贸易进口行业的发展而壮大，进入大发展时代。在内部推出区域规划方案、外部开展政治贸易等多方因素推动下，纽约湾区港口业、制造业和金融保险业得到蓬勃发展，逐渐形成了以纽约为中心的公路与水路等基建网络，纽约自此成为美国东北部的发展重心城市。20 世纪初，第一次世界大战使纽约湾区的制造业与军工业迅猛发展，纽约港高度贸易化带来的庞大资金为之后的转型提供了坚实基础。第二次世界大战后，布雷顿森林会议确立了美元世界货币的地位，彻底奠定了纽约湾区的世界地位。此后，金融保险等服务业快速崛起，大量的银行、证券、保险等金融机构在纽约设立总部，纽约产业结构出现制造业明显减少、服务业明显增加的特征，金融业逐渐成为纽约湾区的主导产业，纽约湾区也借此成为世界金融中心，其现代化发展具有以下特点。

（一）多方因素助力转型

具体而言，纽约湾区从制造业中心转型为金融中心的过程受到多方因素影响，可谓"地利、天时、人和"。在文化与地理区位角度方面，纽约湾区所拥有的独特文化与地理优势，吸引了众多金融机构和企业长居于此，进而成为全球商业和文化的重要中心，艺术、娱乐和时尚等产业不断发展。此外，纽约湾区依托纽约港口，拥有良好的交通和物流条件，方便金融业的发展。在历史因素方面，由于20世纪中后期纽约湾区的发展难题变为应对城市空心化和产业转型的需求，制造业和贸易业的前期发展为产业结构调整提供了支撑，前期积累的庞大资金与基础建设成为转型的扎实基础，以服务业为首的第三产业开始崛起，金融业的发展迎来最佳时机。在政府扶持方面，纽约市政府一直致力于支持金融业的发展，通过减税、提供补贴和优惠政策等方式吸引金融机构和企业，其中一项关键政策是《马丁－格拉斯法案》（Martin-Glass Act），该法案于1945年通过，废除了对银行业务的地理限制，允许银行在纽约以外的地方设立分支机构。这为纽约市成为金融中心奠定了基础。此外，政府还积极发展金融基础设施，包括建设金融交易所和证券交易所等，鼓励金融创新和科技发展，为金融行业提供更好的发展环境，吸引了众多投资者和交易商。在人才引进方面，纽约市拥有多所著名大学和学院，为金融行业提供了优秀的人才储备，并在各项优势的基础上吸引了来自世界各地的金融专业人才，他们对金融中心的发展起到了重要作用。如今，纽约湾区作为美国金融业最发达的地区，拥有纽约证券交易所、纳斯达克、摩根大通银行等金融市场与金融机构，对全球经济具有重要影响力。

（二）科技助力金融发展

身处互联网技术高速发展的时代，纽约湾区的现代化发展已经与网络技术紧密相连。纽约湾区拥有的高密度、高精度、范围广的金融公司网络吸引了众多龙头金融公司与高质量人才，产业集聚效应促使金融业不断多元化创新发展，成为推动金融行业现代化发展的重要动力。

科技对纽约湾区发展的作用具体可以从以下几方面分析。首先是科技在金融领域的应用。大数据和云计算等技术的普及使得数字经济与电子商务等产业蓬勃发展，纽约湾区的企业和消费者都积极参与电子商务，推动了经济的数字化转型，成为现代化发展的重要推力。其次是政府对科技与现代化融合发展的重视。纽约湾区将科技应用于城市管理，通过物联网、大数据和智能交通等技术，改善了交通、能源、环境等方面的城市运行效率，提高了居民的生活质量，推动了智慧城市发展和可持续发展的进程。此外，纽约湾区政府积极支持科技创业，设立了许多孵化器和加速器，提供场地、资金和资源支持，帮助初创企业快速成长。这些创新中心为创业者提供了交流、合作和学习的机会，促进了科技创业的繁荣。最后是科技与教育的结合。纽约湾区拥有众多科技与教育机构，这些机构致力于科学研究和技术创新，培养了大量科技人才，推动了许多创新科技企业发展，如谷歌、脸书、亚马逊等。科教融合一方面直接推动了创新科技产业在人工智能、大数据、云计算、物联网等领域进行大量研发创新；另一方面通过为科技产业发展提供强大支持，间接推动了科技产业的蓬勃发展。

（三）区域规划助力现代化进程

在纽约湾区的现代化发展过程中，特殊的区域规划模式发挥了重要作用，在这种模式中，政府不再是唯一的区域规划政策来源，而是引入民间力量，在政府与民间的推动下共同进行。"纽约都市圈规划组织"和"区域委员会"在政府层面分别负责交通建设和经济发展的协调规划工作。作为独立的统一规划组织，"纽约都市圈规划组织"工作重心集中于交通领域，引导城市改善交通，强调区域合作发展中的有效规划，很好地解决了不同区域、部门与流程中存在的职能冗余问题，有效地降低了运营成本，提高了处理效率，实现了纽约湾区进行规划协同的绿色运转，推动了纽约湾区交通网络的可持续发展。于 1922 年建立的非营利机构"区域规划协会"（Regional Plan Association，RPA），作为民间力量为纽约湾区的决策者提供规划方案，在共同促进区域合作发展方面作出了重大贡献。至今，RPA 已经提出了四次规划方案，许多重点建议与策略得到了实施。第一版《纽约及其周边的区域规划》于 1929 年提出，中心思想为通过"联通"达到中心城区压力缓解的目的，具体措施如韦拉札诺海峡大桥的建设、乔治·华盛顿大桥的选址以及主要港口迁出曼哈顿等，开启了纽约大都市圈的第一次整体规划。第二次区域规划于 20 世纪 60 年代提出，针对郊区城市化带来的环境恶化与中心空心化等问题，建议建设统一的交通体系，推动了纽约湾区交通网络的更新完善。第三次区域规划于 1996 年推出，方案核心为凭借投资与政策来重建经济、公平和环境，提高纽约湾区宜居性与居民生活质量，在经济可持续发展、交通网络与基础建设完善、环境质量改善、劳动力保护等方面提出了重要建议。第四次区域规划于 2017 年推出，明确了纽约湾区"贸易港口→金融中心→宜居湾区"的发展规划，提出"经济、包容性和宜居性"目标，建议通过解决住房、基建、通勤等居民生活问题以促进就业，改善区域内发展不平等的现状，预计到 2040 年增加 190 万个就业岗位和 370 万人口，打造宜居湾区。在这种政府与民间共同配合、相互包容的区域规划发展模式中，纽约湾区形成了以纽约为中心枢纽的对外交通网络，协调了政府与民间、不同等级部门间的关系，成功完成了向金融湾区的转型。

二　旧金山湾区

旧金山湾区以环境优美、科技发达等特点闻名，拥有著名的"硅谷"与斯坦福大学等诸多著名大学，是名副其实的科技湾区。旧金山湾区的发展可以追溯到 19 世纪中期的"淘金热"时期，早在 1841 年，第一批淘金者就已经发现了大量金矿，1848 年从金拉什开始，更是吸引了大量淘金者涌向旧金山湾区寻找黄金，这导致了人口的迅速增长，以及对资源和工业需求的激增。随着淘金热的兴起，旧金山湾区出现了许多与淘金业相关的产业，这些产业为当地经济带来了巨大的发展机会，并且吸引了更多投资和人口流入，形成了不同的产业聚集区，为该地区的经济繁荣作出了重要贡献。

（一）产业聚集区推动湾区发展

淘金热的兴起使许多新的城镇和社区在淘金地点附近建立，有效改善了交通和基础设施等领域，更重要的是为旧金山湾区带来了淘金业相关的新产业，如采矿、金矿设备制造等，这些产业为当地经济带来了巨大的发展机会，逐渐形成了独特的产业聚集区。旧金山湾区的东部是最早被淘金者开采的地区，进而形成了以金矿开采为主的产业集群，即"金矿区"。西部沿海地区则因为拥有丰富的渔业资源，使得渔业成为当地经济的重要支柱，并吸引了众多渔业相关企业的发展，形成"渔业区"。而旧金山湾区本身具有优越的地理区位，天然良港自然推动了航运、贸易与交通业的发展，并推动铁路运输等相关基础设施建设，形成"交通航运区"。这些产业聚集区有效推动了旧金山湾区经济与金融行业的发展，使得金融和商业也逐渐成了旧金山湾区的重要产业。旧金山湾区成为美国西海岸的金融中心，聚集了众多银行、证券公司和保险公司等金融机构，成为现代化的"金融商业区"。

（二）硅谷成为科技创新重要着力点

旧金山并非一开始就是科技中心，而是在过去的时间里不断成长为科技中心。硅谷是世界上极具影响力和创新力的科技聚集地之一，其发展为旧金山成为科技湾区奠定了重要基础。硅谷的发展可以追溯到 20 世纪 50 年代，斯坦福大学的研究人员开始在该地区建立高科技公司，吸引了许多优秀的科学家、工程师和创新人才。此后，由于美国政府对硅谷发展提供了大量资金支持，加之科技企业兴起与人才流动加速等因素，硅谷最终成为全球科技创新和创业的中心之一。首先，硅谷地区拥有斯坦福大学等众多世界一流的科研机构和大学，吸引了全球范围内的人才，形成了一个多元化的人才集聚地，科研成果和人才输出对硅谷的发展起到了重要的推动作用，并在学术界和企业间形成了有益的合作关系。其次，政府扶持成为硅谷发展的重要因素，政府在科研、创业和技术发展方面提供了资金和支持，为初创企业和大型科技公司提供了良好的发展环境，使得硅谷培育了一种独特的创业文化和风险投资生态系统，鼓励创业者追求创新和冒险，并给予大量风险投资支持，这种创业文化的兴起和风险投资的蓬勃发展为硅谷的创新和兴起提供了坚实的基础。最后，高新科技的进步与发展加速了硅谷地区技术集群和合作网络的建立，孕育了一批全球知名的科技巨头，这些集群和网络促进了企业之间的合作和知识共享，提高了创新的速度和质量，进而推动了旧金山湾区的科技创新与现代化发展。

硅谷的发展为旧金山湾区的现代化提供了诸多经验与推力。一是体现在经济社会领域，硅谷的发展使得旧金山湾区的经济得到迅速增长，科技公司和创新企业的进驻促进了旧金山湾区的产业多样化和经济的多元化发展。并且由于硅谷地区的创业文化和风险投资生态系统在旧金山湾区得到了推广和发展，创造了大量的就业机会。二是体现在高新科技应用水平上，高新科技的不断应用与共享具体体现在硅谷地区的科技创新和知识产权的转移和共享等方面，使得旧金山湾区的创新企业拥有了更多的机会和资源支持，能够提升自身竞争力，推动湾区整体创新发展。三是体现在科技与多领域的深度融合，硅谷地区的科技发展不仅仅关注商业利益，还致力于解决社会问题和改善生活质量。硅谷地区的科技公司与创新者积极探索人工智能、虚拟现实、区块链等技术的运用方向，创造了许多新的商业和社会价值，促使旧金山湾区成为一个以科技为核心的可持续发展的社区。

（三）科教融合发挥现代化优势

旧金山湾区的科技与教育结合是推动其现代化发展的重要因素，科技与教育结合密切，相互促进，为其现代化发展提供了强大的推动力。这种结合不仅推动了科技产业的发展和创新，也促进了社会进步和人才培养，智慧型人才成为推动旧金山湾区的本土影响力和世界影响力的重要手段。具体而言，一是教育领域中高等教育与科技教育的普及。旧金山湾区拥有多所世界知名的高等教育机构，它们提供了先进的科研设备和实验平台，在科学研究、技术创新和人才培养方面发挥着重要作用，为旧金山湾区的科技发展提供了人才基础和科研支持。在教育过程中，科技教育的普及推广成为教育重点，多所高等教育机构和科技企业提供了相关的科技教育课程和培训，以提高人们的科技素养和创新能力。此外，旧金山湾区的学校也积极开展STEM（科学、技术、工程和数学）教育，培养学生在科技领域的兴趣和能力。据统计，在毕业后2~12年的周期中，60%以上的大学毕业生留在了旧金山湾区或加利福尼亚州其他地区。二是研究成果与产业发展的相辅相成。旧金山湾区在形成具有自身特色的支柱产业的同时，进一步发挥了高等教育与科技经济的协同作用，也造就了旧金山湾区高等教育的独特性。旧金山湾区的高等教育机构与当地的科技产业密切合作，达到了研究与产业的良好结合，进而形成以科研为轴的"产业－科研－市场"联动模式。这种模式能够促进科技成果的转化和商业化，加速技术创新的应用和推广，使高校的研究成果能够迅速转化为实际产品和服务，为旧金山湾区的科技产业提供源源不断的创新动力。在这种科教结合的紧密关系中，社区参与和社会责任是旧金山湾区发展的重要环节。科技企业和高等教育机构积极参与当地社区的项目和活动，为社区提供技术支持和资源，在人工智能、数据隐私等领域推动相关政策和伦理的讨论与实践，推动科技发展与社会进步结合。三是旧金山湾区注重创新中心的建设，如硅谷、旧金山市的科技创新中心等。这些创新中心提供了创业孵化、技术交流、合作研究的平台，聚集了各类科技创新项目和创业公司，产生了强大的集聚效应。这种集聚效应促进了不同领域的科技人才和企业之间的合作和共享，推动了科技创新的快速发展。

三　东京湾区

东京湾区是日本最重要的经济、商业和文化中心，拥有发达的交通网络、丰富的文化旅游资源和大量的科技创新机构，是全球知名的"产业湾区"。东京湾区的现代化发展可以追溯到19世纪的明治时代。在此之前，东京湾区以渔业与农业为主，随着明治维新的推进和日本政府的现代化改革，东京湾区逐渐建立了一些重要的工业基础设施，开始经历快速的工业化和城市化。早期的工业化阶段主要以轻工业为主，工业部门的发展带动了人口和劳动力的迁入，东京湾区初步形成了基本涵盖轻工业和制造业多个领域的工业化局面，为区域的经济发展和现代化建设提供了强大的支持。此后，随着日本国内市场规模的扩大和对外贸易的增长，东京湾区的工业化迎来了快速发展。在第二次世界大战后，东京湾区经历了大规模重建和工业转型，成为日本经济的重要引擎之一。

（一）工业化为现代化发展奠定基础

与其他湾区相比，东京湾区的工业化发展较晚。为了追赶西方国家的工业化进程，日本政府于明治时代推行了一系列现代化改革，如修建铁路、港口和工厂，引进西方技术和知识，改革教育体制，等等，有效地推动了东京湾区工业化的起步与迅速发展。初期，东京湾区的工业化主要集中在纺织、金属加工和造船等领域，这些行业是当时日本工业化的先驱，为后续的工业发展提供了基础。之后，东京湾区的制造业开始涉及更多的领域，包括电子、汽车、化工、机械制造等，其中电子产业逐渐发展成东京湾区的核心产业，以创新和高新科技为特色，涵盖了半导体制造、电子设备生产、通信技术等领域，成为东京湾区工业发展的重要力量，为当地经济注入了强大的创新力，在国际市场上也具有较强的竞争力。另一个发展成东京湾区核心产业的是汽车产业，作为日本较早发展起来的制造业之一，汽车产业拥有丰田、本田和日产等知名汽车品牌。这些品牌在东京湾区设有工厂和研发中心，促进了供应链的形成和发展，推动了整个东京湾区的经济增长。

（二）发展转型推动现代化发展

第二次世界大战后，得益于战后的国际政治经济环境，东京湾区进入高速增长阶段，产业得以进行整体层面的统筹布局，原有的重工业向京滨和京叶工业区转移，东京则转向发展服务业、金融业。随着经济全球化与跨国公司不断兴起，为更好应对经济结构的调整和全球经济的变化，东京在保持制造业核心的基础上，转向推进服务业和金融业发展，这种发展转型的原因具体可分为三个层面。一是基于经济结构调整的需要，全球化使得制造业的竞争压力不断增加，成本不断上升，相比之下，服务业具有更大的增长潜力与市场需求。二是基于人民消费水平变化的需要，人口老龄化与生活方式变化等原因使得消费需求发生转变，服务业在高水平满足人们日常生活和娱乐需求方面具有重要作用，东京需要发展多样化的服务业来满足人们对教育、医疗、旅游、文化娱乐等方面的需求。三是基于提升国际竞争力的需要，东京湾区与东京市的发展不断面临全球范围内的机遇与挑战，发展服务业和金融业可以提高东京的国际竞争力，吸引更多的国际企业和投资者，并促进本地企业的全球化发展。

东京湾区为了成功实现发展转型，实施了大量方案。一是政府出台相应法律法规推动服务业和金融业发展，提供税收和财务方面的支持，简化金融机构的注册和运营程序。并且积极培育信息技术、人工智能、生物技术等新兴创新产业，鼓励企业在东京设立总部和研发中心，通过支持创新企业和提供投资基金，推动科技和创新在服务业和金融业的应用。二是大力提升金融中心地位，通过提供金融服务、创新金融科技和开放金融市场等措施，努力吸引国际金融机构和投资者，使得更多的金融机构和资金流入东京，推动东京湾区金融业高速发展。三是加强文化旅游产业发展，东京拥有丰富的文化资源和旅游景点。通过提升旅游服务质量、开发旅游产品、加强国际营销等手段，促进文化和旅游产业的发展，吸引更多的国内外游客前往东京观光和消费，提高东京湾区收入水平，改善收入结构。这些措施最终使东京湾区成为全球知名的金融中心与产业中心。

（三）金融中心地位巩固助力现代化发展

得益于时代背景与政府举措，东京湾区迅速成为全球重要金融中心之一。此后，东京湾区继续采取了一系列措施来巩固和提升自身金融中心的地位。一是创新金融科技，为提高金融服务的效率和便利性，政府积极推动金融科技发展，通过推动数字支付、区块链、人工智能等创新技术在金融领域的应用，提升金融机构的竞争力和创新能力。此外，东京湾区建立了创新实验室和孵化器，为金融科技企业提供支持和资源，推动金融服务的数字化和智能化。二是加强金融行业监管，提高金融市场的透明度和稳定性。一方面东京金融监管机构加强金融行业的风险防范和监测；另一方面对金融机构加强监管审查与自律管理，以确保金融市场健康发展，具体包括建立更加严格的监管机制、反洗钱和反恐怖融资法规等，有效提升了东京湾区金融行业的可靠性。三是提升金融中心的国际影响力。东京的大学和研究机构积极提供金融教育和培训课程，鼓励金融机构与学术界合作，吸引国内外优秀人才，推动金融行业的研究与创新。与此同时，东京湾区积极推动国际金融合作，与其他国际金融中心建立联系和合作关系，促进跨境金融业务和投资的便利化。东京还定期举办国际金融论坛和高层对话，加强与其他国际金融机构和监管机构的合作，提升东京的国际影响力和知名度。

四 粤港澳大湾区

2008 年，国家发布《珠江三角洲地区改革发展规划纲要（2008~2020 年）》，打造"世界级城市群"成为粤港澳在联合发展中探索的重点项目，其也上升为国家重要的发展战略。2019 年，国家出台的《粤港澳大湾区发展规划纲要》（以下简称《纲要》）正式提出"粤港澳大湾区"的概念。《纲要》指出，粤港澳大湾区在加强原先经济合作基础上，要以创新驱动发展、提升区域经济实力和竞争力，将改革开放的成果进一步扩大。这意味着粤港澳大湾区的发展是基于原先以要素驱动传统发展模式的珠三角地区，转变为纳入香港、澳门，以创新驱动发展的区域经济一体化的湾区模式。粤港澳大湾区是我国"一国两制"制度和区域经济一体化在改革开放进程中的有机结合，粤港澳经济合作不断深化实化而形成的实践成果。经过多方面、多层次、多角度和多样化的探索，我国在粤港澳大湾区构建与完善过程中开辟了一条创新发展的道路。

（一）香港成为内地现代化发展重要抓手

建设粤港澳大湾区是我国在内部深化改革与外部提升竞争优势的重要战略，粤港澳大湾区发展了形态多样的金融业，同时拥有作为全球金融中心之一的城市——香港，在金融集聚方面具有显著优势。在 20 世纪 90 年代之前，粤港澳地区内地城市的发展水平较低，为鼓励香港与内地的经济合作，内地采取了一系列政策措施，如建立经济特区、引入外资、降低贸易壁垒和加强基础设施建设等。这些措施吸引了香港的投资和企业，促进了港澳与内地城市的经济合作，内地城市逐渐承接了香港的低端制造业，提供了廉价的劳动力和土地资源。香港作为一个国际金融中心，拥有大量金融业务，内地城市通过吸引香港的投资和企业，逐步发展了制造业和出口导向型经济，为内地城市的经济现代化发展奠定了基础。在这个过程中，国际经济全球化和中国改革开放政策不断推进，资金与市场的融合推动了技术与人才的转移，内地城市不仅城市化水平与基建水平大幅提高，而且实现了技术进步与管理资源提升。城市化进程加速了城市人口的增长和城市规模的扩大，基础设施建设提高了城市的交通、通信和能源等方面的支持能力。

（二）产业转型成为现代化发展重要推力

湾区经济以高度开放的发展模式，受到全球普遍认可，作为高级经济形态实现区域经济发展与对外开放。随着粤港澳大湾区发展进入中期阶段，我国政府加大对科技创新、人才引进、知识产权保护等方面的支持力度，制定了一系列政策，引导粤港澳大湾区的发展重心从低端制造转向科技创新，国家政策的引导为湾区的产业升级提供了政策环境和资源保障。综合来看，转型这一决策离不开诸多因素与困境的交织。具体而言，一是技术和市场的必然需求。全球经济的快速变革与科技的迅猛发展急剧压缩了传统低端制造业的市场空间，同时，人工智能、生物医药、新材料等新兴科技领域成为全球经济增长的重要驱动力，粤港澳大湾区面临转型的迫切需求，需要适应市场变化，抓住技术创新和高附加值产业的机遇。二是人力资本的提升与产业转移的推动。随着经济发展和教育水平的提高，粤港澳大湾区的人力资本逐渐增加，这为区域内的科技创新和高端产业发展提供了人才基础。此外，一些低端制造业面临劳动力和资源成本上升的问题，产业转移的需求日益增长，这也是转向科技创新中心的推动力之一。三是区域合作和互补优势能够高效推动湾区发展。粤港澳大湾区各个地区具有各自的特色与优势，如广东省拥有强大的制造业基础，香港以国际金融和商务中心闻名世界，澳门具有发达的旅游业和娱乐业。不同地区通过区域合作和优势互补，能够形成协同效应，共同助推湾区向科技创新中心转型。在湾区规划纲要中体现为不同地区具有不同的产业地位，例如，广东省重点发展高端制造业、现代服务业和创新型企业；香港则继续发挥国际金融、贸易和航运中心的优势，推动金融科技和创新科技的发展；澳门则致力于打造世界级的旅游休闲中心和文化创意产业基地。通过不同地区的特色和优势，整个湾区可以形成一个多元化、互补性强的产业生态系统。

（三）数字发展成为湾区现代化发展重要特色

粤港澳大湾区是我国在金融开放领域的重要改革先锋，历史悠久，区域位置佳，金融底蕴深厚，以坚实的工业根基、完备的产业体系、强劲的经济活力和高度的开放程度，在我国经济发展过程中产生关键效用。与其他湾区不同，粤港澳大湾区具有极强的"数字湾区"特性。通过政府推进与环境影响，粤港澳大湾区开始从"数量追赶"和"要素驱动"，转而追求更高层次的"质量追赶"和"创新驱动"。而"数字湾区"的发展符合时代要求与历史使命，这也是粤港澳大湾区不同于世界其他三大湾区的核心所在，是粤港澳大湾区的独有优势，具体体现在以下几个方面。

一是在信息技术和互联网基础设施方面具有显著优势。香港作为国际金融和商务中心，拥有高速、稳定的互联网接入和先进的网络基础设施。广东省作为我国制造业大省，也在信息技术和互联网基础设施方面取得了长足发展。这为湾区的数字化发展提供了坚实的基础。二是完善的创业生态系统与人才培养引进体系。香港拥有多所世界一流的大学和研究机构，具有丰富的科技创新资源和高水平的研发能力，培养了大量的优秀人才。广东省具备大量的劳动力资源和高等教育资源，拥有众多的高新技术企业和创新团队，具备较强的科技创新能力与人才支持能力。湾区通过加强科技创新合作和交流，形成了一个繁荣的科技创新生态系统。这一科技创新生态系统又能对高素质人才产生极强的吸引力。大湾区通过加强人才培养和引进，建设人才交流平台，搭建创新创业的人才孵化环境。三是注重数字治理和智慧城市建设。通过应用信息技术和大数据分析，湾区可以实现智能交通、智能环境监测、智慧医疗等领域的创新和发展。智慧城市建设可以提升湾区城市的管理效率、资源利用效率和生活品质，为湾区居民提供更便捷、更智能的生活方式。

总体而言，"数字湾区"的成功建设能使粤港澳大湾区突破时间和空间的限制，有效扩展生产消费范围，提升资源利用与整合的效率。在国内层面，能够有效改善区域内不平衡不充分的经济发展情况；在国际层面，能够保证粤港澳大湾区具有强大的综合竞争能力与创新影响力。

第二章

2022~2023 年度世界湾区发展指数分析报告

成熟的湾区往往呈现的是区域发展的高级形态，它以核心城市为主导，在集聚效应和辐射效应的双重作用下，协同周边城市形成了独特的发展模式。因不同湾区的资源禀赋不一，且受到不同的社会制度、历史因素、战略定位等多种因素的影响，湾区之间的发展特征存在显著差异。本章以现代化发展为主题，通过构建2022~2023 年度世界湾区发展指数评价体系，量化地探索世界湾区的实际发展成果。

第一节 城市发展指标体系相关研究及述评

一 城市发展指标体系相关研究

在城市发展指数研究方面，国内外一些知名研究机构从综合评价、科技创新、可持续发展等不同视角发布了城市发展年度报告，例如科尔尼管理咨询公司、森纪念财团、Arcadis、GYbrand 等机构。

（一）国外城市发展指数研究

1. 科尔尼《2022 年全球城市指数报告》

国际管理咨询公司科尔尼联合全球顶级学术机构和商业咨询机构共同发布了《2022 年全球城市指数报告》，并揭示了"全球城市综合排名"（GCI）和"全球城市潜力排名"（GCO）。其中，"全球城市综合排名"（GCI）围绕商业活动、人力资本、信息交流、文化体验和政治事务五个维度，评估了全球 156 个城市当前的竞争力。全球城市综合排名旨在量化一个城市吸引、留住和促进全球资本、人才和创意流动的能力。尽管在商业活动和人力资本两个维度上的得分较往年有所下降，纽约和伦敦仍然保持榜单冠、亚军。巴黎和东京也保持了其原有排名，分别位列第 3 名和第 4 名。北京排名上升一位，重新进入前 5 名。排名第 6~10 位的分别为洛杉矶、芝加哥、墨尔本、新加坡、香港。"全球城市潜力排名"（GCO）则从居民幸福感、经济状况、创新和治理四个维度评估城市未来发展潜力。伦敦连续四年蝉联榜首，巴黎再度成为亚军，卢森堡从第11名跻身第3名，慕尼黑下滑1位至第4名，斯德哥尔摩上升1位，排至第5名。同时值得关注的是，纽约和哥本哈根城市的排名都出现了显著提升，纽约从第18位上升至第6位，哥本哈根排名上升13位，从第21名一跃成为第8名。反之，亚洲的两个特大城市新加坡和东京排名跌出前十，名次分别降为第20名和第25名。

此外，在评估的所有城市中，有近1/3的样本城市排名上升幅度超过6位，其中来自中国的就有17座城市。从粤港澳大湾区城市来看，广州上升4位，位列第56名，主要原因在于商业活动和文化体验维度的进步。广州持续推动先进制造创新，生物医药与健康、智能与新能源汽车、智能装备与机器人等新兴产业在广州产业中的比重提升，全球500强企业数量持续增加。随SHEIN等企业的强势发展，广州的跨境电商进出口规模保持全国第一。深圳下降1位，位列第73名，这也是深圳自2015年以来首次排名下降。但深圳在商业活动上仍然保持活力，互联网行业虽增速放缓但仍蓬勃发展。香港下降3位，位列第10名。在中美贸易摩擦和新冠疫情的双重打击下，香港进出口经济活动近乎停摆，商业活动在全球范围内的领先地位持续下降。此外，受疫情影响，香港的外来游客数量锐减，影响了文化体验维度的表现。

2. 日本森纪念财团《2022年全球城市实力指数》

日本森纪念财团（Mori Memorial Foundation）旗下城市战略研究所（Institute for Urban Strategies）发布《2022年全球城市实力指数》（GPCI）报告。报告通过衡量经济、研究开发、文化互动、宜居性、环境和交通6大领域的70项指标，对全球48个首要城市的整体实力进行综合评估。此次综合实力排名前十的城市包括：伦敦、纽约、东京、巴黎、新加坡、阿姆斯特丹、首尔、柏林、墨尔本、上海。

3. 凯谛思（Arcadis）《2022 年可持续发展城市指数》

荷兰知名全球化知识驱动型服务提供商 Arcadis 发布了《2022 年可持续发展城市指数》（SCI），该指数按可持续发展三大支柱"地球、人和利润"进行城市排名，由 26 项指标和 51 项标准组成的指标体系评价了城市的整体繁荣状况，并反映了城市追求可持续发展目标需要考虑的相互交织的服务和效果。在可持续发展城市指数中，奥斯陆位居榜首，许多欧洲城市紧随其后。东京、西雅图和旧金山也位居十大可持续发展城市之列。其中，粤港澳大湾区的深圳、广州、香港和澳门均在 2022 年可持续发展城市指数排名的前100 名。

4. 施罗德（Schroders）《2023 年全球城市指数报告》

2023 年 3 月，全球资产管理公司施罗德发布了《2023 年全球城市指数报告》。报告主要基于经济、环境、创新和交通四个指标来判定城市的现代化和繁荣情况。其中，前瞻性的政策、世界一流大学等也作为指数评定的重要参考指标。按照指数报告前十榜单顺序排名，具体有旧金山、波士顿、伦敦、纽约、墨尔本、多伦多、圣何塞、新加坡、香港、巴黎。其中，美国城市占据 4 个，粤港澳大湾区中，只有香港排名世界第 9。另外，深圳、北京、上海和杭州也在上榜的前 30 城市中，其排名分别为第 19 位、第 24 位、第25 位和第 27 位。

5. 洛桑（IMD）《2023 年全球智慧城市指数报告》

2023 年 4 月，瑞士洛桑国际管理发展学院（IMD）全球竞争力中心公布最新"智慧城市指数"（Smart City Index）调查。此次调查针对健康与安全、流动性、活动、就业与教育机会和治理五大方面，向全球 141 个城市的约 2 万人收集对所在城市的基础建设和科技应用的看法，问题包括但不限于各种结构和技术，以及对面部识别和个人数据共享等技术的感觉等。根据智慧城市指数报告排名榜单，全球排前 20 名的城市主要来自欧洲和亚洲。瑞士苏黎世、挪威首都奥斯陆和澳大利亚首都堪培拉分别排在前三名。新加坡连续三年位居第七，是亚洲排名最高的城市。香港在全球 141 个城市中排名跃升至第 19 位，较 2021 年从 118 个城市中排名第 33 位大幅上升，是唯一进入前 20 的中国城市。

6.GYbrand《2023 年世界城市 500 强》

2023 年 2 月，全球品牌研究院 GYbrand 发布了《2023 年世界城市 500 强》，榜单从经济实力、治理能力、文化体验、居住生活、城市形象、发展潜力等维度对城市进行综合评价和分析，其中位居前十的城市分别是纽约、伦敦、巴黎、东京、新加坡、洛杉矶、上海、香港、悉尼、北京。纽约连续三年位列第一，上海排名第一次超过香港，北京首次跻身世界十大城市，广州和深圳则分别排在第 29 位和第 34 位。

根据 GYbrand 整理统计，2023 年世界城市 500 强入选数量最多的 10 个国家中，美国有 63 个城市入选，其中 20 个城市位列世界城市排名前 100 名；中国（含港澳台）共有 50 个城市入选，其中 12 个城市入围全球城市排名 100 强；德国（27）、英国（25）、日本（24）、法国（20）、西班牙（17）、意大利（15）、印度（13）、俄罗斯（12）分列第 3~10 位。另外，上榜的 43 个中国内地城市主要分布于长三角城市群（13）、粤港澳大湾区（8）、京津冀城市群（4）、成渝城市群（2）、山东半岛城市群（2）。

（二）国内城市发展指数研究

1.《中国发展指数年度报告（2022）》

2023 年 4 月，中国人民大学公开发布了《中国发展指数年度报告（2022）》（RCDI）。2022 年中国发展指数指标体系在原有指标体系的基础之上，扩展了与发展相关的其他指标，体系得到进一步丰富和完善，由原来的 4 个分指数扩展为 6 个分指数，在健康分指数、教育分指数、生活水平分指数、社会环境分指数的基础上扩展了经济分指数、发展能力分指数，由 16 个一级指标以及 48 个二级指标组成。

2.《中国城市基本现代化监测指数（2022）》

2022 年 12 月，竞争力智库、北京中新城市规划设计研究院等机构联合发布了《中国城市基本现代化监测报告（2022）》。该报告构建了涵盖经济发展和经济体系现代化、人民生活和公共服务现代化、文化建设和市民素质现代化、生产方式和生态环境现代化、治理体系和治理能力现代化的"中国城市基本现代化监测体系"。其中，2022 年中国地级市基本现代化指数排名前 10 的城市具体如下：深圳（91.32）、杭州（90.87）、苏州（90.14）、南京（89.40）、宁波（88.34）、广州（87.21）、无锡（85.90）、舟山（83.99）、绍兴（83.09）和珠海（82.63）。

3.《全球（国家）城市竞争力排行榜》

2022 年 12 月，中外城市竞争力研究院（香港）、中国城市竞争力研究会（香港）、世界城市合作发展组织、香港世界论坛等机构联合研究的"2022 第二十一届全球（国家）城市竞争力排行榜"正式公布。该排行榜包括了全球国家竞争力排行榜、全球城市竞争力排行榜、中国城市综合竞争力排行榜、中国城市成长竞争力排行榜、全球最具幸福感城市排行榜等近 30 项榜单。其中，"GN 全球城市竞争力评价指标体系"由城市经济实力指数、资源潜力指数、文化蕴力指数、科技动力指数、创新能力指数、开放张力指数、管理效力指数、民生保障指数8项一级指标及32项二级指标构成。"GN中国城市综合竞争力评价指标体系"则涵盖了经济、社会、环境、文化四大系统，由包括经济竞争力、产业竞争力、财政金融竞争力、商业贸易竞争力、基础设施竞争力、国际营商环境竞争力、环境/资源/区位竞争力、人力资本教育竞争力、科技竞争力和文化形象竞争力在内的10项一级指标、50项二级指标、217项三级指标构成。

4.《2022中国现代综合发展指数》

2022年10~11月，小康杂志社联合国家信息中心进行了"2022中国现代综合发展指数"调查。"中国现代综合发展指数"的测评指标涉及经济建设、政治建设、文化建设、社会建设和生态文明建设五大方面，通过这五个方面的发展状况来反映我国全面建设社会主义现代化国家的进程，在细分领域上，主要包括饮食、消费、公共服务、医疗健康、教育、居住、信用、休闲、养老、平安状况、生态环境和幸福感受12个方面。

5.《新时代中国城市社会发展指数报告（2022）》

2022年11月，华东理工大学社会工作与社会政策研究院发布了"新时代中国城市社会发展指数暨百强榜（2022）"，其城市社会发展指标体系具体包括了经济发展与民生建设、人口发展与社会潜力、生态文明与环境治理、社会治理与社会服务、教育文化与科技创新、公共医疗与居民健康、社会保障与社会救助七大方面。

6.《2022国际大都市科技创新能力评价报告》

2022年11月，国际大都市科技创新评价中心联合上海市前沿技术发展研究中心、上海科学技术情报研究所等机构发布了《2022

国际大都市科技创新能力评价报告》，报告基于国际榜单的城市排名与基于专利论文的 5 维度城市创新能力评价体系，建立了三级指标体系。指标体系包括 5 个一级指标、10 个二级指标、67 个三级指标，对 50 个样本城市的科技创新能力进行评价。报告显示，北京、美国剑桥、深圳、东京、波士顿、上海、伦敦、纽约、新加坡和南京是科技创新能力综合排名前十的城市。

二 研究述评

经过上述对城市综合发展指数和相关领域发展指数的梳理分析，国内外较少从现代化发展视角对湾区城市发展进行评价，较多的是从城市的整体实力、可持续性、竞争力等视角去考虑，或者从城市发展的某个领域，例如智慧程度、科技创新能力等方面进行研究。因此，为进一步探索湾区城市的现代化发展水平，本书将在把握湾区城市发展特色和世界现代化发展的共性基础上，构建世界湾区城市现代化发展评价指标体系。一方面，湾区城市所处的地理位置决定了其具备交通便捷性、开放性、创新性和生态性等特点，本书在构建指标体系框架时，将着重显现湾区城市发展的独有特色；另一方面，城市的现代化发展应涵盖多方领域，且更加注重"以人为本"的发展理念，在指标体系设计上将更加围绕人的生活发展需求及全面性进行考虑。

第二节 世界湾区现代化发展评价指标体系构建

研究构建湾区现代化发展评价指标体系并评价各湾区城市现代化水平，不仅能为客观评价粤港澳大湾区城市和其他湾区城市现代化水平提供科学合理的测评工具模型、方法和量化标准，提高湾区现代化研究的科学化水平，而且能更好地了解我国粤港澳大湾区和世界知名湾区之间的现代化发展差距，为我国湾区现代化发展政策制定提供借鉴和参考。同时，这也有助于引导粤港澳大湾区以评价指标体系为目标和抓手，更具针对性、有效性地改进优化工作，提高湾区各城市的现代化水平。

一　整体架构逻辑

现代化发展表现在经济、政治、文化、社会和生态等各个领域向一种进步范式转变，本质和核心是向人的发展进步的范式转变，向人的文明进步和自由全面方向发展[1]。因此，城市现代化的实现不仅仅是单纯某个维度子系统的现代化实现，而是所有维度的子系统皆实现了高水平的现代化。并且各个子系统之间应当实现可持续的协调发展，最终实现城市全面现代化发展的有机统一。[2] 因此，在世界湾区城市现代化发展指标体系建设中，要尤为注重城市发展的全面性。本书结合国内外对城市现代化发展内涵的理解，认为城市的现代化发展包括经济现代化、社会领域现代化、生态与文明现代化、创新能力现代化和国际现代化五大维度。

（一）经济现代化

经济现代化是指从传统经济到现代经济的转变，主要从物质层面、生产方式、经济发展模式等角度来考察现代化过程，是现代化的核心内容。社会、政治、文化和生态等领域的现代化发展都离不开经济的发展支撑。从这个意义上说，经济现代化不仅是现代化的重要内容，更是现代化的基础和动力。同时，经济现代化的发展必

---

[1]　戴木才：《论世界各国现代化的共同特征》，《思想理论教育》2023 年第 4 期。

[2]　师博、明萌：《中国式城市现代化的理论内涵及评价研究》，《西北工业大学学报（社会科学版）》2023 年第 1 期。

须要与其他领域的现代化发展相协调，单纯的经济现代化不是全面意义上的现代化，实现和维持经济现代化也离不开其他领域现代化的协调发展。

（二）社会领域现代化

社会领域现代化是社会文明进步的动态发展，其涉及范围广泛，涵盖了社会福利、教育、医疗、文化艺术、公共服务等多个社会生活方面。社会领域的现代化发展关乎人类社会领域的进步和建设成果的增加，也关乎社会文明程度的提升，是城市现代化发展水平一个不可或缺的重要标志。

（三）生态与文明现代化

人与自然的关系推动并形塑着人类的现代化进程。在以人为本的现代化建设逻辑中，生态文明建设体现了人与自然和谐共生的现代化发展理念，它符合高级形态下的现代化发展。生态文明既是生产领域的文明，也是生活领域的文明，生态文明建设使得人民生活观念、生活方式发生进一步转变，有助于促进生产方式的根本性变革，促进社会可持续发展。因此生态文明对于现代化发展具有极其重要的意义。

（四）创新能力现代化

创新是引领发展的第一动力。例如，以人工智能、区块链、大数据、物联网为代表的数字技术蓬勃发展，推动了新一轮科技革命，将人类带入了数字经济时代。正是技术创新并被广泛应用，深刻地改变了社会资源的配置方式和经济活动的组织方式。因此，创新能力是各个国家和地区推动经济质量变革、效率变革和动力变革的重要力量。创新能力也成为城市现代化发展水平的重要衡量标准。

（五）国际现代化

国际化是世界湾区现代化发展趋向的共性。一般而言，世界湾区城市经济高度发达，其角色还可能是制造业中心、金融中心、贸易中心、交通中心等，对世界各城市的进化有着强烈的示范效应。同时，湾区城市地理位置优越，区位优势明显，与国内市场、世界大市场高度关联，既是联结国内外经济的桥梁和枢纽，也是世界市场链条体系的中心环节。

二　指标遵循原则

城市发展本身是动态的，由于不同地域具有明显的时代和区域特征，对城市现代化水平的定义和标准也可能存在差异。因此，在湾区城市现代化指标体系的设计上既要符合现代化科学原理，也要具有理论依据和实际可操作性，要充分遵循指标的系统性、科学性、代表性、可比性和获得性原则。

（一）指标的系统性

由于湾区城市现代化发展是涵盖多领域的现代化，在指标体系的设计上需全面反映湾区城市现代化发展的综合情况，即把湾区城市现代化发展看成一个系统，从系统论的角度考虑评价问题。依据城市现代化发展系统的特点，使选择的指标形成一个具有层次性和内在联系的指标体系，以覆盖全面且能综合地反映湾区城市现代化发展的各种要素为目标，既要考虑典型指标，也要兼顾关联性指标；既能反映直接效果，又能反映间接效果，以保证综合评价的全面性与可信度。

（二）指标的科学性

在指标的框架体系设计及选择上需符合现代化科学原理，兼具科学性和合理性，即湾区城市现代化发展评价指标必须要能准确表达现代化发展的内涵，在具有客观依据的基础上，从科学的角度系统而准确地理解和把握城市现代化发展的实质。因此，在评价指标的设计中将注重选取符合客观实际的，或已被实践证明了的科学理论。

（三）指标的代表性

代表性原则是指选择能独立和准确反映各湾区城市现代化发展水平的核心指标，且结合不同区域城市本身所处阶段和地域大背景的特色评价指标，从而使评价结果能更客观、更真实。

（四）指标的可比性

湾区城市现代化是一个世界现象，可比性原则即确保被选择的指标在各个被评价的湾区城市之间都具有可比性。在相同时间点上，尽可能地选取统计口径、范围、计算方法相一致的指标数据，保证不同湾区城市之间可相互对比，以此准确分析各个城市之间表现的差异。

（五）指标的获得性

基于指标体系设计的可操性，必须考虑指标信息的可得性。因此，本书会根据指标现有数据情况，或经过相关数据简单换算能得到，或有较强关联的可替代性数据来进行选择。且在湾区城市现代化发展的评价指标中选择的都是可量化的指标，有利于进行资料的统计分析。

三 指标的选取与诠释

世界湾区现代化发展评价体系既应体现现代化发展的内涵目标，也要满足现代化发展的实际需要，还要有利于发挥指标的导向功能。基于对现代化发展内涵的把握，以及国内外城市发展指标体系的相关借鉴，遵循世界湾区现代化发展评价指标体系构建的整体架构逻辑和指标选取原则，2022~2023 年度世界湾区发展总指数涵盖了经济现代化、社会领域现代化、生态与文明现代化、创新能力现代化和国际现代化五大领域。总体指标共分为三个层次，其中一级指标 5 个、二级指标 13 个、三级指标 65 个，且指标有正向和逆向之分，正向指标表示原始数据值越大越好，逆向指标则表示原始数据值越小越好。

（一）经济现代化指数

城市现代化过程的驱动力就是经济现代化。在经济现代化维度，从经济水平和金融水平两个层面来设计指标。其中，经济水平包括 GDP 增长率、人均 GDP、人口数量、人口密度、人均个人收入等 9 项基础指标，人均 GDP 反映了区域经济发展的水平，GDP 增长率反映了区域经济运行的速度与效率。消费价格指数和购买力指数反映了人民的生活成本和购买水平。失业率是从就业角度侧面反映经济发展情况，对外贸易依存程度则体现了一个国家或地区的贸易依赖程度，也是衡量一个国家或地区经济发展水平的重要指标。

金融发展水平与经济发展水平息息相关，往往经济高度发达的城市，其金融业发展水平也较高。金融发展可以为经济发展提供动力，金融水平的提升能够有效整合各类经济资源，提高市场运行效率，降低市场参与者收集信息和交易的成本。因此，金融业发展水平的高低在很大程度上决定着经济发展的快慢和稳定与否。金融发展水平主要根据 GYbrand 全球金融中心城市排名、全球金融中心指数（GFCI）以及全球金融行业科技公司百强数量三项指标来衡量（见表 2-1）。

表 2-1 经济现代化指标选取

一级指标	二级指标	三级指标	单位
经济现代化	经济水平	GDP 增长率	%
		人均 GDP	元
		人口数量	万人
		人口密度	人 /km²
		人均个人收入	元
		消费价格指数	–
		购买力指数	–
		失业率	%
		对外贸易依赖程度	%
	金融水平	全球金融中心城市排名	–
		全球金融中心指数	–
		全球金融行业科技公司百强数量	家

（二）社会领域现代化指数

社会领域现代化是社会文明进步动态发展的重要体现。社会领域覆盖范围广泛，涵盖兜底性、发展性、享受性等多方面群众需求，是聚焦实现人的全面发展需着重发展的领域。结合社会领域发展的全面性和着重性，指标构建主要从交通基础、教育水平、医疗水平和生活质量四个维度衡量社会领域发展的现代化水平。

其中，交通基础评价方面，交通基础设施越完善，湾区城市对周边地区的空间溢出效应和辐射作用就越强，城际和城区内的交通便利度也会得到大力提升，能有效提高城市基础设施的建设和服务水平，为城市现代化发展注入新动力。此项指标主要通过航空机场货运吞吐量、航空机场客运吞吐量、城市轨道交通线路长度、交通指数和交通通勤时间指数五个指标衡量。

教育水平评价方面，包括高校数量、世界大学声誉排名前200数量、高等教育人数占比、SCI 与 CPCI 论文数量（十大新兴技术）、高质量论文全球城市排名、论文平均质量全球城市排名等。

医疗水平评价方面，包括人均寿命、医疗卫生保健指数、全球医疗器械企业百强数量三个指标。

生活质量评价方面，包括安全指数、犯罪指数、生活成本指数和垃圾处理满意度四个指标（见表2-2）。

表 2-2　社会领域现代化指标选取

一级指标	二级指标	三级指标	单位
社会领域现代化	交通基础	航空机场货运吞吐量	万吨
		航空机场客运吞吐量	万人次
		城市轨道交通线路长度	千米
		交通指数	–
		交通通勤时间指数	–
	教育水平	高校数量	个
		世界大学声誉排名前 200 数量	个
		高等教育人数占比	%
		SCI 与 CPCI 论文数量	篇
		高质量论文全球城市排名	–
		论文平均质量全球城市排名	–
	医疗水平	人均寿命	年
		医疗卫生保健指数	
		全球医疗器械企业百强数量	个
	生活质量	安全指数	
		犯罪指数	
		生活成本指数	
		垃圾处理满意度	

（三）生态与文明现代化指数

生态与文明建设是影响城市高质量发展的一个关键因素。良好的生态环境与文化环境有利于吸引人才、产业、资本等优质要素资源集聚，进而推动城市产业结构的转型升级，发展集约高效的现代化经济体系，促进湾区城市群的可持续发展。其中，生态环境从环境污染情况和生活宜居性两方面考虑，前者包括了空气污染、交通碳排放等情况，后者包括空气质量、气候、绿化和公园质量指数三项。文化环境主要以湾区城市拥有的博物馆、图书馆、艺术馆文化馆等公共文化基础设施的数量来衡量（见表 2-3）。

表 2-3 生态与文明现代化指标选取			
一级指标	二级指标	三级指标	单位
生态与文明现代化	生态环境	PM2.5 年平均浓度	$\mu g/m^3$
		PM10 年平均浓度	$\mu g/m^3$
		交通碳排放指数	–
		污染指数	–
		空气质量指数	–
		气候指数	–
		绿化和公园质量指数	–
	文化环境	博物馆数量	个
		图书馆数量	个
		艺术馆文化馆数量	个

（四）创新能力现代化指数

创新能力是建设现代化经济体系的战略支撑，湾区城市发展更需不断增强科技创新能力，发展壮大实体经济，使现代化经济体系的基础更加坚实，更有活力。本部分从创新主体、创新成果和综合创新三个维度构建创新能力现代化指数。其中，创新主体作为城市创新能力的推动者，采用全球创新机构百强数量、领先研发机构数量、领先学术机构数量及高被引科学家数量及相应全球城市排名等指标来衡量。创新成果则主要通过 PTC 专利数量及平均质量全球城市排名、领先机构 PCT 专利量与 ESI 论文量、高质量专利全球城市排名等来判断。结合当前现代化发展的新兴技术，在 PTC 专利量收集上是以石墨烯、自动驾驶、人工智能、精准医疗、量子技术、基因编辑、沉浸式体验、区块链、氢能技术、mRNA 技术十大领域为参考基准。综合创新是从全球发展视角来看各个城市在科技创新、技术创新合力、学术创新合力等方面的发展情况（见表 2-4）。

表 2-4　创新能力现代化指标选取

一级指标	二级指标	三级指标	单位
创新能力现代化	创新主体	全球创新机构百强数量	个
		领先研发机构数量	个
		领先学术机构数量	个
		高被引科学家数量	个
		领先研发机构全球城市排名	－
		领先学术机构全球城市排名	－
		高被引科学家全球城市排名	－
	创新成果	PCT 专利数量	个
		领先机构 PCT 专利量	个
		领先机构 ESI 论文量	篇
		高质量专利全球城市排名	－
		PCT 专利平均质量全球城市排名	－
	综合创新	科技创新全球城市排名	－
		技术创新合力全球城市排名	－
		国际大都市科技创新能力评价综合排名	－
		学术创新合力全球城市排名	－

（五）国际现代化指数

湾区国际化发展的高级阶段是"走出去"。本部分将国际现代化指数主要分为综合竞争力和品牌影响力两部分。根据较为权威或认可度较高的城市研究成果，通过整理世界湾区城市的综合实力排名情况和品牌数量的发展情况来衡量各个湾区的综合竞争力和品牌影响力（见表 2-5）。

表 2-5　国际现代化指标选取

一级指标	二级指标	三级指标	单位
国际现代化	综合竞争力	全球城市实力指数排名	-
		全球创新指数排名（2thinknow）	-
		全球创新指数排名（WIPO）	-
		全球最佳城市百强排名	-
		全球城市综合排名	-
		全球城市潜力排名	-
	品牌影响力	全球品牌价值 500 强数量	个
		全球最佳百强品牌数量	个
		全球科技品牌价值百强数量	个

四　数据来源与测算方法

（一）样本选择

基于对比性原则，本书参照 2021 年和 2022 年《世界湾区发展指数研究报告》选取纽约湾区、旧金山湾区、东京湾区、粤港澳大湾区、悉尼湾区和伦敦湾区这六大湾区的十大核心城市作为研究样本，主要包括纽约、旧金山、圣何塞、东京、伦敦、悉尼、广州、深圳、香港、澳门。考虑到各个城市的数据采集，必须先对城市区域范围进行界定。由于国内外对城市区域划分标准不同，国内的城市面积是指城市行政区内实际已成片开发建设、市政公用设施和公共设施基本具备的区域。国外城市区域划分有的是根据都市人口规模、经济密切程度划分，有的是为了方便数据统计划分，例如美国行政管理和预算局在都市统计区划分上就存在两种方式，分别是都市统计区（MSA）和联合统计区（CSA）。东京湾区城市又涵盖了东京、东京都和东京都市圈三类，在区域范围上存在显著差异。这与数据选取直接相关，是准确测算城市发展水平的重要前提，因此明确具体城市区域范围对研究具有关键影响。综合考虑数据采集的可得性和准确性，本文对选取的十大核心城市的范围界定如表 2-6 所示。

表 2-6　世界湾区十大城市基本情况

城市	区域范围	城市面积（km²）	城市人口（万人）
纽约	纽约大都市区的中心区域，主要包括曼哈顿区（Manhattan）、布朗克斯区（Bronx）、布鲁克林区（Brooklyn）、皇后区（Queens）和斯塔腾岛（Staten Island）5 个相对独立的行政区	1214.4	880
旧金山	旧金山都会区，包括旧金山 – 奥克兰 – 伯克利（San Francisco–Oakland–Berkeley）都市区范围	7475	462.33
圣何塞	圣何塞都会区，包括圣何塞 – 森尼维尔 – 圣克拉拉（San Jose–Sunnyvale – Santa Clara）都市区范围	3429	195.22
东京	包括东京都下辖 23 个区、26 个市、5 个町、8 个村	2155	1396.12
伦敦	伦敦都市区，包括伦敦金融城（即"伦敦市"）和 32 个伦敦地方行政区	1576	898.4
悉尼	大首都城市区（Greater Capital City Statistical Area）	1687	531.2

续表

城市	区域范围	城市面积 （km²）	城市人口 （万人）
广州	广州市行政区域	7434.4	1881.06
深圳	深圳市行政区域	1997.47	1768.16
香港	香港特别行政区区域	1113.76	741.31
澳门	澳门特别行政区区域	32.9	68.32

数据来源：课题组自行整理。

（二）数据来源

由于研究对象为世界湾区的十大城市，覆盖面积较广，涉及指标数量较多，因此，数据来源范围较为广泛，主要分为三类：第一类是基础统计数据，包括经济水平、部分交通基础、文化环境等数据，均来源于各大城市政府部门公开的统计年鉴、统计年报，以及各城市相关管理部门的官方网站发布的统计报告、调查报告等；第二类是指数类数据，包括生活质量、生态环境、消费水平、购买力等指标数据，大多来源于 Numbeo 官网；第三类是排名类等其他数据，主要来源于第三方研究机构的统计数据或研究成果，例如创新主体、创新成果、综合竞争力、品牌影响力等指标数据。

（三）测算方法

1. 无量纲化

为避免原始数据单位、量级差异性过大，不具有可比性，而对结果分析造成影响，必须对原始数据进行无量纲化处理。无量纲化可通过数据变换来消除原始变量的量纲影响，使得各指标数值都处于同一数量级别上，以此可进行综合测评分析。通常而言，无量纲化处理方式包括标准化、归一化、正向化、逆向化等多种形式。本书结合实际研究，考虑到指标属性存在正向和逆向之分，故采用正向化、逆向化的方式分别对正向指标和逆向指标来进行数据标准化处理，将数据压缩在 [0，1] 的区间。

正向指标标准化处理公式：

$$Y_{ij} = \frac{x_{ij} - \min(x_{ij})}{\max(x_{ij}) - \min(x_{ij})}, \ i = 1, 2, \cdots, m; j = 1, 2, \cdots, n$$

负向指标标准化处理公式：

$$Y_{ij} = \frac{\max(x_{ij}) - x_{ij}}{\max(x_{ij}) - \min(x_{ij})}, \ i = 1, 2, \cdots, m; j = 1, 2, \cdots, n$$

2. 指标权重

指标的权重是指各级指标在整个评价体系中相对重要程度和价值所占比例的量化值，每个指标的权重值将被记为 0 到 1 之间的小数，将 1 作为整个指标体系的权重之和。权重的确定又分为主观赋权法和客观赋权法，本书采用的是客观赋权法，即依据历史数据研究指标之间的相关关系或指标与评估结果的影响关系来综合评价。常用方法包括了主成分分析法、因子分析法、熵值法、变异系数法、均方差法、回归分析法等。本章主要采用变异系数法来确定指标权重。具体公式如下：

$$V_j = \frac{S_j}{X_j}, \ j = 1, 2, \cdots, n$$

$$Q_j = \frac{V_j}{\sum_{j=1}^{n} V_j}$$

其中，V_j 为第 j 项指标的变异系数，S_j 为第 j 项指标的标准差，$\overline{X_j}$ 为第 j 项指标的均值，Q_j 为第 j 项指标的权重数。

3. 指标合成

采用综合指数法计算城市现代化发展总指数，计算公式为：

$$MDI_r = \sum_{j=1}^{n} Y_{ij,r} Q_{j,r}, \ i = 1, 2, \cdots, m; j = 1, 2, \cdots, n$$

$$MDI = \sum_{r=1}^{5} MDI_r, \ r = 1, 2, \cdots, 5$$

五　现代化发展指数权重计算

基于上述的指标权重测算方法，本书对十大湾区城市的指标体系进行权重确定，将每个指标的权重值记为 0 到 1 之间，整体指标体系的权重为 1，各个指标权重具体如表 2-7 所示。

一级指标	二级指标	三级指标	权重（%）
经济现代化	经济水平	GDP 增长率	1.86
		人均 GDP	1.58
		人口数量	1.25
		人口密度	1.45
		人均个人收入	1.60
		消费价格指数	2.91
		购买力指数	1.50
		失业率	0.87
		对外贸易依赖程度	1.31
	金融水平	全球金融中心城市排名	1.88
		全球金融中心指数	0.87
		全球金融行业科技公司百强数量	2.02

表 2-7　十大湾区城市现代化发展指标权重

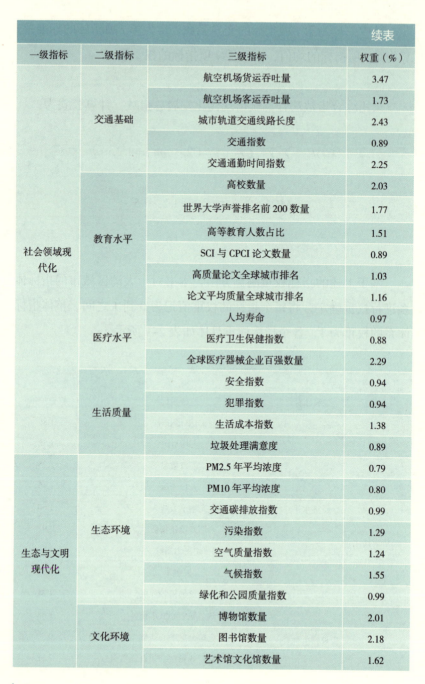

续表

一级指标	二级指标	三级指标	权重（%）
社会领域现代化	交通基础	航空机场货运吞吐量	3.47
		航空机场客运吞吐量	1.73
		城市轨道交通线路长度	2.43
		交通指数	0.89
		交通通勤时间指数	2.25
	教育水平	高校数量	2.03
		世界大学声誉排名前 200 数量	1.77
		高等教育人数占比	1.51
		SCI 与 CPCI 论文数量	0.89
		高质量论文全球城市排名	1.03
		论文平均质量全球城市排名	1.16
	医疗水平	人均寿命	0.97
		医疗卫生保健指数	0.88
		全球医疗器械企业百强数量	2.29
	生活质量	安全指数	0.94
		犯罪指数	0.94
		生活成本指数	1.38
		垃圾处理满意度	0.89
生态与文明现代化	生态环境	PM2.5 年平均浓度	0.79
		PM10 年平均浓度	0.80
		交通碳排放指数	0.99
		污染指数	1.29
		空气质量指数	1.24
		气候指数	1.55
		绿化和公园质量指数	0.99
	文化环境	博物馆数量	2.01
		图书馆数量	2.18
		艺术馆文化馆数量	1.62

续表

一级指标	二级指标	三级指标	权重（%）
创新能力现代化	创新主体	全球创新机构百强数量	4.00
		领先研发机构数量	2.93
		领先学术机构数量	1.25
		高被引科学家数量	1.66
		领先研发机构全球城市排名	1.15
		领先学术机构全球城市排名	1.20
		高被引科学家全球城市排名	1.11
	创新成果	PCT 专利数量	2.48
		领先机构 PCT 专利量	3.04
		领先机构 ESI 论文量	1.40
		高质量专利全球城市排名	1.05
		PCT 专利平均质量全球城市排名	1.33
	综合创新	科技创新全球城市排名	0.96
		技术创新合力全球城市排名	1.48
		国际大都市科技创新能力评价综合排名	0.92
		学术创新合力全球城市排名	1.11
国际现代化	综合竞争力	全球城市实力指数排名	1.41
		全球创新指数排名（2thinknow）	1.16
		全球创新指数排名（WIPO）	0.73
		全球最佳城市百强排名	1.20
		全球城市综合排名	1.05
		全球城市潜力排名	1.07
	品牌影响力	全球品牌价值 500 强数量	1.53
		全球最佳百强品牌数量	2.23
		全球科技品牌价值百强数量	2.55

在权重计算结果中，社会领域现代化权重为27.45%，为五个维度中权重占比最高维度。随着城市发展由经济逻辑回归人本

逻辑，生产逻辑回归生活逻辑，交通、教育与医疗水平及生活质量越发成为湾区城市现代化发展的核心内容。创新能力现代化排名第二，权重为27.07%，表明创新驱动是湾区城市现代化发展的重要动力之一。经济现代化排名第三，权重为19.10%。生态与文明现代化排名第四，权重为13.46%。国际现代化排名最低，权重为12.93%。在二级指标中，权重指数最高的为经济水平，占比14.33%，表明经济发展与经济实力增长仍然是湾区城市现代化发展的重要支撑；其次为创新主体，权重占比为13.30%；排名第三为交通基础，权重占比为10.77%，表明了湾区城市地理位置优势为现代化发展奠定了良好的基础。

第三节　世界湾区现代化发展指数分析报告

一　世界湾区城市现代化发展综合指数评价

（一）综合评分情况

根据前文指标体系与权重对湾区城市数据进行现代化发展指数分析测算，综合得分结果如图2-1所示。该综合得分由湾区现代化发展评价指标体系中经济现代化、社会领域现代化、生态与文明现代化、创新能力现代化与国际现代化得分加总得出，其中经济现代化包括经济水平与金融水平，社会领域现代化包括交通基础、教育水平、医疗水平与生活质量，生态与文明现代化包括生态环境与文化环境，创新能力现代化包括创新主体、创新成果与综合创新，国际现代化包括综合竞争力与品牌影响力。

根据图2-1世界湾区十大城市现代化发展指数评价结果，采用自然断裂点的分级方法，将十大城市分为三个梯队，使得每组梯队内的指数结果最为接近且组间差距足够大。以下根据梯队分组情况

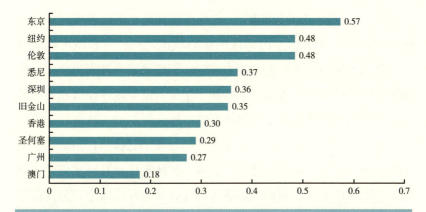

图 2-1 世界湾区十大城市现代化发展指数

对十大城市的现代化发展情况进行分析。

评价结果中，东京排名第一，指数为 0.57；纽约与伦敦依次为第二、第三名，指数约为 0.48。三个城市得分以较大优势与其他城市拉开距离，组成了指数结果第一梯队。东京、纽约与伦敦三个城市一直是全球城市中的经典样本，作为国际大都市在经济、文化、创新等各个领域都有出色表现。从历史进程来看，英国率先完成工业革命，伦敦成为全球发展核心枢纽城市，之后美国不断发展与主导全球发展进程，纽约由此成为新的全球化枢纽城市，日本也在明治维新后依靠制造业优势加入全球化浪潮，东京逐步发展为人口密集、实体经济水平高的现代化核心城市。

悉尼、深圳与旧金山的指数分别为 0.37、0.36 与 0.35，香港指数为 0.30，均在 0.30~0.40 这一区间内，以较小的组间差距组成了指数结果第二梯队。悉尼作为澳大利亚最发达的城市，面积与人口都具有长足优势，但与第一梯队城市相比仍有较大提升空间。深圳发展历史较短、发展速度较快，作为中国改革开放的"领头羊"与粤港澳大湾区的"马达城市"，在高质量现代化的成长模式中潜力巨大。旧金山作为旧金山湾区的核心城市之一，尽管城市规模较小，但人才优势与科技创新能力突出，资源要素高度聚集。香港作为国际贸易的关键节点城市，搭建了中国与欧美地区经济流通的桥梁，是中国现代化发展中不可缺少的一环。

圣何塞、广州与澳门三个城市共同组成第三梯队，指数结果依次为0.29、0.27与0.18，与第一、第二梯队相比具有一定差距。圣何塞与旧金山类似，同属于旧金山湾区，城市规模较小，但得益于圣何塞都市圈中的"硅谷"地区具有顶级的科技创新与人才资源，成为如今旧金山湾区科技化与现代化发展的强大推力。广州与澳门同属粤港澳大湾区的重要城市，广州在人口与面积上更有相对优势，但两个城市目前的国际影响力与创新驱动力均较为有限，现代化发展水平仍然具有较大的上升空间。

（二）分维度评分比较

为更直观地对比各个城市在各个维度的相对表现情况，采用雷达图进行分析。由于各维度之间评分标准不同、数值差距较大，对每个维度按照当前维度最高分进行标准化，即当前维度最高分对应的城市评分设定为1，其他城市对应评分标准化为与最高分值的比值。雷达图如图2-2所示。

从图2-2可知，各个城市在各个维度上的发展情况存在一定差异。在经济现代化维度中，得分前三依次为纽约、旧金山与伦敦，表明这三大城市具有良好的经济基础。在社会领域现代化维度中，得分前三依次为东京、悉尼与伦敦，表明这三大城市的社会化程度较高。在生态与文明现代化维度中，得分前三依次为东京、伦敦与纽约，表明这三大城市较为注重生态环境保护与文化文明建设。在创新能力现代化维度中，得分前三依次为东京、伦敦与深圳，表明

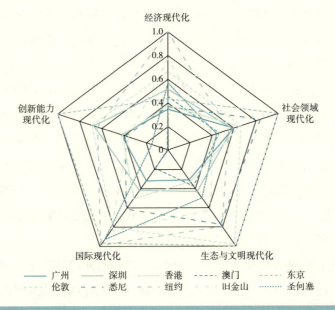

图 2-2 世界湾区十大城市现代化发展分维度评价结果

这三大城市的创新能力与成果较显著，其中深圳作为粤港澳大湾区发展的重点城市，以打造"国际科技产业创新中心"为目标之一，扎实推进大湾区的现代化发展。在国际现代化维度中，得分前三依次为纽约、东京与圣何塞，表明这三大城市具有较大的国际影响力。

根据梯队结果进行分析，对于第一梯队城市，综合得分排名第一的东京在社会领域现代化、生态与文明现代化、创新能力现代化与国际现代化四个维度中均为前二，仅在经济现代化维度上稍显乏力。综合得分差距微小的纽约与伦敦在各个维度也有较为均衡的发展，整体与东京相比略有不足。纽约在经济现代化与国际现代化维度中均为第一，社会领域现代化发展略有短板。伦敦在生态与文明现代化维度位列第二，其余维度发展差距较小。总体而言，位于指数结果第一梯队的三个城市在各项发展维度中依然存在明显优势。

位于指数结果第二梯队的悉尼、深圳、旧金山与香港四个城市发展较为平缓，但各有特色。悉尼在社会领域现代化发展维度排名第二，但经济现代化与创新能力现代化发展略为乏力。深圳创新能力现代化得分表现亮眼，其余发展维度排名处于中游，无较大评分差距。旧金山在经济现代化与国际现代化维度排名前列，但创新能力现代化与社会领域现代化存在明显短板。香港在社会领域现代化方面发展较好，其余维度发展较为均衡。

位于指数结果第三梯队的圣何塞、广州与澳门与其他城市的现代化发展程度相比仍有一定差距。圣何塞在国际现代化维度得分位列第三，广州与澳门在社会领域现代化发展方面优势明显，其余维度发展均相对薄弱。

综合考量每个湾区城市的现代化水平，东京在社会领域、生态与文明及创新能力现代化方面都具有明显优势，其他维度发展较为均衡。纽约与伦敦相较东京发展稍为弱势，但也各有领先、发展均衡，因此这三个城市属于综合发展型湾区城市。悉尼、深圳、旧金山与圣何塞虽然总体现代化发展情况未能进入第一梯队，但均在某个或某几个维度中拥有较高评分，如悉尼的社会领域现代化维度评分、深圳的创新能力现代化评分、旧金山与圣何塞的国际现代化评分，这与该城市所属湾区的发展模式密不可分，因此将它们归类于特色发展型湾区城市。香港、广州与澳门三个城市总体现代化发展情况与上述城市具有一定差距，各个维度发展较为平衡，没有明显的优势区间，因此属于潜力发展型湾区城市。

二　世界湾区城市现代化发展分项指数评价

（一）湾区城市五大维度发展指数评价

为更好地分析各个城市在各个发展维度上的发展水平，本部分采用分项维度的城市评分、平均评分与最大评分对每个城市进行雷达图绘制，并进一步对每个城市各项发展维度的发展水平、优势及不足进行细致分析。

从图 2-3 可知，综合得分排名第一的东京在各个维度发展均较为出色，除经济现代化维度外，其余各个维度评分均远远高于平均值且多个维度评分为最大值，表现了较为均衡的现代化发展水平。具体而言，东京的社会领域现代化、生态与文明现代化和创新能力现代化评分均为分项最高分，代表着样本城市中最高发展水平。国

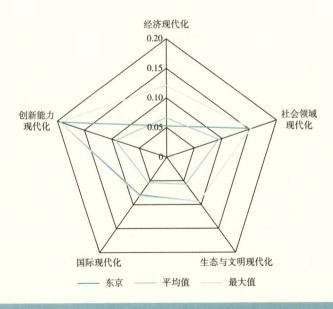

图 2-3　东京现代化发展指数评价结果

际现代化评分与最高分差值极小，同样远高于平均值，拥有明显的发展优势。经济现代化发展略有不足，分项维度评分低于平均值，表明东京具有一定的经济发展潜力。

从图2-4可知，综合得分排名第二的纽约在各个维度发展较为均衡，各个维度除社会领域现代化外，得分均远高于平均值，多个维度评分接近最大值，仅次于东京。具体而言，经济现代化与国际现代化得分均为最大值，代表着这两个领域在样本城市中属于最高发展水平。生态与文明现代化及创新能力现代化得分远超平均值，社会领域现代化得分低于平均值，仍然具有一定的发展空间。

从图2-5可知，综合得分排名第三的伦敦各项发展较为均衡，与纽约差距微小，五项得分均远超平均值。具体而言，伦敦的生态与文明现代化得分与最大值极为接近，在该维度上呈现了较高水

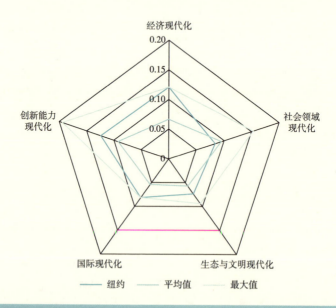

图2-4　纽约现代化发展指数评价结果

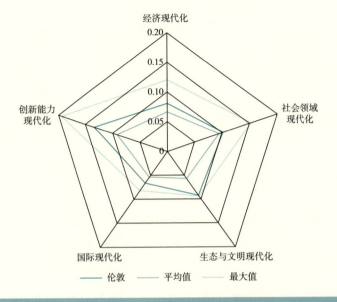

图 2-5　伦敦现代化发展指数评价结果

平。创新能力现代化与国际现代化得分也名列前茅，表明伦敦在此两项维度中具有发展优势。经济现代化与社会领域现代化得分高于平均值但较为接近，表明伦敦在经济与社会的现代化发展中具有很大发展空间。

从图 2-6 可知，综合得分排名第四的悉尼作为第二梯队中综合得分最高的城市，在各个现代化维度中存在较为明显的自身特长与短板。具体而言，悉尼在社会领域现代化方面发展优势明显，得分远超平均分并排名前列。生态与文明现代化得分高于平均分，但相对社会领域现代化而言优势不够明显。经济现代化、创新能力现代化与国际现代化得分略低于平均得分，表明悉尼的经济、创新能力与国际现代化发展具有长足发展空间。

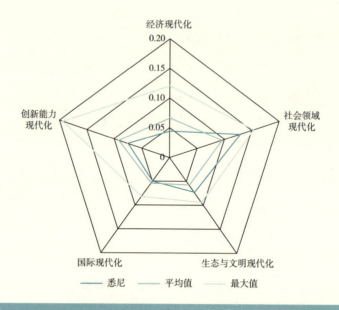

图 2-6　悉尼现代化发展指数评价结果

　　从图 2-7 可知，综合得分排名第五的深圳在各项现代化发展中存在非常明显的自身特长与短板。具体而言，深圳在创新能力现代化方面优势明显，得分排名较高，说明创新能力较强，特色创新发展模式具有显著成效。但经济现代化、社会领域现代化、生态与文明现代化及国际现代化这四项得分均略低于平均值，发展模式特色明显，现代化发展有待以强带弱。

　　从图 2-8 可知，综合得分排名第六的旧金山在各个维度发展较为均衡，但各项评分与第一梯队城市都具有一定差距。具体而言，旧金山的经济现代化、生态与文明现代化和国际现代化得分高于平均值，其中经济现代化与平均分差距较大，另外两项得分差距较小，表明经济现代化发展水平相对较高。但社会领域现代化和创新

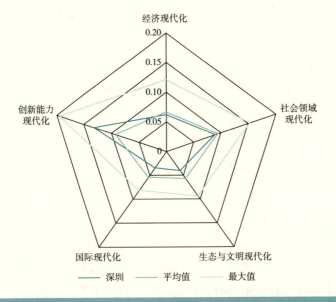

图 2-7　深圳现代化发展指数评价结果

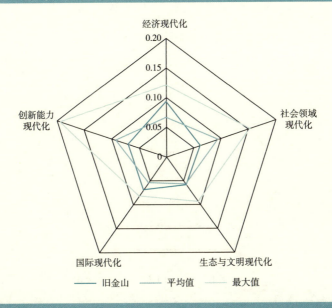

图 2-8　旧金山现代化发展指数评价结果

能力现代化得分低于平均分，说明社会发展与创新能力发展的现代化水平有待重视。

从图 2-9 可知，综合得分排名第七的香港各项维度评分不高，与第一梯队城市相比具有较大发展空间。具体而言，香港在社会领域现代化维度得分较高，得分超过平均值；创新能力现代化得分次之，得分与平均值相差不大；经济现代化、生态与文明现代化及国际现代化三个维度得分与平均值具有一定差距，现代化发展情况较为平缓。

从图 2-10 可知，综合得分排名第八的圣何塞的现代化发展水平具有明显发展特色，与其所属湾区的发展模式相匹配。具体而言，圣何塞在国际现代化维度的得分与最大值极为接近，说明圣何塞在样本湾区城市中具有较高的国际现代化水平。经济现代化以及

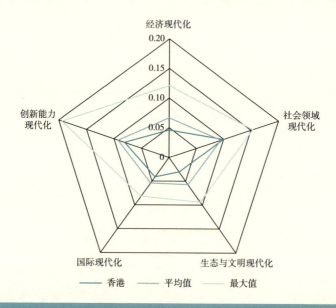

图 2-9　香港现代化发展指数评价结果

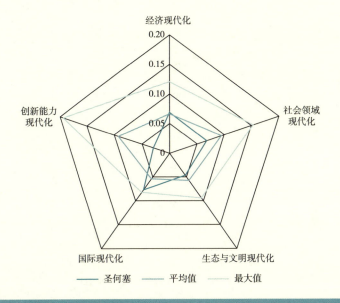

图2-10 圣何塞现代化发展指数评价结果

生态与文明现代化得分与平均分较为接近，但社会领域现代化与创新能力现代化得分与平均分差距较大。

从图2-11可知，综合得分排名第九的广州各项维度得分不高但具有明显倾向。具体而言，广州在社会领域现代化与创新能力现代化两个维度的得分较高，与平均分差距极小，说明相对其他维度而言，广州的社会领域现代化与创新能力现代化水平具有发展优势。经济现代化、生态与文明现代化及国际现代化得分相较平均分差距较大，说明广州在这些维度的现代化发展较为薄弱。

从图2-12可知，综合得分排名第十的澳门总体现代化发展水平较为薄弱，具有明显发展短板。具体而言，澳门的经济现代化、社会领域现代化得分相较平均分差距较小，生态与文明现代化、国际现代化及创新能力现代化得分与平均分相比差距明显。

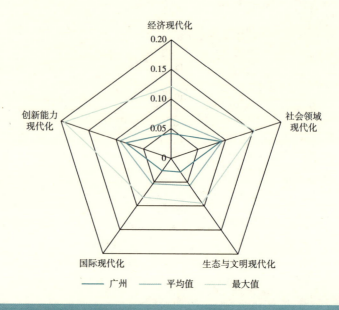

图 2-11　广州现代化发展指数评价结果

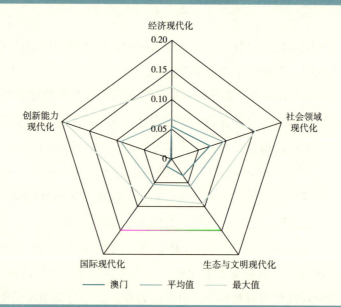

图 2-12　澳门现代化发展指数评价结果

（二）五大维度指数评价下的湾区城市对比

1. 经济现代化

经济现代化维度由经济水平与金融水平两个二级指标构成，其中经济水平权重占比更高。由图 2-13 可知，经济现代化维度的综合得分以纽约最高，旧金山次之，伦敦为第三。在经济水平指数中，旧金山评分最高并以微弱优势高于纽约，旧金山排名第一，纽约排名第二，与其他城市相比优势差距较大；排名第三的城市为圣何塞，与其他城市相比依然具有发展优势。在金融水平指数中，纽约评分最高，伦敦次之，并与其他城市有较大分差优势，排名第三的香港与其他城市分差较小。

具体而言，纽约湾区作为典型的金融湾区，纽约作为其核心城市，经济实力与金融实力均居全球前列。旧金山作为科技湾区核心城市，能够在经济水平得分中排名第一，是由于其人口数量较少、人均收入较高，进而导致经济水平排名较高。圣何塞同属旧金山湾区的核心发展城市，在经济现代化维度排名第四，原因与旧金山类

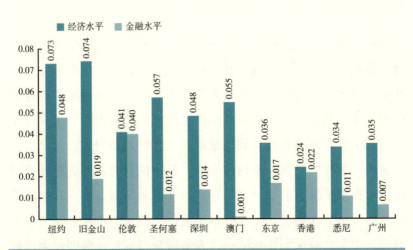

图 2-13 湾区十大城市经济现代化二级指标

似，得益于人均收入水平较高导致经济水平得分较高。但由于旧金山湾区发展主要为科技导向，因此旧金山与圣何塞两者的金融水平得分与整体排名相近的纽约与伦敦仍然具有一定差距。

深圳、澳门、香港与广州同属于粤港澳大湾区，在经济水平与金融水平发展中内部差距明显，但发展模式均为经济水平高于金融水平。在四个城市中，深圳的经济水平得分高于金融水平得分，且两者均排名中游；澳门呈现经济水平远高于金融水平的特点，经济水平得分排名第四，金融水平得分排名第十；香港排名较低、得分相近，经济与金融发展情况相对均衡；广州的经济现代化评分排名第十，但经济水平得分与金融水平得分并非第十，具有较大的进步空间。

东京作为综合排名第一的城市，在经济现代化方面表现略显乏力，仅排名第七，这与日本近年来 GDP 增速放缓、人均收入与购买力指数较低等情况有关。悉尼作为澳大利亚的发达城市之一，相较第一梯队城市在经济现代化方面差距明显。

2. 社会领域现代化

社会领域现代化维度由交通基础、教育水平、医疗水平与生活质量四大二级指标构成，其中权重占比最大的二级指标为交通基础，其次为教育水平，之后为医疗水平与生活质量且两者权重差距较小。具体而言，交通基础排名前三依次为悉尼、东京与澳门，其中悉尼该项发展与其他城市相比优势差距较大；教育水平排名前三依次为伦敦、纽约与香港，其中伦敦的发展优势较为明显；医疗水平排名前三分别为东京、圣何塞与旧金山，其中东京的发展优势非常明显；生活质量排名前三依次为东京、深圳与香港，其中东京与深圳并列第一，香港得分与东京及深圳较为接近（见图 2-14）。

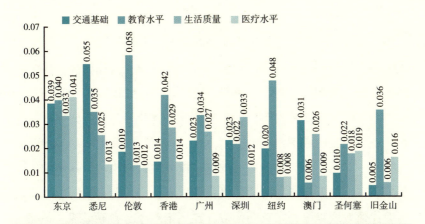

图 2-14　湾区十大城市社会领域现代化二级指标

　　具体而言，社会领域现代化程度排名第一的东京在四个二级指标方面发展均衡，无明显优势或短板，整体发展水平较高。悉尼社会领域现代化程度排名第二，在交通基础方面发展亮眼，医疗水平稍显劣势。伦敦在教育水平方面发展突出，其余方面存在发展空间。香港、广州与深圳作为粤港澳大湾区的核心城市，在社会领域现代化方面排名相近、差距较小，细分到四个二级指标中，香港在教育水平方面发展优势明显；广州各项发展较为均衡，同样以教育水平发展相对突出，但医疗水平方面有待提高；深圳以生活质量发展较为突出。纽约在教育水平方面名列前茅，但其他三个方面都具有较大的发展空间。澳门同属粤港澳大湾区的核心城市，社会领域现代化整体发展与其他三个城市相比有一定差距，交通基础与生活质量得分较高，但教育水平与医疗水平亟须重视。圣何塞与旧金山同属旧金山湾区核心发展城市，在社会领域现代化方面均有待提高。

3. 生态与文明现代化

生态与文明现代化维度由生态环境与文化环境两个二级指标构成，其中生态环境权重占比较大，文化环境权重占比较小。在生态环境方面，排名前三的城市依次为悉尼、旧金山、东京与圣何塞，其中东京与圣何塞并列第三，悉尼的发展优势明显。在文化环境方面，排名前三的城市依次为东京、伦敦与纽约，其中东京与伦敦并列第一，前三得分与排名靠后的城市拉开较大差距。就具体城市而言，东京、伦敦与纽约两项二级指标发展较为均衡，纽约生态与文明现代化发展程度与东京和伦敦存在一定差距。悉尼呈现"一高一低"的明显特点，生态环境发展优势明显，文化环境发展短板明显。旧金山与圣何塞的发展特点与悉尼相似，但生态环境与文化环境间发展差距与悉尼相比有所减小。深圳、澳门、香港与广州作为粤港澳大湾区核心城市，在生态与文明现代化方面均有待提升，其中广州两项发展相对均衡，其余三个城市均呈现生态环境发展优于文化环境发展的特点（见图 2-15）。

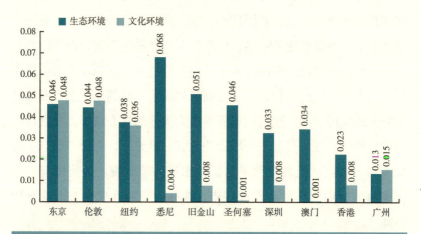

图 2-15　湾区十大城市生态与文明现代化二级指标

4. 创新能力现代化

创新能力现代化维度由创新主体、创新成果与综合创新三个二级指标构成，其中创新主体的权重占比最高，其次为创新成果，最后为综合创新。在创新主体发展中，排名前三的城市依次为东京、伦敦与纽约，其中伦敦与纽约并列第二，东京具有绝对发展优势，伦敦、纽约与排名靠后城市相比也具有明显优势。在创新成果发展中，排名前三的城市依次为东京、深圳与伦敦，其中东京与深圳的发展优势较为明显，伦敦与排名靠后的城市差距较小。在综合创新发展中，排名前三的城市依次为深圳、东京与伦敦，三者发展差距较小，与排名靠后城市相比发展优势相对明显。就具体城市而言，东京的创新能力现代化发展程度较高，在三个二级指标中均有较好评分结果。伦敦、纽约与东京的发展模式较为类似，均为创新主体评分最高、创新成果评分次之、综合创新评分最低，但总体与东京具有一定发展差距。深圳发展模式呈现创新成果发展最好、综合创新其次、创新主体有待提高的发展特点。广州与香港得分相近，但广州的创新主体优势与创新成果短板明显，香港的创新主体得分与广州分差极小，创新成果与综合创新发展较为均衡。悉尼与旧金山在创新能力现代化方面得分相近，三个领域发展较为均衡，悉尼在创新成果方面稍有短板。圣何塞与澳门在创新能力现代化方面发展潜力巨大（见图 2-16）。

5. 国际现代化

国际现代化维度由综合竞争力与品牌影响力两个二级指标构成，其中综合竞争力权重占比较大，品牌影响力权重占比较小，但两者权重差距极小。在综合竞争力发展中，排名前三的城市依次为纽约、东京与伦敦，且三者评分差距微小。在品牌影响力发展中，排名前三的城市分别为圣何塞、纽约与东京，其中圣何塞以绝对优

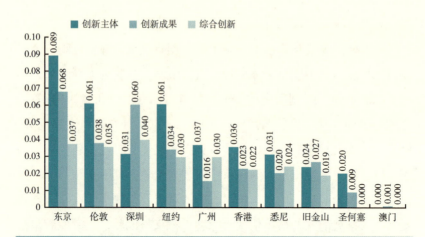

图 2-16　湾区十大城市创新能力现代化二级指标

势成为品牌影响力评分最高的城市。就具体城市而言，纽约与东京作为国际现代化程度较高的城市，在发展中均呈现综合竞争力远高于品牌影响力的情况。圣何塞则与之相反，呈现品牌影响力远高于综合竞争力的发展格局，这是由于位于圣何塞都市圈的"硅谷"地区属于科技创新高地，拥有大量全球顶尖品牌。旧金山与伦敦紧随其后，发展模式重回综合竞争力大于品牌影响力的模式，同样发展模式的还有悉尼，但总体得分与前两者有一定差距。香港、深圳、广州与澳门排名相近，得分以香港具有一定优势，表明粤港澳大湾区在国际现代化方面仍有不足，如香港的品牌影响力与澳门的综合竞争力均得分较低，具有长足发展空间（见图 2-17）。

（三）分项指数评价下的湾区城市对比

在前文对一级、二级指标分析的基础上进行三级指标分析，对每个城市发展的优势劣势进行更深入对比。

1. 经济水平

经济水平包括 GDP 增长率、人均 GDP、人口数量、人口密

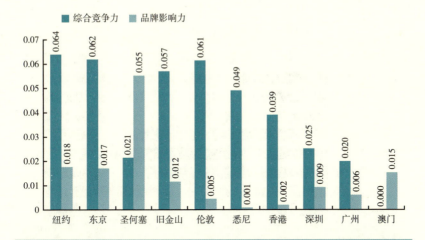

图 2-17 湾区十大城市国际现代化二级指标

度、人均个人收入、消费价格指数、购买力指数、失业率与对外贸易依赖程度共 9 个三级指标。根据经济水平三级指标条形图可知，在 GDP 增长率指标中，澳门具有明显优势；在人均 GDP 指标中，圣何塞具有明显优势；在人口密度指标中，澳门具有明显优势；在消费价格指数指标中，旧金山与纽约占比较大；在购买力指数指标中，圣何塞优势明显；在对外贸易依赖程度指标中，深圳优势明显。其余指标发展相对较为均衡，无明显占比过高城市（见图 2-18）。

2. 金融水平

金融水平包括全球金融中心城市排名、全球金融中心指数和全球金融行业科技公司百强数量共计 3 个三级指标。根据金融水平三级指标条形图可知，在全球金融中心城市排名指标中，纽约具有较大优势，此外伦敦与香港均占比较大，深圳、圣何塞、悉尼、广州与澳门短板较为明显；在全球金融中心指数指标中，圣何塞与澳门短板明显，其余城市占比相差较小；在全球金融行业科技公司百强

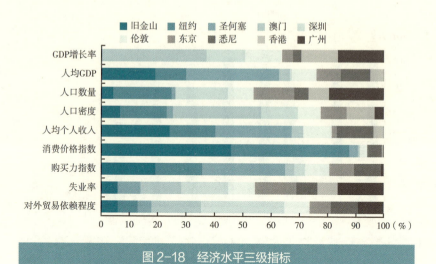

图 2-18　经济水平三级指标

数量指标中，纽约、伦敦与圣何塞均占比较大，香港、东京、广州与澳门具有一定进步空间（见图 2-19）。

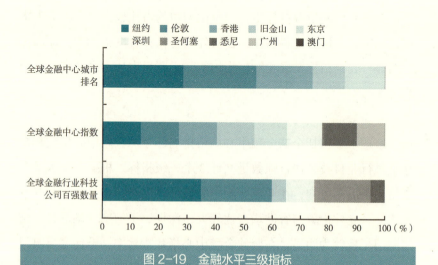

图 2-19　金融水平三级指标

3. 交通基础

交通基础包括航空机场货运吞吐量、航空机场客运吞吐量、城市轨道交通线路长度、交通指数和交通通勤时间指数共计 5 个三级指标。根据交通基础三级指标条形图可知，在航空机场货运吞吐量指标与航空机场客运吞吐量指标中，悉尼均具有明显优势；在城市轨道交通线路长度指标中，东京具有明显优势；在交通指数指标中，澳门与深圳占比较高；在交通通勤时间指数指标中，澳门具有明显优势（见图 2-20）。

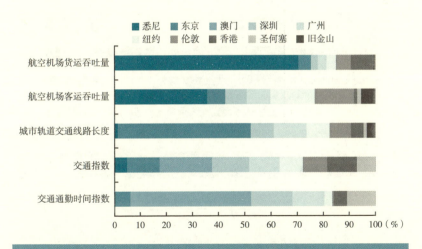

图 2-20 交通基础三级指标

4. 教育水平

教育水平包括高校数量、世界大学声誉排名前 200 数量、高等教育人数占比、SCI 与 CPCI 论文数量、高质量论文全球城市排名和论文平均质量全球城市排名共计 6 个三级指标。根据教育水平三级指标条形图可知，在高校数量指标中，东京与纽约占比较高；在世界大学声誉排名前 200 数量指标中，伦敦与香港具有明显优势；

在高等教育人数占比指标中，旧金山与悉尼占比较高；SCI 与 CPCI 论文数量指标中，东京与广州具有明显优势；在高质量论文全球城市排名指标中，伦敦、纽约与广州均占比较高；在论文平均质量全球城市排名指标中，香港与旧金山具有明显优势（见图 2-21）。

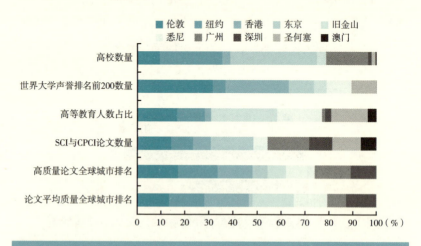

图 2-21　教育水平三级指标

5. 医疗水平

医疗水平包括人均寿命、医疗卫生保健指数和全球医疗器械企业百强数量共计 3 个三级指标。根据医疗水平三级指标条形图可知，在人均寿命指标中，香港、东京与澳门占比较高；在医疗卫生保健指数指标中，东京与悉尼占比较高；在全球医疗器械企业百强数量指标中，东京具有明显发展优势，圣何塞、旧金山、伦敦与纽约发展较好，香港、广州与澳门的上升空间较大（见图 2-22）。

6. 生活质量

生活质量包括安全指数、犯罪指数、生活成本指数和垃圾处理

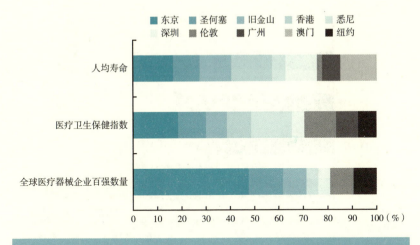

图 2-22　医疗水平三级指标

满意度共计 4 个三级指标。根据生活质量三级指标条形图可知，在安全指数指标与犯罪指数指标中，香港、澳门与东京占比较高，旧金山、伦敦与纽约占比较低；在生活成本指数指标中，广州与深圳占比较高，在该项具有明显优势；在垃圾处理满意度指标中，悉尼具有明显优势，东京占比也处于较高水平（见图 2-23）。

7. 生态环境

生态环境包括 PM2.5 年平均浓度、PM10 年平均浓度、交通碳排放指数、污染指数、空气质量指数、气候指数以及绿化和公园质量指数共 7 个三级指标。根据生态环境三级指标条形图可知，在 PM2.5 年平均浓度与 PM10 年平均浓度指标中，广州与深圳占比较小，其余城市占比较为均衡；在交通碳排放指数指标中，东京与澳门占比较大；在污染指数指标中，东京占比较高且与其余城市优势差距较大；在空气质量指数指标中，悉尼占比较高且与其余城市优势差距较大；在气候指数指标中，悉尼与旧金山占比较大，圣何塞

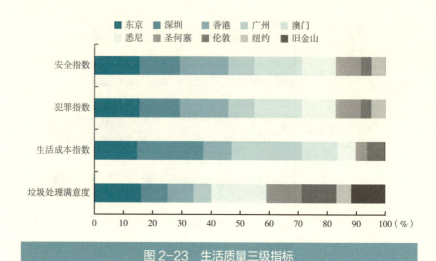

图 2-23　生活质量三级指标

占比相对较大，纽约与广州占比较小；在绿化和公园质量指数指标
中，伦敦、深圳与悉尼均占比较大且差距较小，澳门与香港占比较
小，具有较大发展潜力（见图 2-24）。

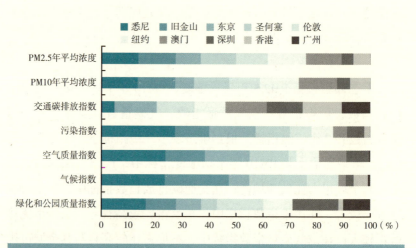

图 2-24　生态环境三级指标

8. 文化环境

文化环境包括博物馆数量、图书馆数量和艺术馆文化馆数量共计 3 个三级指标。根据文化环境三级指标条形图可知，在博物馆数量指标中，东京与伦敦占比较大且优势明显，澳门与圣何塞占比较小；在图书馆数量指标中，东京优势明显，其次为纽约与伦敦，差距较小，深圳、澳门与圣何塞占比较小；在艺术馆文化馆数量指标中，伦敦、纽约与广州占比较大，圣何塞与澳门占比较小（见图2-25）。

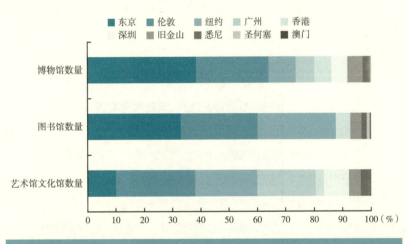

图 2-25　文化环境三级指标

9. 创新主体

创新主体包括全球创新机构百强数量、领先研发机构数量、领先学术机构数量、高被引科学家数量、领先研发机构全球城市排名、领先学术机构全球城市排名和高被引科学家全球城市排名共计 7 个三级指标。根据创新主体三级指标条形图可知，在全球创新机构百强数量指标中，东京具有明显优势，圣何塞、伦敦、纽约与深圳发展规模相近，其余城市有待进一步发展；在领先研发机构数量指标中，东京具有明显优势，悉尼与广州呈现发展短板；在领先学术机构数量指标中，伦敦占比较大且与其余城市具有明显优势差距，东京与澳门占比极小；在高被引科学家数量指标中，纽约与伦敦占比较大，澳门占比较小；在领先研发机构全球城市排名指标中，东京与深圳具有明显发展优势，澳门与悉尼具有较大进步空间；在领先学术机构全球城市排名指标中，伦敦、纽约与广州的占比均较大，与其余城市相比具有一定优势；在高被引科学家全球城市排名指标中，纽约与伦敦水平相近，与其余城市相比具有明显优势（见图2-26）。

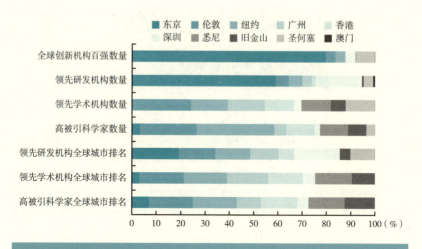

图2-26　创新主体三级指标

10. 创新成果

创新成果包括 PCT 专利数量、领先机构 PCT 专利量、领先机构 ESI 论文量、高质量专利全球城市排名和 PCT 专利平均质量全球城市排名共计 5 个三级指标。根据创新成果三级指标条形图可知，在 PCT 专利数量指标中，深圳与东京具有明显优势，悉尼与澳门相对较为弱势；在领先机构 PCT 专利量指标中，东京与深圳占比较大，其余城市发展均有一定差距；在领先机构 ESI 论文量指标中，伦敦与纽约发展较好，澳门与东京占比较小；在高质量专利全球城市排名指标中，东京与深圳较好，其余城市差距较小，圣何塞与澳门存在短板；在 PCT 专利平均质量全球城市排名指标中，旧金山、纽约、伦敦与悉尼均占比较高，其余城市占比相近，圣何塞与澳门发展短板较为明显（见图 2-27）。

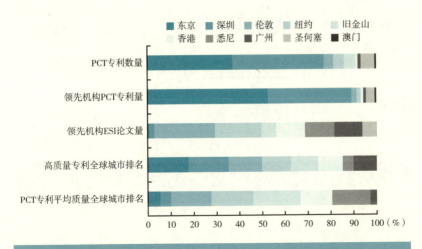

图 2-27　创新成果三级指标

11. 综合创新

综合创新包括科技创新全球城市排名、技术创新合力全球城市排名、国际大都市科技创新能力评价综合排名和学术创新合力全球城市排名共计 4 个三级指标。根据综合创新三级指标条形图可知，在科技创新全球城市排名指标中，除澳门与圣何塞占比较低之外，其余城市发展较为均衡；在技术创新合力全球城市排名指标中，东京与深圳具有明显优势；在国际大都市科技创新能力评价综合排名指标中，深圳、东京、伦敦与纽约占比较为接近；在学术创新合力全球城市排名指标中，伦敦占比明显较大，悉尼与深圳也具有一定水平。在各项三级指标中，澳门与圣何塞的占比均较小，表明在综合创新方面存在一定发展空间（见图2-28）。

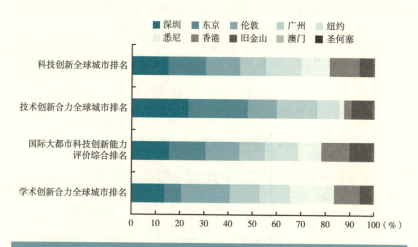

图2-28 综合创新三级指标

12. 综合竞争力

综合竞争力包括全球城市实力指数排名、全球创新指数排名（2thinknow）、全球创新指数排名（WIPO）、全球最佳城市百强排名、全球城市综合排名和全球城市潜力排名共计6个三级指标。根据综合竞争力三级指标条形图可知，在全球城市实力指数排名指标中，纽约、伦敦、东京、旧金山、香港与悉尼发展较为均衡，其余城市占比极小；在全球创新指数排名（2thinknow）指标中，东京、纽约与悉尼占比较大，伦敦、旧金山与圣何塞也具有一定水平；在全球创新指数排名（WIPO）指标中，除澳门占比较低外，其余城市占比较为均衡；在全球最佳城市百强排名指标中，伦敦、纽约与东京占比较高，旧金山、悉尼、香港与圣何塞也具有一定水平，其余城市占比极小；在全球城市综合排名指标中，纽约、伦敦与东京具有明显发展优势，圣何塞与澳门存在占比过低现象；在全球城市潜力排名指标中，伦敦与东京占比较大，旧金山、深圳与东京相对占比较大，其余城市占比极低。粤港澳大湾区四个城市中深圳发展势头较好，整体而言上升空间较大（见图 2-29）。

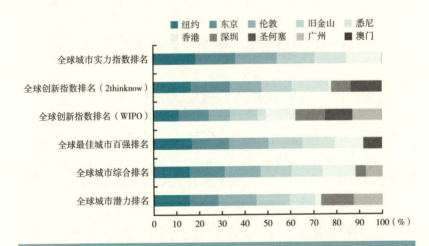

图 2-29 综合竞争力三级指标

13.品牌影响力

品牌影响力包括全球品牌价值 500 强数量、全球最佳百强品牌数量和全球科技品牌价值百强数量共计 3 个三级指标。根据品牌影响力三级指标条形图可知，在全球品牌价值 500 强数量指标中，澳门与圣何塞具有明显优势，其余城市占比较为均衡；在全球最佳百强品牌数量指标中，圣何塞与纽约占比较高，其余城市占比较为均衡；在全球科技品牌价值百强数量指标中，圣何塞具有突出优势，其余城市相对存在进步空间。总体而言，圣何塞在品牌影响力各项三级指标中表现突出，与"硅谷"地区的发展模式相呼应，而悉尼、香港与伦敦存在较大的进步空间。粤港澳大湾区内四个城市发展稳中有进，湾区整体发展优势较大（见图2-30）。

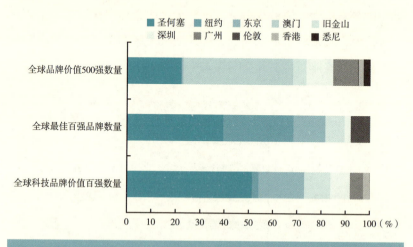

图 2-30　品牌影响力三级指标

三　本章小结

本部分对世界湾区城市现代化发展指数进行权重测算与指数计算，该指数得分由湾区现代化发展评价指标体系中经济现代化、社会领域现代化、生态与文明现代化、创新能力现代化及国际现代化得分加总得出。此外，本章分别从一级、二级及三级指标分析各维度、各城市的现代化发展差异。

首先，在一级指标层面进行评分计算与排名，将十大城市分为三个梯队，其中东京、纽约与伦敦为第一梯队，悉尼、深圳、旧金山与香港为第二梯队，圣何塞、广州与澳门为第三梯队。东京在社会领域现代化、生态与文明现代化及创新能力现代化维度具有绝对优势，其余维度也具有相对明显优势。纽约在经济现代化与国际现代化维度具有绝对优势，伦敦在生态与文明现代化维度具有明显优势，悉尼在社会领域现代化维度具有明显优势，深圳在创新能力现代化维度具有明显优势，旧金山在国际现代化领域具有较明显优势，圣何塞在国际现代化维度具有较大优势。由此可知，在五大维度中，第一梯队城市通常具有绝对优势或较大的相对优势，第二梯队城市在部分维度具有明显优势，第三梯队城市的各项维度发展稍显乏力，拥有较大的上升空间。

其次，在二级指标层面进行维度对比与城市对比，发现不同城市在不同维度发展差异较大。第一梯队城市基本不存在明显短板；第二梯队城市存在一些较为明显的短板；第三梯队城市在各项现代化发展维度中得分往往与平均值有一定差距，存在较大发展空间。在经济现代化维度中，经济水平指标权重占比最大，平均得分最高，表明经济实力发展是城市现代化发展实力的重要评价方式。在社会领域现代化维度中，交通基础指标权重占比最大，教育水平指标的平均得分最高，表明交通基础发展情况是社会领域现代化的重要基础，教育水平与人民生活息息相关。在生态与文明现代化维度中，生态环境指标的权重占比最大，平均得分最高，表明生态环境对现代化发展有不可或缺的重要性。在国际现代化维度中，综合竞争力指标的权重占比最大，平均得分最高，表明综合竞争力对提高国际现代化水平有重要推动作用。在创新能力现代化维度中，创新主体的权重占比最大，平均得分最高，表明创新主体对创新能力现代化发展有明显作用。

最后，在三级指标层面进行城市指标比重占比分析，各个城市在不同指标维度上占比不同，优势与短板较为明显，呈现不同的现代化发展结构，但基本结论与前文对一级、二级指标的研究结论一致。

第三章

粤港澳大湾区国际化发展研究报告

粤港澳大湾区建设是重大国家战略，在全国新发展格局中具有重要战略地位。粤港澳大湾区经济活力最强、开放程度最高、国际化水平领先，伴随粤港澳大湾区建设不断推进，粤港澳大湾区的国际化水平不断提升，国际影响力也不断增强。与全球著名的纽约湾区、旧金山湾区、东京湾区一样，大湾区的重要特点是资源配置高效、开放型经济形态水平较高，呈现出较强的集聚效应和外溢效应，具有较高的国际化程度和较强的国际影响力。本章通过对粤港澳大湾区与世界三大湾区国际化水平进行比较研究，为粤港澳大湾区的国际化发展提出一些策略建议。

第一节 国际化城市与湾区国际化特征分析

一 国际化城市的概念

国际化城市是城市国际化的产物。国际化是城市政治、经济、金融、科技、文化、交通、艺术等活动的影响力、辐射力不断增强，冲破国界走向世界的过程。19 世纪末，德国学者歌德（Goethe）把当时处于文化优势的罗马和巴黎描述为世界城市，可以看作最早的国际化城市的概念雏形。20 世纪以来，随着城市的不断发展，世界城市、全球城市等与国际化城市相关的概念不断涌现。1966 年，英国城市规划专家彼得·霍尔（Peter Hall）对世界城市作了较为全面的描述，将世界城市定义为能够对大部分国家或全世界产生经济影响力、政治影响力及文化影响力的国际一流大城市，并通过对纽约、伦敦、东京等城市的分析提出了衡量世界城市标准[①]。20 世纪 80 年

---

① 苏宁:《世界城市理论综述与启示》,《上海商学院学报》2010 年第 2 期，第 71~76 页。

代，弗里德曼（Friedmann）提出"世界城市假说"理论，认为世界城市在全球经济系统或世界经济中发挥主导、关键作用，采用7个指标对世界城市进行衡量，包括主要的金融中心、跨国公司总部所在地、国际性机构的集中度、商业部门（第三产业）的高速增长、重要的制造业中心（具有国际意义的加工工业等）、世界重要的交通枢纽（尤指港口和国际航空港）、城市人口规模达到一定标准，为世界城市研究提供了一个基本理论框架[①]。20世纪90年代，美国经济学者萨斯基亚·萨森（Saskia Sassen）提出了得到公认的全球城市概念，她指出全球城市是在劳动分工国际化、国际贸易全球化、世界经济一体化和经济区域集团化过程中形成的一类具有全球性经济、政治、文化功能的中心城市，全球城市不仅是世界互联互通的重要节点，还是全球的生产控制中心[②]。

目前国际化城市并无明确的标准和统一的定义。根据世界城市及全球城市的概念，国际化城市可理解为对全球战略资源具有集聚和配置作用、引领区域乃至全球的发展、在城市体系中具有超越国界的影响力的大城市。总体上，国际化城市具有以下特点：区域内的经济中心、政治中心和文化中心，具有较强的辐射力、带动效应和聚集效应；生产要素的聚集区，经济开放程度高，金融体系健全，城市包容性好，国际美誉度高，能够吸引周边地区乃至全球的资金、人才、跨国公司总部和金融机构；城市基础设施完备，交通通达性好，第三产业发达，人文环境和生态环境良好，宜商宜居。

---

① 谢守红、宁越敏：《世界城市研究综述》，《地理科学进展》2004年第5期，第57~64页。

② 王磊、沈丹、庞玉萍：《全球化视域下的中国城市群动力机制与治理挑战》，《区域经济评论》2013年第4期，第113~120页。

二　城市国际化的内涵

城市国际化主要涵盖以下方面：城市功能国际化，其综合实力在国际排名居前，在国际化资源配置中处于主导和控制地位，经济、政治、金融、商贸、科技、文化等辐射半径超越国界；城市运行机制和方式国际化，即具有符合国际惯例或与国际标准接轨的管理法规和管理手段；城市发展环境国际化，即具备完善的现代化基础设施，城市软硬件环境、人文气息等更宜于国际友好交流与合作[①]。城市国际化的内涵具体可以体现在金融国际化、贸易国际化、生产国际化、信息国际化、科技国际化、产业国际化和开放国际化等多个方面。

三　湾区国际化特征

湾区包括功能协同性强的多个城市化区域，由多个面向同一海域的港口和城市组成。湾区是全球经济最为活跃的区域，湾区经济因具有沿海、湾区和城市群三种要素而成为开放经济中的最高形态。根据世界银行公布的数据，湾区集中了全球大部分经济总量、工业资本和人口。纽约湾区、旧金山湾区、东京湾区是世界公认的三大知名"黄金湾区"，发挥着引领创新、聚集辐射的核心功能，是全球经济的中枢与引擎。

综观世界知名湾区，不仅体现出强大的经济集聚能力，创新能力也处于领先地位，而且全球重要金融中心、航运中心、交通枢纽中心的地位凸显，呈现以下主要特征。

建立起国际化的创新网络。世界三大知名湾区集聚了一批具有

---

① 周阳:《武汉国际化发展的现状与未来方略》,《长江论坛》2020 年第 1 期, 第23~27 页。

国际影响力的企业，能够有效吸引全球创新资源，如旧金山湾区硅谷是世界上最重要的高科技研发中心之一，形成了强大的全球产业链掌控能力，集聚了苹果、英特尔和惠普等诸多全球领先的高新科技公司；纽约湾区拥有全美最大 500 家公司 1/3 以上的总部；东京湾区拥有三菱、丰田、索尼等一大批世界 500 强企业总部。另外，三大湾区拥有多个世界级的大学，集聚了大批国际化高端人才，为湾区的科技创新提供了源源不断的新鲜血液，增强了大中小企业的活力。

形成国际竞争力的产业体系。纽约湾区是美国乃至全球著名的金融中心，在金融业和制造业上形成了巨大的国际影响力和竞争力。旧金山湾区在高新技术产业方面形成了巨大的国际影响力，两大高新技术产业中心城市圣何塞和旧金山都具有较高的产业集中度。东京湾区形成了以京滨工业带与京叶工业带为两翼的临港工业格局，在制造业上具有巨大的国际竞争力。

具有开放包容的国际化氛围。高度开放包容的环境、丰沃的创业土壤和更多的就业机会，使湾区成为来自世界各地的大量移民人口和多民族文化的聚集地，多元文化的不断碰撞、冲突与交融，进一步推动了湾的开放，激发创新发展[①]。如纽约湾区会聚了 150 多个国家和地区的外籍居民，约占纽约总人口的 2/5，作为移民之城，纽约都市文化具有世界性的影响力；硅谷有些地区，亚裔人口密度高居全美第一，许多亚裔人口是拥有高学历的科技新贵，促进了当地文化的融合。

---

① 段艳红、何悦、胡品平：《世界三大湾区的创新发展路径与特征》，《科技创新发展战略研究》2018 年第 4 期。

第二节 粤港澳大湾区国际化发展现状分析

粤港澳大湾区濒临太平洋，背靠亚欧大陆，区位优势明显，经济实力雄厚，创新要素集聚，具有很强的开放性，具备打造国际一流湾区的综合优势和基础，自建设粤港澳大湾区上升为国家战略以来，其国际化水平稳步提升，世界影响力不断增强。

一 大湾区城市排名不断上升

根据日本森纪念财团旗下城市战略研究所发布的 2022 年《全球城市实力指数》，香港排名第 23 位。在中国城市规划设计研究院发布的《"一带一路"倡议下的全球城市报告（2022）》，在 2022年全球活力城市 TOP100 强中，粤港澳大湾区入围了 3 座城市，分别为深圳、香港、广州，分别排名第 7、10、13，深圳首次跻身前 10 名，属全球活力城市金字塔的"灯塔城市"。根据全球资产管理公司施罗德发布的《2023 年全球城市指数报告》（*Global Cities Index 2023*），全球 30 个城市中香港入围前十，排名第九。根据品牌价值评估机构 GYbrand 公布的 2023 年度《世界城市 500 强》数据，全球十大城市榜单中香港全球排名第八，位于第一梯队，百强名单中广州、深圳上榜，分别位列第 29、34 位。根据加拿大知名国际公司 Resonance Consultancy 发布的 2023 年《全球最佳城市》排名，中国香港排名全球第 16 位，比上年提升了 13 名。

根据 GYbrand 发布的 2023 年度《中国百强城市》数据，粤港澳大湾区内地 9 座城市均入选，深圳排名全国第三，广州排名全国第四，佛山、东莞、珠海、惠州、中山、江门、肇庆分别排名第 15、18、25、36、46、58、82。根据《全球城市实验室》和《世界品牌实验室》联合发布的 2022 年度中国综合实力 50 强城市，香港排名第一，是中国综合实力最强的城市，深圳排名第 5，广州排名第 8，珠海排名第 35。

二 国际性综合交通枢纽功能不断提升

世界级港口群正加速形成。粤港澳大湾区拥有得天独厚的港口发展条件，是太平洋与印度洋的航运要地和亚太乃至世界的重要交通纽带，21 世纪海上丝绸之路的起点之一。大湾区内的香港港、深圳港和广州港的货物吞吐量均排名全球前 10，虎门港、中山港、顺德港、高栏港等珠三角中小型港口星罗棋布。2022 年，深圳港集装箱吞吐量累计达到 3003.56 万标箱，是全球第四个年吞吐量突破 3000 万标箱的港口，其中进出口集装箱吞吐量近 2700 万标箱，外贸航线数近 300 条，深圳港多措并举，拓展粤港澳大湾区组合港体系和内陆港体系的覆盖范围，2022 年，深圳港新增 11 个组合港，累计开通了 26 个组合港，新增 6 个内陆港，累计挂牌运营 13 个内陆港，共有 30 条海铁联运班列。近年来，深圳市交通运输局与深圳海关等部门联合创新实施"深圳枢纽港 + 珠江沿线支线港"的"粤港澳大湾区组合港"项目，将深圳港口货源腹地纵深拓展至珠三角内河沿线码头，2022 年"大湾区组合港"全年共新增 12 条航线，累计开行线路达 27 条，覆盖大湾区近 90% 的城市，进出口吞吐量达 21.4 万标箱，形成更加高效便捷的湾区海上物流大通道。广州港完成货物吞吐量 6.55 亿吨，集装箱吞吐量 2485 万标箱，港口吞吐量和集装箱吞吐量稳居世界前列，集装箱班轮航线快速发展至 260 条，在华南、西南等区域设立了 30 个内陆无水港及办事处，在全球设立了 6 个海外办事处；开通海铁联运班列 35 条，海铁联运量达 25.2 万标箱，同比增长 61%，广州港国际友好港口数量达到 54 个，位居全国第一，并持续保持国内最大内贸集装箱运输港口和最大粮食中转港地位；2022 年香港港集装箱吞吐量 1657 万标箱；在中国经济信息社联合波罗的海交易所推出的《新华·波罗的海国际航运中心发展指数报告 (2022)》中，香港位列国际航运中心城市综合实力第 4 位，广州位列国际航运中心城市综合实力第 13 位，深圳位列国际航运中心城市综合实力第 17 位。在中国经济信息社编制的《国际航运枢纽发展指数——RCEP 区域报告 (2022)》中，香港港获评优势级国际航运枢纽，广州港获评优势级国际航运枢纽，深圳港获评先导级国际航运枢纽。

世界级机场群正迅速崛起。目前，在粤港澳大湾区拥有香港国际机场、广州白云机场、深圳宝安机场、澳门国际机场和珠海金湾机场五个大型机场，其中香港、广州、深圳三个机场皆是具有国际影响力的航空枢纽，此外还有惠州平潭机场和佛山沙堤机场[①]。在全球货运机场排名中，香港机场货运量自 20 世纪 90 年代起便高居榜首，2022 年香港机场全年共处理 420 万吨货物，通航城市超过 220 个。广州白云国际机场自 2020 年起旅客吞吐量连续三年居全国机场首位，货邮吞吐量连续三年居全国机场第二位，旅客吞吐量还摘得 2020 年全球机场桂冠，开通国内外 230 多个通航点，其中国际及地区航点超 90 个，航线超过 400 条。深圳国际机场年客流量突破 5000 万，国际客流量突破 500 万，已跻身全球最繁忙机场行列，国际及地区货运通航点达到 35 个，覆盖洛杉矶、芝加哥、法兰克福、巴黎、伦敦、列日等全球主要航空货运枢纽，基本实现与全球百万吨级大型枢纽机场的连通。

轨道交通建设不断完善。粤港澳大湾区轨道交通建设呈现出国

---

① 戴晓蓉：《粤港澳大湾区世界级机场群加速崛起》，《深圳特区报》2022 年 8 月 2 日。

家铁路、城际铁路、城市轨道齐头并进的良好局面。根据规划，未来大湾区铁路、城际轨道等线路将超过 30 条，运营里程将超 5400千米，远期总里程将超过 10000 千米，城际铁路将逐步覆盖中心城市、节点城市，最终实现覆盖 100% 县级以上城市。粤港澳大湾区的轨道交通以广州、深圳为重要的交通枢纽中心，在以广州"五主四辅"、深圳"三主四辅"为主的交通枢纽布局之下，延伸出了珠西地区"三主四辅"的布局①。京九铁路、广深港高铁实现内地与香港之间的互联互通，广珠（澳）高铁实现内地与澳门之间的衔接，再加上穗莞深城际、深惠城际、深大城际等加速推进，粤港澳大湾区"1 小时生活圈"基本形成，奠定了迈向世界级城市群的基础。

三　开放型经济发展态势良好

粤港澳大湾区企业国际化发展迅速，开放型经济发展态势良好。从《财富》世界 500 强数据来看，2017 年粤港澳大湾区世界 500 强企业仅有 16 家，营收 7683.74 亿美元，到 2022 年世界 500 强榜单中，粤港澳大湾区有 24 家企业上榜，营收达 16165.83 亿美元。从城市分布来看，大湾区入围世界 500 强企业总部集中在深圳（10 家）、香港（7 家）、广州（4 家），此外，佛山有 2 家、珠海 1 家。从行业分布来看，大湾区入围世界 500 强企业涉及电子和电子元器件、制造业、互联网和通信、家电、银行与金融、生物医药、基础建设、房地产等多个领域，制造业、电子信息等产业优势明显。比亚迪、顺丰、中国电子为大湾区首次入榜世界 500 强企业，其中，深圳比亚迪超过美国特斯拉成为全球新能源汽车销量第一企业；中国

---

① 潘键帆、谢炫琛、黄远航等:《粤港澳大湾区交通一体化经济发展问题与对策》，《现代商业》2021 年第 36 期，第 55~59 页。

电子集团总部于 2021 年底迁驻深圳，已连续 12 年跻身世界 500 强，2022 年位列第 324 位，较 2021 年提升 10 位，旗下拥有二级企业 27 家，员工 19 万余人，还拥有上市公司 17 家。世界 500 强排名高于上年的大湾区企业有 9 家（不含新上榜企业），其中广州建筑升幅达 100 名。

从外商投资来看，根据《2022 胡润中国外商投资企业百强榜暨投资大湾区指南》发布的数据，2022 年对中国经济贡献较大的 100 家外商在中国区的销售额共 7.6 万亿元人民币，相当于中国 GDP 的 7%，比 2021 年提升一个百分点，其中，逾九成百强企业均已在粤港澳大湾区进行投资或设立子公司。2022 年深圳瞄准全球资源，聚焦 "20+8" 产业集群，前往意大利、西班牙、日本、新加坡及香港、澳门等地积极开展招商工作，鼓励外商投资企业积极参与 "双区" 建设，累计培育和引进跨国公司总部企业超 70 家，深圳全年实际利用外资达 110 亿美元，占广东全省的比重为 39%，规模持续位居第一。其中，高技术产业实际利用外资 45 亿美元，占深圳全市的比重为 41%。

从全球独角兽数量来看，根据胡润研究院发布的《2023 年全球独角兽榜》，全球目前共有 1361 家独角兽企业，粤港澳大湾区共有 63 家独角兽入榜，比一年前增加 12 家，占全国的 20%、全球的 4%，数量接近印度一个国家的独角兽数量。中国前十大独角兽有 5 家位于大湾区。大湾区共有 6 家千亿级独角兽，穗深莞各 2 家，分别是 SHEIN 和广汽埃安、微众银行和大疆、OPPO 和 Vivo。广州是上一年独角兽数量增长最快的中国城市，增长了 22 家，比一年前增加 12 家，独角兽数量相当于以色列或法国一个国家的独角兽数量。另外，《2023 胡润全球未来独角兽》数据显示，全球未来独角兽企业共 688 家，粤港澳大湾区共有 48 家，占中国总数的 22%、全球总数的 7%，即全国每 5 家未来独角兽企业，就有一家在粤港澳大湾区。其中深圳 34 家、广州 8 家、珠海 4 家。

从进出口来看，2022 年，粤港澳大湾区内地 9 市进出口总值 7.94 万亿元人民币，占广东省进出口总值的 95.6%，占全国进出口总值的 18.9%。其中深圳外贸进出口达 3.67 万亿元人民币，占广东省外贸进出口的近五成，出口规模连续第 30 年居中国内地外贸城市首位。

四 对外开放平台竞争力显著增强

横琴、前海、南沙作为粤港澳合作的三个重大平台、对外开放的门户枢纽，借助港澳链接全球发展资源，国际化程度不断提高，竞争力显著增强。

横琴是促进澳门经济适度多元发展的重要平台，着力构建与澳门一体化高水平开放的新体系，琴澳联动发展新优势日益凸显。澳资企业总量较横琴合作区挂牌前增长 15%，上百家世界 500 强企业落址横琴，横琴还积极联合澳门，组建"澳琴联合招商推介代表团"，赴新加坡、葡萄牙、西班牙等地开展国际招商，向国际释放了琴澳一体化、高水平对外开放的积极信号。此外，横琴打造内地首个全方位便利澳门居民的综合性民生工程——"澳门新街坊"，深度对接澳门公共服务和社会保障体系，"以点带面"加快营造适宜澳门居民生活融入、就业创业的优质环境。

前海已布局超 300 家世界 500 强企业，前海深港国际金融城 1/3 是港资外资。前海稳步扩大规则、规制、管理、标准等制度型开放，在前海注册的港澳台和外资企业可协议选择适用域外法解决商事合同争议。2022 年，前海实际使用外资 58.6 亿美元，占深圳全市的 53.5%、广东全省的 21.0%、中国全国的 3.1%。此外，前海努力打造国际人才到粤港澳大湾区就业、创业的第一站和首选地，构建高度便利化的境外专业人才执业制度，前海国际人才港一站式提供 635 项政务和商务生活服务，为 6 类国际人才推出 100 项服务包。

南沙港已开通班轮航线 180 多条，实现与 200 多个国家和地区的连通。南沙在企业服务、政策支撑、产业配套等方面积极与国际接轨，成为海内外企业的投资热土，截至 2022 年底，南沙累计落户世界 500 强企业投资项目 241 个，其中不乏全球四大粮商法国路易达孚和美国嘉吉中国贸易总部、丹纳赫粤港澳大湾区总部、阿斯利康南方总部、欧美最大的零售药店连锁企业沃博联股权投资基金总部等。同时，南沙首创"大湾区国际人才一站式服务窗口"，为各类国际高层次人才在工作、户籍、教育、就业、科研资助、工商注册、金融、高企认定、知识产权保护、医疗、通关便利等 20 个方面 90 余项服务事项提供"一站式"综合服务。

五　国际交往交流活动明显增多

在国际交往方面，粤港澳大湾区具有深厚的历史积淀。早在 1957 年，首届中国商品出口交易会（广交会的前身）就在广州举办，成为中国突破国际封锁，走向世界的通道。在"一带一路"倡议中，粤港澳大湾区正位于"21 世纪海上丝绸之路"的重要节点；RCEP（《区域全面经济伙伴关系协定》）的 15 个成员国中，10 个都是与大湾区具有地缘联系的东南亚国家。如今，大湾区对外开放门户功能显著增强，国际交往更加紧密。近年来成功举办大湾区科学论坛、国际金融论坛 (IFF) 全球年会、首届亚洲青年领袖论坛、第 20 届亚洲科学理事会大会、CNBC 全球科技大会、中国—太平洋岛国渔业合作发展论坛等高端国际会议活动，知名度和影响力不断提升。

第三节　粤港澳大湾区与世界三大湾区国际化
发展比较分析

一　经济总量大，经济效率偏低

从经济规模看，2022年粤港澳大湾区经济总量超13万亿元人民币（约2万亿美元），超越韩国，相当于世界主要经济体前10位，与意大利、加拿大等发达国家处于同一档次，居世界四大湾区之首。近年来，粤港澳大湾区保持着较高的经济增长速度，发展潜力巨大，而世界其他三大湾区的经济增速总体上却呈现出低速状态。不过，对标世界其他三大湾区，粤港澳大湾区人均及地均经济发展效率还存在较大差距。从人均GDP来看，粤港澳大湾区人均GDP远远低于世界其他三大湾区，约为东京湾区的1/2、纽约湾区的1/4，不足旧金山湾区的1/5。从单位土地面积产出来看，东京湾区地均产出最大，土地利用效率最高，粤港澳大湾区地均产出为3375万美元/km^2，略超过世界大湾区中经济贡献度最低的旧金山湾区的1/2。此外，粤港澳大湾区内部发展不均衡的情况比世界其他三大湾区要严重得多，穗深港三市占大湾区生产总值的65.6%，中心城市的经济与人口密度要显著高于外围城市。这种差距一方面表明粤港澳大湾区的经济发展效率仍有较大提升空间，另一方面也说明粤港澳大湾区具备巨大的发展潜力，未来完全能成长为影响力与竞争力比肩世界其他三大湾区的一流国际湾区。

二　交通及航运枢纽建设仍有较大差距

粤港澳大湾区同时拥有世界级的港口群和机场群，在港口吞吐量及机场旅客吞吐量上均具有巨大的优势，但在交通基础设施互联互通方面仍有较大差距。世界其他三大湾区均是重要的国际交通中心和国际航运中心，拥有高效便捷的由航空、港口、铁路、公路、地铁、公共交通等构成的综合交通运输系统。

（一）港口联动不强

粤港澳大湾区港口协同不足，港深穗三大枢纽港未形成良好的港口合作机制，对港口群的协同引领作用发挥不够，以深穗两大主体分别整合珠东、珠西港口的进展缓慢。目前湾区各港口信息化发展水平整体较高，但信息化水平不平衡，各港口、港口各业务信息系统建设标准不统一，互联互通不足、数据共享性差，严重影响港口综合服务质量和能力的提升。另外，深穗基础航运服务能力近年来快速提升，但高端航运服务业规模小，能力弱；港深穗亟待优势互补，合作发展高端航运服务业，协同提升湾区高端航运服务能力。

相比而言，纽约湾区内形成了运输效率极高的港口群，纽约港、费城港、巴尔的摩港等港口分工明确、互为补充。纽约港是美国东海岸最大的天然深水港口，2022年纽约和新泽西港集装箱吞吐量近950万标箱，创下了有史以来的年度箱量最高纪录，成为美国最繁忙的港口，在全球供应链中的地位越发突出。纽约港是美国东海岸最大的海港，重点发展比较高端的远洋集装箱运输，费城港主要从事近海海运，巴尔的摩港则为矿石、煤和谷物等大宗原材料商品的转运港，波士顿港则是转运地方产品为主的商港，还是美国的主要渔港之一[①]。港口的合理分工推动形成了有序的区域分工格局。

旧金山湾区内的港口群包括旧金山港、奥克兰港、阿尔梅达港(同时也是美国海军基地)、圣佩德罗港、伯克利港等。旧金山港与香港的维多利亚港、巴西的里约热内卢港并称为世界三大良港，主

---

① 钟炎君:《美国城市群的发展及启示》,《武汉轻工大学学报》2021年第2期。

要经营散货装卸、渡轮服务和船舶修理业务。奥克兰港是旧金山湾区最大的集装箱港口，2022年集装箱吞吐量230万标箱，是北美洲对亚洲贸易的主要门户之一。

东京湾区拥有东京港、横滨港、千叶港、川崎港、横须贺港、木更津港等众多港口，各大港口的职能分工较为明晰。东京港、横滨港、川崎港均是国际集装箱战略港湾，东京港主要负责输入和内贸，是日本和其临近国家贸易和航运重要节点；横滨港主要负责输出和国际贸易，出口额占贸易额的2/3以上，出口商品主要是工业制成品；川崎港负责原料、成品的进出口，以进口原油、液化天然气、矿石和焦炭著称。千叶港是日本最大的工业港口，进口货物以石油、天然气、铁矿石等工业原料、燃料为主，出口货物以汽车为主。木更津港主要为君津钢铁厂进口原料、出口钢产品服务。横须贺港主要是汽车整车和零部件进出口，还是冷冻金枪鱼进口的据点。

（二）机场航线重复度高，国际航线网络有待完善

粤港澳大湾区布局了香港、广州、深圳、珠海、澳门、惠州及佛山机场7座机场，而且香港、广州及深圳机场三大机场定位为国际枢纽。与世界其他三大湾区的相对差异化航线网络布局相比，广深港三大机场的航线网络重复性较高。在国际航线网络和航空枢纽构建方面，香港机场国际航线网络构建较为完善，而广州、深圳机场在国际通达能力等方面与世界一流航空枢纽还存在较大差距。

纽约湾区拥有全球最繁忙的机场群，湾区内有约翰·肯尼迪机场、纽瓦克机场、拉瓜迪亚机场等国际机场，以及若干个中小型机场、通用航空机场。肯尼迪、纽瓦克和拉瓜迪亚机场为三个千万级机场，三个主要机场形成了定位明确、差异互补的机场体系，肯尼迪机场国际航线最多，纽瓦克机场国际国内航线均有，拉瓜迪亚机场则以美国国内航线为主。

旧金山湾区主要由旧金山、奥克兰和圣何塞三个机场组成。旧金山机场是湾区和北加州最大的机场及美国西海岸重要的国际门户，重点布局欧亚远程市场；奥克兰机场主要服务东湾地区旅客，为美国国内枢纽机场；圣何塞机场主要服务离旧金山较远的远郊旅客，并作为旧金山和奥克兰的备降机场。后两者均以国内航线为主且网络结构相似，通航少量季节性国际航点，形成对旧金山机场的重要补充，其中奥克兰集中于西欧，圣何塞少量补充亚欧主要枢纽。三个机场的国内航点均以美国西海岸为主，并覆盖部分东海岸和中部区域。

东京湾区形成了以成田和羽田两大国际机场为核心、地区型和公用机场为补充，共9个机场的一体化机场系统。羽田机场是日本国内的航空运输中心，同时兼营国际航班业务，成田机场以国际航班业务为主，两大机场定位明确，错位发展，协同运作。

从机场布局和定位来看，东京湾区是"一主一辅"的双枢纽布局，其中羽田以国内为主，成田以国际为主；纽约湾区是"两主一辅"的双枢纽布局，规模较小的拉瓜迪亚机场几乎没有国际航线；旧金山湾区因规模相对较小，是"一主两辅"的单枢纽布局。

三 产业高端化不足，金融枢纽不强

（一）产业结构尚存优化空间

粤港澳大湾区虽产业体系完备、集群优势明显，但对标世界一流湾区，明显存在产业结构不够高级化的问题。从产业结构来看，纽约湾区是金融湾区，旧金山湾区是科技湾区，东京湾区是产业湾区，而粤港澳大湾区具有综合性的产业结构。香港经济增长的主要动力是贸易及物流业、金融服务业、工商业支持及专业服务业和旅游业，其中贸易及物流业长期处于支柱产业的核心地位，经济高度服务化、制造业发展不足，削弱了香港经济可持续发展的动力。澳门产业结构较为单一，过度依赖博彩业。湾区内地大部分企业仍以最终产品的组装和低端零部件生产配套为主，产品附加值低，在全球价值链分工体系下处于中低端位置。大湾区内许多核心技术或关键部件依赖进口。近年来，虽然部分非中心城市如东莞、佛山等制造业发展较快，但对周边城市辐射带动效应不强，制造业城市分化态势明显，呈现出强者更强、弱者更弱的态势[①]。且珠三角九市之间总体上并未形成良好的产业分工合作格局，产业同构水平较高。另外，世界三大湾区的发展轨迹都是从工业聚集向服务业及创新资源聚集转变升级。然而，大湾区内地城市生产性服务业发展相对滞后，服务业占比较低，对工业转型升级支撑不足。

（二）金融中心国际影响力有待提高

粤港澳大湾区金融中心地位正在崛起，但竞争力还不强。根据第33期《全球金融中心指数》报告数据，纽约排名第一，香港排名第四，旧金山排名第五，深圳排名第十二。纽约是总部金融的代表，旧金山则是以风险投资闻名的科技金融中心，东京则是为实体经济服务的产业金融中心[②]。

纽约湾区被称为"金融湾区"，是世界第一大金融中心。纽约证券交易所和纳斯达克证券交易所是世界上两个最主要的股票交易所。纽约华尔街面积不足1平方千米，却影响着全世界的金融，成就了纽约湾区金融中心的地位。华尔街拥有全球最大的金融机构集群，是许多大银行、投资公司、证券公司、基金管理公司、保险公司等金融机构和企业的总部所在地，如高盛、摩根大通、花旗银行等，被

---

① 刘璟：《粤港澳大湾区产业创新生态重构：一个新的理论分析框架》，《河南社会科学》2022年第1期。

② 周权：《国际湾区金融中心的成功经验及对广州的启示》，《探求》2019年第2期。

誉为全球股权交易的心脏。纽约世界 500 强金融企业数量居全球金融中心首位，还是全球最大的财富管理中心，基金数量和资产规模居全球首位。在国际金融市场上，大多数创新型金融资产工具和金融衍生品都由纽约创造。

旧金山是美国西海岸地区最大的金融中心，是美国仅次于纽约的第二大银行服务业中心。在金融商业区的蒙哥马利街有"西部的华尔街"之称，位于这条街上的有联邦储备银行旧金山分行和太平洋证券交易所旧址，以提供中等收入家庭服务著名的美国银行即创始于旧金山，许多其他国际金融机构、跨国银行及创投基金都在旧金山创立或设有地区总分部，如 VISA、富国银行等。旧金山湾区是全球风险投资最为密集的地区，集聚了 1000 多家风险投资公司。硅谷是风险投资的起源地，是美国风险投资最集中的地区。著名的凯鹏华盈（KPCB）和红杉资本总部均在硅谷。此外，红点创投、橡树投资、光速创投等风险投资机构总部均位于旧金山湾区。根据《2022 年硅谷指数》报告提供的数据，2021 年，投向硅谷和旧金山公司的风险投资额达到 950 亿美元，创历史新高。

东京湾区以产业金融为特色，大型企业与金融机构之间关系密切、相互依存，通过主办银行、相互持股、系列融资、人事派遣等相关制度安排，金融机构与实体经济实现协同发展。东京湾区是拥有银行类金融机构数量最多的湾区，占金融机构总量的比重超三成。东京湾区是日本最主要的银行集中地，全日本 30% 以上的银行总部设在东京，4 家都市银行有 3 家总部在东京，包括三菱日联金融集团、三井住友金融集团、瑞穗实业集团，这三家资产规模和业务规模几乎超过东京湾地区七成的比重。得益于东京的产业发展，东京曾成为仅次于纽约、伦敦的世界第三大金融中心，但 20 世纪 90 年代末至今，日本经济长期处于滞胀阶段，东京湾区的国际金融中心地位不断受到挑战。

粤港澳大湾区坐拥香港国际金融中心和广州、深圳区域金融中心三个金融中心，还拥有港交所、深交所两大证券交易所，并汇聚了全球众多的银行、保险、证券、风投基金等跨国金融机构，具有较强的金融实力。粤港澳大湾区主要金融中心的国际影响力进一步提高，但大湾区各个城市之间金融发展程度存在较大的差距，尤其是国际化金融资源的配置能力存在很大差异，同时，大湾区流通的货币种类并不单一，内部金融市场互联互通和金融机构跨境展业的制度基础有待进一步融合。

四 科教创新国际化步伐仍待加快

（一）世界名校集聚不足

粤港澳大湾区拥有高等教育机构 180 余所，优质高校主要集中在港澳、广州及深圳，但同世界其他三大湾区相比，粤港澳大湾区高等教育机构还存在定位不够清晰、影响力不强等突出问题。虽然港澳借鉴了欧美的办学理念，但在全球排名靠前的高校数量较少。在最新的 2023 年 QS 世界院校排名的榜单中，粤港澳大湾区共有 14 所高校上榜，仅香港 5 所高校进入世界百强。

纽约湾区高校"质"与"量"并存，湾区内有四种类型的优质高校：一是常春藤高校，如普林斯顿大学、耶鲁大学、哈佛大学、哥伦比亚大学、康奈尔大学、布朗大学、宾夕法尼亚大学等；二是"新常春藤高校"，如纽约大学、北卡罗来纳大学教堂山分校、科尔盖特大学、波士顿学院等；三是"小常春藤盟校"，如威廉姆斯学院、阿默斯特学院、斯沃斯莫尔学院等奉行博雅教育的顶尖文理学院；四是"公立常春藤"，如宾夕法尼亚州立大学、宾汉姆顿大学等，这类公立大学以较低的价格提供与常春藤水平相当的教育[①]。在第三方评价课题组发布的《世界大学第三方指数研究报告（2022）》中，纽约湾区世界大学第三方指数竞争力得分第一。

旧金山湾区现有高等教育机构逾 380 所，高校分层有序、类型丰富、整合性强。旧金山湾区聚集了斯坦福大学、加州大学伯克利分校等世界顶尖研究型大学，旧金山大学、加州州立大学东湾分校等教学型大学，旧金山城市学院、圣马特奥学院、纳帕谷学院、马林学院等社区学院，还分布有专门院校、企业大学等多种类型的高校。

东京湾区以东京作为高等教育资源投入核心，湾区内拥有 260 多所高等教育机构，其中京滨工业区分布有庆应大学、武藏工业大学、横滨国立大学等知名研究型高校。日本 37 所"超级国际化大学"入选高校中，东京湾区有 18 所，占比达 48.6%，其中顶尖型 A 类大学 6 所、国际化牵引型 B 类大学 12 所。东京湾区优质高校主要聚集在东京，周边地区高校数量较少。

（二）产学研没有形成真正合力

粤港澳大湾区科技创新资源"碎片化"严重。如广州虽然是广东科教中心，但并没有真正成为粤港澳大湾区科技创新策源地，广州的研究型大学涉及多个专业领域，但在全国面向未来前沿专业鲜有拔尖项目。香港、澳门缺乏制造业，一些大学尽管有新材料、电子信息、智能制造、生物技术、大数据等专业，但缺乏产业应用场景。深圳科技创新主体是企业，但深圳乃至整个粤港澳大湾区缺乏相关高端科技人才培养大学。粤港澳大湾区科技成果转化率较低，大学和科研机构在成果转化过程中发挥的作用有限，虽然部分大学

[①]　吴思、卢晓中：《国际一流湾区高等教育集群发展的结构优化及对粤港澳大湾区的启示》，《北京教育（高教）》2022 年第 11 期。

和科研机构成立了技术转移机构，但市场参与程度低。粤港澳大湾区大多数企业仍是以模仿创新为主，拥有的产品科技含量不高，拥有核心技术和处于国际领先水平的企业非常少，相当一部分企业在全球价值链分工地位依然较低。

纽约湾区则成功开创了三大产学研模式：第一类是科技园模式，以康奈尔和以色列理工合作建设的康奈尔科技园为例，吸引了亚马逊、推特等众多高科技企业加盟；第二类是科技孵化器模式，主要附属于高校，通过提供各种服务和支持，为科技成果从实验室迈向市场，最终形成初创企业，提供了非常良好的发育环境；第三类是技术转让模式，高校建立大学技术许可办公室（OTL）管理专利事务，向研究者申请发明的专利权，再将其转让给产业界，获得专利费。

旧金山湾区积极推进以斯坦福大学为首的大学与企业的密切合作。大学以向企业输送人才、专利、技术等的方式参与到企业发展中；企业为大学提供充足的科研资金、试验场地和实验设备，并在承接了大学输送的研发成果和专业人才后，通过成果转化的方式迅速投入商业运营，随着产品在市场上的传播、需求的提升和扩大，又逐渐发展和培育出相互关联的新公司[①]。良好的产学研联动链条使旧金山湾区逐渐成为技术集群和企业地理集中地，旧金山湾区汇聚了英特尔、惠普、苹果、思科、朗讯、谷歌、雅虎等著名的高科技公司，同时集聚了众多中小型高科技企业，在半导体、生命科技和能源材料等关键科技领域占据战略高地。

东京湾区大力发展临港工业，形成了京滨工业带、京叶工业带两大临海工业带。其中，京滨工业带是东京湾区最主要的产业聚集

---

① 黎友焕：《旧金山湾区政产学研协同创新对粤港澳大湾区的启示》，《华南理工大学学报（社会科学版）》2020年第1期。

带，工业产值占日本全国的 40%。东京湾区大量国立顶级高校云集，地方企业积极利用大学提升技术水平，很多大学设置了专门用于产学研合作的功能部门，如东京大学产学协创推动本部，其重要任务之一就是将东京大学的研究结果转换为现实世界中的产品和服务。东京湾区的大学能以法人身份自主参与科研合作，在政府、大企业以及学术机构之间合作形成了多个新技术验证特区，建立了更有竞争活力的创新体系。

（三）人才要素流动不够便利

粤港澳大湾区人才的自由流动仍受到限制。粤港澳专业资格互认范围小，金融、创新科技、医疗等重点领域仍未全面开放，跨境执业仅局限于特定区域，且要求较多，在落地层面存在操作性困难。学历方面，粤港澳虽已实现学士及以上学历学位互认，但还未实现专科层次的学历互认，给大湾区职业教育发展及合作带来困难。部分大湾区城市的子女教育、医疗、福利等具体落实细则未明确，港澳和内地的医疗标准和医疗保障体系不同，而且内地与港澳在社保方面也没达到同等待遇，这些都导致了大湾区内人才的流动受到限制。

五　湾区整体智慧化建设水平不高

（一）数据流通、数据安全体系建设不完善

近年来，粤港澳大湾区在跨区域、跨境数据流通方面做了一系列探索，如医疗领域，港大深圳医院实现电子病历跨境互通；科研领域，澳门与欧盟合作构建"中国澳门—欧盟数据跨境流动通道"，实现科研数据共享；政务领域，深圳前海打造"一站式"港澳跨境服务平台；等等，但粤港澳大湾区在数据流通、数据安全方面还存在诸多不足。中国内地、香港、澳门对数据和隐私的范围界定有差

异，设定的信息监管机构不同，对于可跨境流动的情形、程序和操作方法缺乏完善的政策依据。粤港澳大湾区跨境数据流动仍处于探索阶段，依然存在开放利用与安全管控、隐私保护的矛盾。纽约湾区的数字基础设施建设领先全球，以数据作为基石，打造开放数据平台，积极推进不同领域的信息化发展水平及应用。旧金山湾区以智慧交通为抓手开启了智慧城市探索之路，在新一代交通革命中实现了城运平台数据交换的共享性、一致性和开放性。东京湾区基于自然气象数据、基础设施数据、生活和经济数据，打造了"开放式大数据平台和 AI 应用"（东京数据高速公路）。

（二）缺乏科学的规划体系和统一的标准体系

粤港澳大湾区内部（9+2）发展不平衡，特别是珠江东西两翼存在较大经济发展差异，东岸经济发展水平显著高于西岸。虽然粤港澳大湾区是较早提出城市群协调发展规划的地区，但城市发展的融合仍需时日，城市间缺乏协同机制的问题掣肘大湾区智慧城市建设的整体规划。粤港澳大湾区智慧城市建设缺乏统一规划。从行政上看，粤港澳的行政体制和管理在不同框架内，在信息获取及数据感知方面存在"数字鸿沟"。粤港澳大湾区智慧城市建设的基本纲领仅有《粤港澳大湾区发展规划纲要》及国家关于新型智慧城市建设的政策方针，在实施过程中，地方政府未能将相应的规划分解为目标明确的具体问题，进而形成地方智慧城市行动计划和项目清单，使得相关部署难以有效落实。虽然各地已经建立了物联网、云计算等信息平台，但各地所采用的信息平台均是自主研发，各地现有资源未得到有效整合，没有形成统一的智慧城市建设综合信息平台。世界知名湾区智慧城市建设在战略层面和地方政府都有明确的"顶层设计"。如纽约于 2015 年公布了《一个纽约：繁荣而公平的城市发展规划》，提出新的发展愿景——增长 (Growth)、平等 (Equity)、可持

续 (Sustainability)、弹性 (Resiliency)，并将建设智慧城市作为实现愿景的主要路径和手段；东京于 2020 年 2 月发布了《"智慧东京"实施战略》，提出"互联东京""城市数字化""都厅数字化"三大任务，以在 2040 年实现安全、多元、智慧三大城市建设目标。

六　人文休闲湾区建设还有差距

（一）文旅资源缺乏有效整合

粤港澳大湾区具有多样性的文化资源，如广府文化、国际开放文化、华人华侨文化、客家文化等，文化产业的发展战略也各有特色，但是各城市纷纷基于自有资源开发产品，整体对于特色资源的挖掘不够深入、缺乏有效整合。城市间文旅资源共享程度较低，文旅资源配置效率有待提高。文化和旅游融合仍处于初步阶段，需进一步梳理及辨析文化与旅游、事业与产业的关系。文化和旅游融合下产生的新兴业态引导及支持需加大力度，智慧文旅公共服务有待进一步完善。国际三大湾区都有丰富的文化资源、多元包容的文化氛围，纽约湾区是典型的国际移民之都和多元文化大熔炉，都市文化具有世界级的影响力；旧金山湾区会聚了全世界特别是亚洲大量优秀人才，拥有全世界最强大的文化创意产业集群；东京湾区是亚太地区人员流动最频繁的区域，拥有全世界最为卓著的数字动漫产业集群。

（二）文旅服务体系不完善

世界三大湾区有着丰富的文化设施和文化活动，善用社会资源强化公共文化服务，吸引了大量游客，促进了旅游业的发展。与世界湾区相比，粤港澳大湾区文化基础设施存在较大差距，区域之间的公共文化发展不够平衡，公共文化服务数字化、网络化建设相对滞后。基层文化机构建设比较薄弱，代表现代化国际化形象的标志性文体设施数量偏少。文体旅游产业核心竞争力还不够强，有国际影响力和辐射力的文艺作品、文体旅游活动品牌和高端赛事数量不多，文化和旅游休闲消费氛围需进一步营造。

第四节　粤港澳大湾区国际化发展策略选择

一　建设具有全球影响力的国际科技创新中心

（一）强化战略科技力量支撑，打造关键核心技术策源地

增强基础研究能力。联合成立粤港澳大湾区基础科学研究基金，重点支持广州、深圳、香港、澳门等重点高校以及科研院所自主布局基础研究。围绕信息、生命、新材料等前沿方向，加强重大基础研究项目布局，强化应用基础研究和前沿共性基础技术研究，重点推进网络空间科学与技术、病原微生物与重大传染病、脑科学与类脑智能、材料基因工程、合成生物学等基础领域研究。推动广东省基础与应用基础研究基金、广东省自然科学基金、香港研究资助局等区域自然科学基金和经费组织加大对数学、物理学、化学、生命科学等重点基础学科的支持力度，允许基础学科领域研究人员在科学基金资助范围内自主选题，鼓励联合实施重大科技项目，开展重大基础研究和技术合作。

加快重大科技基础设施集群建设。把握新一轮科技革命和前沿技术发展趋势，以大湾区综合性国家科学中心建设为主要牵引，优先在基础软件、高端芯片、关键材料、核心零部件、重大装备等受制于人的领域，争取更多国家大科学装置和重大科技基础设施落地。以散裂中子源、强流重离子加速器、加速器驱动嬗变研究装置、人类细胞谱系、合成生物研究装置、脑解析与脑模拟装置等基础设施为基础，按照"谋划一批、建设一批、运行一批"的原则，加快推

进重大科技基础设施集群建设。以大湾区内优势技术和优势产业为基础，着力布局建设一批专业领域科研基础设施。推进科技基础设施和仪器设备进一步开放共享，系统提升科学研究基础设施多元化建设、开放式运行能力，推动科技力量协同联动式发展。

加强重点实验室建设。加快构建以国家实验室为核心、以省实验室为中坚力量的高水平多层次实验室体系。高标准建设国家实验室，打造有影响力、有创新力的省实验室，并完善建设管理运行机制，发挥国家、省级实验室的引领作用，带动大湾区实验室体系优化升级。推进现有国家重点实验室优化调整，实现国家重点实验室的结构优化、领域优化，围绕世界科技前沿争取新建一批国家重点实验室。从大湾区国际科技创新中心建设和产业发展实际需求出发，布局建设一批粤港澳联合实验室。

提升科研机构自主创新能力。鼓励国家级科研院所、大型央企、国际学术机构、知名跨国公司等在大湾区设立研发机构，坚持问题导向、需求导向、目标导向，布局建设一批基础学科研究中心和前沿科学交叉研究平台。依托西丽湖国际科教城、光明科学城、南沙科学城、中科院明珠科学园等，吸引国内外高水平科研机构向粤港澳大湾区集聚。强化地方科研机构技术创新和产业支撑能力，支持高新技术企业与国家级创新平台及高校院所组建新型研发机构。建设一批粤港澳联合高端研究机构和创新平台，支持重点企业在海外建立研发机构或联合研究院，推动跨境科技创新合作。

（二）建设具有全球比较制度优势的人才创新高地

面向全球引进人才。把握全球人才流动新趋势，制定"高精尖缺"人才目录，对"卡脖子"关键核心技术领域的急需紧缺人才，开辟专门渠道，加大引进力度。依托广深港澳科技创新走廊等重大创新平台，借助全球顶级猎头公司和国际咨询公司，构建全球引才引智网络，吸引全球顶尖科研人才来粤港澳大湾区开展科研工作。鼓励广州、深圳、珠海在人才制度上大胆探索创新，围绕"国际、人才、服务、创新"四大要素高水平建设深圳前海国际人才港，全面推进珠海横琴粤澳深度合作区国际院士谷建设。优化外国人才签证、停留居留等政策，提升外籍人才服务水平，吸引更多外籍人才扎根大湾区，支持广州加快建设全国人才管理改革试验区、粤港澳人才合作示范区、南沙国际化人才特区和中新广州知识城国际人才自由港。

创新人才培育方式。依托高等教育，结合大湾区支柱产业和战略性新兴产业发展特点，提升与大湾区先进制造业、现代服务业需求相契合的电子信息、人工智能、石油化工、金融、贸易等高校学科水平。打破学科壁垒，实施新兴交叉学科建设培育计划，探索学科交叉融合发展新方式。实施"高端青年科创人才培养计划"等人才项目，加大青年人才培养力度，培养领域突出"新"，培养技术突出"高"，培育一批高端青年科创人才。设立战略前沿科技领域资助专项，培养一批具有全局视野、系统思维的战略科学家，拓展大湾区人才高地的广阔空间。

充分激发人才创新活力。推进人才评价机制改革，充分发挥用人主体在人才评价中的主导作用，改变注重学历、职称、论文、项目等的评价方式，建立以创新为导向的人才分类评价体系，突出研究质量、实效、价值、贡献。健全激励和保障机制，深入推进科技成果权属改革，加大科研成果转化收益的分配力度，探索各类科研人员按实际贡献度确权的方式方法，健全尽职免责机制，加快形成充分体现知识、技术等创新要素价值的收益分配机制。

（三）加强开放创新，营造国际一流创新生态

推动粤港澳科技创新联动发展。以粤港澳大湾区国际科技创新中心、综合性国家科学中心建设为依托，以河套深港科技创新合作

区、横琴粤澳深度合作区、广州创新合作区三大创新合作区为抓手，促进大湾区科创资源融通。强化四大中心城市的创新引领作用，加快广深港、广珠澳科技创新走廊及深港河套、粤澳横琴科技创新极点建设，形成"点线面带"的协同创新网络。进一步推动创新要素跨境便利流通，完善财政科研项目资金跨境使用的审计规程和管理流程，推动仪器设备开放共享，支持粤港澳高校和科研机构在数据安全前提下，实现科学研究数据互联互通。

深度融入全球科技创新网络。加快推进粤港澳大湾区科技创新共同体建设，加强与京津冀、长三角城市群联动发展，以更加开放的思维推进国际科技合作，发挥香港作为国际自由港对全球创新要素具有强大吸引力的优势，以及深圳作为国家创新型城市的优势，加强与世界主要创新型城市群多层次科技交流合作。鼓励大湾区各城市推进创新国际化，积极与国际其他创新型城市建立友好合作关系，推动国际创新资源与大湾区内城市交流共享。深化"一带一路"科技合作，与沿线国家共建联合科研平台、技术转移平台、经贸合作区、科技园区、国际科技联盟与国际科技组织等合作平台和科技交流机制，鼓励企业面向"一带一路"相关国家开展联合研发及技术转移转化合作。

建设全球知识产权高地。聚焦支柱产业和战略性新兴产业，建设一批高价值专利培育中心，推动形成一批具有较高实用价值的自主知识产权。推动广州、深圳、东莞等市建设国家知识产权运营服务体系，完善知识产权市场运营体制机制。加强粤港澳知识产权合作，建设国际知识产权合作中心。加强专利、商标、工业品外观设计的国际布局，构建以中小微企业为主要援助对象的海外知识产权获权、维权援助制度。建设与国际接轨的知识产权保护制度，积极支持和参与国际标准化活动，推广应用国际标准。

二 建设具有全球竞争力的国际经济贸易中心

（一）培育位于世界中高端的高精尖产业

构建高精尖产业新体系。巩固提升新一代电子信息、软件与信息服务、生物医药与健康等战略性支柱产业，前瞻布局半导体及集成电路、高端装备制造、智能机器人、区块链与量子信息、前沿新材料、新能源、数字创意等战略性新兴产业，聚焦发展前沿领域，立足大湾区技术和产业发展基础优势，积极谋划培育卫星互联网、光通信与太赫兹、干细胞、超材料、天然气水合物、人造太阳－可控核聚变等若干未来产业领域。

增强高精尖产业自主可控能力。制定并滚动实施高精尖产业"卡脖子"攻关清单，以企业为主体建立产需协同合作攻关机制，逐步提升国产化配套比重，突破一批"卡脖子"技术，形成一批战略性产品。聚焦重点领域，实施产业强基工程，提升基础零部件、基础原材料、基础工艺、产业技术基础，以及质量标准和检测等基础能力水平，推动产业基础高级化。进一步强化企业创新主体地位，打造一批创新能力强、引领作用大、具有全球竞争力的科技领军企业。鼓励粤港澳大湾区头部企业整合产业资源和创新要素，不断扩升竞争力、影响力、带动力，进一步发挥世界 500 强企业融链固链延链作用，支持、引导跨国公司升格，积极培育更多占据产业链供应链价值链高端的跨国公司，增强头部企业在国际市场配置资源、获取增值价值的拓展能力。

提升产业链现代化水平新层级。梳理高端产业链关键环节及龙头企业，明确大湾区关键环节企业布局，巩固和提升现有关键环节企业的核心竞争力，靶向引进落地一批拥有优势产品、具有核心地位的企业和项目，推动产业链向高价值攀升。深化"链主"企业培育工程，支持产业链"链主"企业整合上下游资源，引导产业链配套企业向其周边布局，形成产业集群。重点在超高清视频显示、新能源、生物医药与健康、数字创意等领域，培育新增若干万亿级产业集群，实现产业能级再上新台阶。

（二）构建具有国际竞争力的世界级金融中心

推动香港、深圳、广州"三核"和深圳前海、珠海横琴、广州南沙"三极"错位竞争，打造协调发展的金融空间格局。巩固并发展好香港离岸人民币交易中心的地位，增强其对其他城市的金融辐射强度。依托深圳中国特色社会主义先行示范区的政策优势，大力探索金融支持科技创新的有效途径和方式，以前海为抓手加强深港金融合作，深化金融创新，促进经济金融深度融合。抓住南沙方案落地实施的重大机遇，加快建设广州大湾区资产管理中心、大湾区绿色金融创新中心、大湾区科技金融创新中心、大湾区跨境投融资服务中心和大湾区金融要素区域交易中心，提升广州金融发展能级。

促进金融融合发展。梳理内地和港澳金融业务规则和标准差异，推动内地向国际规则靠拢，逐步实现金融规则趋同。推动粤港澳金融管理部门签订大湾区金融监管合作协议，建立粤港澳金融监管试验区，设立联合协调机构，开展监管对话合作，推动监管标准趋同。探索通过立法，将部分与跨境金融业务密切相关的香港判例法率先在自贸区转化为当地金融法规和规范性文件，推动金融法制环境的趋同。探索更多互联互通的产品，继续完善金融市场互联互通渠道，优化资金跨境结算。

助推人民币国际化进程。拓展港股市场人民币投资板块业务，培育人民币债券市场，扩大人民币在香港的流通范围，提升香港离岸人民币市场竞争力。丰富离岸人民币产品，拓展人民币跨境流动渠道，提高人民币跨境资金的清结算效率和支付清算便利水平。联结接数字港元与数字人民币，实行"双币钱包"。发挥香港优势，进一步参与"多种央行数字货币跨境网络"实验，为"多种央行数字货币跨境网络"未来的管治和标准制定更加符合中国利益的运行规则。

（三）提升消费国际化水平

创新高端消费供给。依托大型商业综合体，积极引进国际知名高端品牌、新兴时尚品牌，推动拥有高端消费品牌的跨国公司在大湾区设立全球总部。借鉴香港"东方之珠"亚洲商业中心、全球知名购物天堂的经验，推动广州、深圳等基础条件好、消费潜力大、国际化水平较高的城市创建国际消费中心城市，培育形成具有国际水准和全球影响力的消费中心城市群，推动国际品牌集聚。建设一批辐射带动能力强、资源整合优势突出、具有较强国际影响力的步行街和新型消费商圈。加快建设面向全球市场的新品首发地，举办具有影响力的品牌首发、首秀、首展活动，做强"首店经济"和"首发经济"，推动国内外知名品牌率先在大湾区首发或同步上市新品。打造时尚品牌，引进培育一批知名独立设计师、品牌工作室。创新发展老字号，加快实施老字号"数字焕新工程""国潮出海工程"。

打造世界级商圈。提升香港铜锣湾、尖沙咀、中环、旺角等商圈的全球吸引力。对标国际，加快建设广州天河路—珠江新城、长隆—万博、金融城—黄浦湾、白鹅潭、广州塔—琶洲及深圳罗湖核心、福田中心、后海湾、前海湾、大空港等世界级商圈，培育与国际接轨的高端商品消费链和商业集群。争取财政部、海关总署的支持，建设一批湾区口岸免税店和特色市内免税店，加快打造广州北站免税商圈、前海全球免税品集散中心等，引导境外高端消费回流。

构建国际消费制度体系。提高大湾区对接国内外消费市场的互联互通能力，加快制定和完善重点领域及新兴业态的相关标准，促进与国际通用标准接轨，提高消费品质量标准。推动在重点景区、商圈、街区、酒店等外卡消费场景开通境外银行卡受理，充分考虑外籍人士的支付习惯，接入境外常用的电子支付方式，提升支付便利度。以数字赋能催生消费新业态，对标国际一流服务标准，加强市场规范相关培训，全面提升消费服务质量。优化维权服务，改善消费者"维权难、维权慢、维权贵"的现象，探索建立粤港澳大湾区跨境消费权益共同保护机制。

（四）构筑全球贸易枢纽

促进对外贸易稳中提质。将贸易发展与产业升级结合起来，稳步提高出口产品的附加值，扩大重要装备、关键零部件和先进技术进口。推动加工贸易企业延伸产业链条，进入关键零部件和系统集成制造领域，提高竞争力。鼓励外贸企业、外贸综合服务平台企业申报国家高新技术企业和技术先进型服务企业，支持外贸企业开展国际商标注册，收购国际品牌，培育壮大自主品牌。支持行业组织、贸易促进机构搭建公共服务平台，帮助企业参加境内外贸易促进活动，鼓励企业参加海外自办展和专业性展览。支持企业加快建立多层次的国际营销服务网络，扩大国际营销公共服务平台覆盖面。

打造新型国际贸易发展高地。大力推动跨境电子商务综合试验区建设，推广跨境电商应用并向贸易数字化全面转型，支持跨境电商企业"走出去"，在重点市场建设一批海外仓。支持外贸综合服务企业发展，推进企业数字化，优化企业退税管理，引导更多中小微企业通过外贸综合服务企业开展进出口业务。研究完善技术进出口管理体制，支持国内企业围绕"新技术、新产业、新模式、新业态"开展跨境技术合作，通过消化、吸收、再创新培育形成技术出口竞争优势。

优化国际市场布局。利用广交会、进博会、海丝博览会等展会资源，集中优势资源打造一批有影响力的境外品牌展会，鼓励和引导企业利用境内外展会开拓国际市场。巩固发达经济体等传统市场，加大力度开拓新兴市场，拓展亚洲、非洲、拉美等市场，着力深化与"一带一路"沿线国家的贸易合作，综合考虑资源储量、人口规模、市场份额、战略地位等因素，不断扩大大湾区与周边国家贸易规模，逐步提高自贸伙伴、新兴市场和发展中国家对外贸易比重。

三　建设全球领先的智慧湾区

（一）前瞻布局数字基础设施

优化升级信息网络基础设施。提升广州、深圳"千兆城市"建设水平，支持其他符合条件的城市继续申报"千兆城市"，推进电信运营企业、铁塔公司完善 5G 网络建设，加强卫星导航定位基准站建设与服务的管理，构建覆盖"5 G ＋千兆光网＋智慧专网＋卫星网＋物联网"的通信网络体系。改造升级工业企业内外部网络，持续完善二级节点等建设，深化工业物联网（IIoT）在工业制造领域的行业应用，推动设备联网数据采集。超前布局未来网络，加快建成粤港澳量子通信骨干网，实现与国家广域量子通信骨干网络对接，全面推进互联网协议第六版 (Ipv6) 商用部署。

打造协同高效的计算存储设施集群。持续提升国家超级计算广州中心、深圳中心"双超算"能力。加快深圳鹏城"云脑"、珠海横琴先进智能计算平台、东莞大科学智能计算平台等智能超算平台建设，增强高性能计算能力。推动数据中心科学合理、统筹规划建设，支持广州南沙、深圳前海、珠海横琴合作建设国际数据中心，优化其他地区数据中心布局。引导数据中心向规模化、绿色化、智能化方向发展，建设全国一体化大数据中心国家枢纽节点和大数据中心集群。鼓励大湾区领军企业牵头推动鲲鹏、昇腾等创新生态发展，加快完善自主计算产业生态。

推动传统基础设施数字化、智能化升级。利用 5G、物联网、大数据、云计算、人工智能、数字孪生等新一代信息技术，对传统基础设施进行数字化、智能化更新改造。科学推进交通、能源、水利、农业、市政、环卫、物流等重点领域数字化转型及智能化升级，逐步实现城市运营管理智能化，整体提升城市建设水平和运行效率，形成支撑数字经济和智慧社会发展的新型基础设施体系。

（二）搭建智慧城市管理平台

统筹建设"城市大脑"通用平台。建设物联数字感知基台，推动已建物联感知设备统一接入、集中管理，实现数据联动共享。将分散的各类视频资源统一汇聚、整合，对视频点位重新设计布局，进一步提升智能视频监控资源建设、共享、应用水平。升级城市时空信息云平台，围绕智慧城市规划、建设、运行、管理全流程，完善时空信息相关专题数据、物联感知数据、城市建设历史、规划数据等，形成 GIS（地理信息系统）底座。在粤港澳大湾区试行新型智慧城市联网，支持广州、深圳、佛山、中山等市开展智慧城市建设综合改革试点。

打造数字驾驶舱。依托各地"城市大脑"，构建大湾区智慧城市群领导驾驶舱，整合多个条线管理平台，打破"信息孤岛"，形成集数据展示、智能分析、应急指挥等功能于一体的城市群"驾驶舱"中台。通过城市大数据的汇集，依托三维图形，围绕经济民生、交通出行、生态环保、公共服务等领域，结合 GIS 地理信息技术、数字孪生技术实时展现城市运行的全景信息，同时，通过构建数据监测预警模型，将城市运行的各类业务指标化、结构化整合，形成对核心指标的监测告警、分析预警能力，为城市管理、市民服务、紧急指挥提供决策辅助，持续提高城市的运行服务效率。

推动数据开放共享。对于公共数据，如民生领域的港澳车北上、出入境健康码、身份验证等，以及科研领域的科技数据共享、跨境合作研发等，探索"事前"数据脱敏处理、"事中"安全可控流动、"事后"可溯源可融合的开放共享路径；对于商业数据，如各种职业资格资质认定、信用等级认证、商事登记、金融债券通等，探索"事前"数据定价加密、"事中"有序交易流动、"事后"可赋能可监管的交易交换路径。强化数据要素跨境流动的技术平台支撑，构建数据要素的分级分类、定价交易、跨境共享等流动规则，以及涵盖监管模式、监管机构、监管试点的多方治理的监管体系。

（三）打造多元融合的智慧应用场景

强化现有政务云的精细化管理能力，健全政务信息化项目清单，全面推进政务服务"一网通办"，推进社保、民政、工商、税务、证照证明等服务的智慧化应用。建立"一门式"受理、全省通办、跨省通办、湾区通办、省市区跨层级联办的粤港澳大湾区政务服务中心，依据国家政务服务事项基本目录，加快形成湾区内各城市政务服务事项实施清单，借助自助终端、"云窗口"等载体，提升智慧政务服务水平。

构筑美好数字生活新图景。发展远程教育、远程医疗、智慧出行、智慧社区和无人驾驶，持续提升群众获得感。推广智慧交通，加快推进新一代国家交通控制网和智慧公路试点工程（广东）建设，推进广州、深圳等市试点智能交通示范区建设，进一步扩大无人驾驶、无人物流配送试点范围，大力推进广州市 5G 自动驾驶应用示范岛建设，加快智能网联汽车商用进程。构建电网数字化平台和能源大数据平台，扩大能源区块链平台和电力物联网建设试点范围。推广智慧医疗，提升医疗机构数字化、智能化水平，推进"互联网＋医疗健康"示范区建设，高水平建设国家生物信息中心粤港澳大湾区节点，推进全民健康信息远程医疗项目建设。大力发展智慧教育，构建"互联网＋教育"大资源服务体系，利用人工智能、大数据、虚拟现实技术等探索发展教育教学新模式，支持建设一批互联网环境下教育改革试验区。推广实施智能市场发展示范工程，针对粤港澳大湾区跨境电商和供应链管理等典型场景，构建安全便利的国际互联网数据专用通道和国际化数据信息专用通道。

四　建设全球一流国际物流中心

（一）优化穗深港交通物流枢纽布局

巩固提升香港国际物流枢纽地位。依托香港国际航空枢纽和国际航运中心的优势，以及自由港和便捷的清关服务，把握跨境电子商贸机遇及发展高增值货运等措施，发展香港与大湾区和其他城市之间的海陆空货物联运服务，推动香港发展成为高端及高增值物流服务中心。

推动广州加快构建"5+10+N"物流枢纽布局体系。即加快建设广州空港物流枢纽、广州南沙港物流枢纽、广州东部公铁联运枢纽、广州铁路集装箱中心站公铁联运枢纽、广清空港现代物流产业新城5个特大型物流枢纽，白云神山物流枢纽、广州高铁快运物流枢纽、黄埔新港物流枢纽、下元物流枢纽、花都港物流枢纽、花都狮岭物流枢纽、增城开发区物流枢纽、小虎沙仔物流枢纽、从化明珠物流枢纽、龙沙汽车物流枢纽10个大型物流枢纽，以及龙溪、大岗、从化南等N个物流骨干节点，推动交通、物流与产业的联动融合。

推动深圳加快建设全球性综合物流枢纽。畅通国际航空物流通道，推动深圳空港型国家物流枢纽运输能级跨越式提升，加快将深圳港口型国家物流枢纽打造成服务国家"一带一路"和国内国际双循环的国际港口物流枢纽，推动将深圳商贸服务型国家物流枢纽打造成为全国乃至亚洲单体规模最大的公铁多式联运中心，加快深圳生产服务型国家物流枢纽建设，形成多层次、多模式、多功能的物流通道网络。加快建设物流枢纽，着力打造全球供应链管理服务中心、国际物流转运中心和全国物流创新应用中心。

（二）加快建设国际物流大通道

拓展国际航空网络。以广州白云机场和深圳宝安机场为重点，进一步拓展连通世界主要国家和地区的国际航线、航点，争取逐步放开货运航权，建设全向辐射、连通性好、直达性高的国际空中大通道。推动广州白云机场完善通达欧美、大洋洲、非洲及南美等地区的国际运输通道，积极发展"经广飞"，做强"广州之路"品牌，提升国际中转服务竞争力。提升深圳宝安机场国际化水平，构建连接全球创新型城市、欧美澳热点城市及"一带一路"新兴市场国家节点城市的国际航线网络。争取珠海机场、惠州机场开通国际航线。

畅通国际海运通道。深化深圳、广州两大国际枢纽海港的战略定位和发展导向，拓宽海上丝绸之路航运通道，加强与国际航运联盟和班轮公司合作，全方位、多渠道加快深圳港全球友好港网络建设，增强深圳港"国际名港"地位，加快建设深港组合港，构建以深港组合港为核心的粤港澳大湾区组合港体系。巩固广州港至非洲、东南亚、地中海的国际集装箱运输枢纽地位，拓展欧美远洋集装箱班轮航线。

完善陆路出境物流大通道。强化广州国际铁路枢纽功能，畅通广州通达西欧、中亚、西亚、南亚的5条国际铁路通道，大力促进中欧、中亚班列扩量增效，加快建设大湾区国际班列集结中心，赋能建设"穗新欧""穗亚欧"战略性经济走廊。加密深圳至德国、匈牙利既有中欧班列开行列次，推动开通深圳至英国伦敦、老挝万象等国际班列，探索构建连接东盟、中亚海陆联动新通道。推动东莞、佛山等地开通更多国际铁路货运班列。

（三）优化货物运输组织

优化货运服务供给。加快铁路机械冷藏车更新升级，鼓励铁路企业开行冷链班列，推动冷链班列与冷链海运直达快线无缝衔接，积极发展"海运＋冷链班列"海铁联运新模式。优化完善广州白云机场、深圳宝安机场货运设施布局和运行环境，加强航空货运能力建设。优化水运货运功能，加快建设连通国内和东盟国家的陆路寄递通道，积极拓展航空国际寄递网络，提升中欧班列运邮通道功能，更好满足货物运输需求。

大力发展货物多式联运。充分发挥国家物流枢纽资源集聚中转辐射作用，强化与综合交通枢纽、产业集聚区、物流产业园的联动衔接，统筹推进一批多式联运示范工程。支持广州白云机场、深圳宝安机场布局异地国际航空货站，推广"卡车航班"，研究"航空＋高铁"快速货运系统，打造国际空陆联运大通道。以海铁联运为重点，支持广州、深圳建立多式联运通道运营平台，加强主要物流通道货源组织和运输资源整合。推动多式联运装备标准化，完善多式联运服务规则，加强货物交接、合同运单等方面的制度对接和规范统一。

五　建设具有世界影响力的国际人文交流中心

（一）共同推动文化繁荣发展

优化文化设施网络。高水平建设一批体现湾区特色、国际水平的重大公共文化设施，建好广东美术馆、广东非物质文化遗产展示中心、广东文学馆"三馆合一"项目和广东粤剧文化中心、广东人民艺术中心等文化新地标，支持深圳加快建设"新时代十大文化设施"。利用街区、商圈等优化公共文化设施空间和功能布局，创新打造一批集文化传播、阅读分享、轻食餐饮等功能于一体的新型文化空间。

提升公共文化服务水平。完善公共图书馆、文化馆（站）、科技馆、公共美术馆、公共博物馆（非文物建筑及遗址类）、烈士纪念设施等免费开放制度。优化各级公共文化机构服务功能和内容，开展错时开放、延时开放，鼓励开展夜间主题服务。完善公共文化服务"订单式""菜单式""预约式"服务机制，健全综合性文化服务中心建设、运营和管理体制机制，推动公共文化设施和服务合作共享。

健全现代文化产业体系。规范发展文化产业园区，推动区域文化产业带建设。发挥港澳广深四大中心城市辐射带动作用，大力推动文化与相关产业融合发展。利用数字技术，加快发展新型文化业态，改造提升传统文化业态，提高质量效益和核心竞争力。支持香港、澳门发展文化创意产业；支持深圳引进世界高端创意设计资源大力发展时尚产业；支持广州发展创意设计产业集群；扶持珠海、佛山文化演艺产业成长；支持东莞与中山发展出口导向型文化制造业；支持江门、肇庆和惠州利用文化遗产资源，提升文化内涵。

（二）深化对外交流合作

发展对外文化贸易。依托广东自贸区建设国家对外文化贸易示范基地，搭建对外文化贸易平台，争创更多国家文化出口重点企业和项目。鼓励文化企业生产外向型文化产品，积极参加境内外重要国际性文化展会，持续推动带有岭南文化鲜明印记的艺术作品和文化产品走向国际市场。鼓励文化企业与国外企业开展合作，参与国际品牌授权，通过多种新渠道、新模式拓展国际业务，积极融入全球产业链、供应链。支持文化跨境电商发展，培育文化专业跨境交易线上新平台。发展文化保税服务，推动文化产品保税空间建设，打造融合仓储物流、展览展示、拍卖交易、金融服务等多功能的综合服务平台。

提升品牌文创活动。持续办好重要品牌节会赛事活动体系，向世界传递"湾区声音"。聚焦增强国际对外交往中心功能，开展重大文化交流活动，积极申办和引进具有世界影响力的高层论坛对话、前沿品牌展会、国际赛事活动，打造国际交往承载地。全面提升重大品牌活动能级和水平，持续办好粤港澳大湾区（广东）国际青年音乐周、粤港澳大湾区文化艺术节、粤港澳大湾区艺术精品巡演、中国（深圳）国际文化产业博览交易会、广州国际艺术博览会、羊城粤剧节等重大品牌活动，提升国际化水平和全球影响力。

积极促进中外文化交流互鉴。坚持全球视野、时代眼光，以讲好大湾区故事为着力点，加强国际传播整体谋划。深耕国际互联网，构建全媒体对外传播格局，主动联系国际媒体和智库，全面拓宽国际传播渠道，提升对外传播能级。支持香港打造更具竞争力的国际文化交流平台。支持澳门建设以中华文化为主流、多元文化共存的交流合作基地，建设中国与葡语国家文化交流中心、中葡双语人才培训基地。支持广州建设岭南文化中心和对外文化交流门户。支持中山保护、传承、活化、利用好孙中山历史文化资源。支持江门延续侨乡文脉，建设华侨华人文化交流合作重要平台，举办华人华侨交流大会。鼓励粤港澳大湾区加强与"一带一路"沿线国家和地区文化交流，定期举办与"一带一路"主题相关的文化论坛和展会。

（三）大力宏扬岭南文化

加强对岭南文化的发掘研究和阐释。开展岭南文化资源普查，加强对岭南文明源流、岭南文化与中原文化融合等专题研究，提炼精神标识和文化精髓。推进广府文化、客家文化以及少数民族文化、华侨文化等地方特色文化的研究阐发和弘扬传播。创新发展岭南美术、广东音乐、粤剧等岭南优秀传统文化，推出一批精品剧目，培育一批岭南文化品牌。利用"科技＋互动""情景重现"等方式让文物"活"起来，创新展示岭南文化和人文精神。

保护传承岭南文化设施。加强对开平碉楼、侨批档案、广东省粤港澳大湾区文化遗产游径等遗产的保护和利用，推进海上丝绸之路申报世界文化遗产。加强考古工作，加大对古驿道、古村落、古港、海防遗址等的保护力度。重视修史修志，推进岭南古籍保护和整理，加大历史文化名城名镇名村、历史文化街区及传统村落保护力度。

传承发展非物质文化遗产。根据大湾区非遗特点和存续状况，加强分类保护。开展非遗代表性项目存续状况评测和保护绩效评估，加大对亟须保护项目的扶持力度。深入实施中国非物质文化遗产传承人研培计划，通过提供必要的传承场所、经费资助等方式，支持传承人开展授徒、传艺、交流活动，支持设立非遗大师工作室。利用广东（佛山）非遗周、非遗墟市粤港澳城际联盟、粤港澳非遗交流大会等平台，大力促进粤港澳大湾区非遗合作与交流。加强方言、手工艺、饮食、民俗节庆等保护。

传承发展红色文化。加大革命文物保护力度，按主题实施系列革命文物修缮、修复工程，支持广州加快建设红色文化传承弘扬示范区。加快革命文物重点项目建设，加强革命文物价值挖掘研究和阐释传播，策划推出以建党、建国等为主题的系列精品展览。

六 建设国际一流宜居湾区

（一）全力推进绿色湾区建设

推动共建国际一流美丽湾区。突出珠三角核心区创新驱动、示范带动，实施大气污染防治先行区、水生态环境治理修复样板区、一流美丽海湾、一流绿色低碳发展区、土壤污染治理示范区和一流"无废"试验区建设等示范行动，以美丽湾区建设引领绿色低碳发展。积极推动广州南沙、深圳前海、珠海横琴等区域重大战略平台绿色发展，在低碳示范、生态环境治理、绿色贸易等方面形成一批可复制、可推广的创新成果。推广佛山、东莞等地工业集聚区改造模式，同步推动城市更新和产业升级，推进珠三角村镇工业集聚区绿色升级。深化粤港澳生态环保合作机制，探索车用汽油、柴油、普通柴油和部分船舶用油标准的衔接。充分利用港澳金融优势，探索设立粤港澳大湾区绿色发展基金。

加快推动碳达峰。落实区域差异化的低碳发展路线图，加大能源、重点高耗能工业碳排放总量控制力度，推进有条件的地区或行业率先实现碳达峰。推进能源革命，安全高效发展核电，规模化开发海上风电，因地制宜发展陆上风电，提高天然气利用水平，大力推进太阳能发电和集热，加快培育氢能、储能、智慧能源等，加快建立清洁低碳、安全高效、智能创新的现代化能源体系。大力优化交通运输结构，继续推进广州、深圳、珠海、佛山等城市绿色货运配送示范工程建设，支持有潜力的城市创建国家绿色货运配送示范工程。全面推广绿色低碳建筑，推动建筑节能。

探索建立碳中和示范区。推进低碳城市、低碳城镇、低碳园区、低碳社区建设及近零碳排放试点示范，加强经验总结及宣传推广，在城镇、园区、社区、建筑、交通和企业等领域探索绿色低碳发展模式。积极推动粤港澳大湾区在应对气候变化领域先行先试，制定绿色低碳发展评价指标体系并定期评价。结合国家碳排放权交易市场建设推进情况，探索建设粤港澳大湾区碳市场体系，开展碳标签互认机制研究与应用示范。

加快推广绿色低碳技术。加快推动构建绿色制造体系，大力实施绿色产品、绿色工厂、绿色园区、绿色供应链创建，树立和扩大绿色品牌效应。瞄准国际同行业标杆，充分发挥环保标准、总量控制、排污许可制度等的引导和倒逼作用，实施清洁生产、能效提升、循环利用等技术升级，提升绿色化水平。建立完善绿色低碳技术和产品的检测评估体系，通过市场手段促进技术创新成果转化，推动减污降碳技术推广应用。

（二）构筑旅游休闲湾区

丰富旅游市场产品供给。加强大湾区旅游资源开发，培育新型旅游业态，优化旅游产品、服务供给体系。推动文化和旅游融合发展，开发集文化创意、度假休闲等主题于一体的文化旅游综合体，推出一批文化旅游精品线路和项目。建设驿站、布置房车营地，联合开发环海自驾等特色线路。推动形成连通港澳的滨海旅游发展轴线，支持港澳与内地合作开发海岛游和邮轮、游艇、帆船旅游，探索开通香港—深圳—惠州—汕尾海上旅游航线。有序推动香港、广州、深圳国际邮轮港建设，吸引全球不同等级、品类、主题邮轮靠泊，进一步增加国际班轮航线。推动粤港澳游艇自由行有效实施，促进国际游艇旅游自由港建设。

创新旅游推广体系。优化旅游交通服务体系，建设多层级旅游集散网络。进一步调整优化出入境管理政策，便利外国人入境大湾区旅游观光。支持香港建设"一程多站"示范核心区和国际城市旅游枢纽。拓展澳门世界旅游休闲中心和以中华文化为主流、多元文化共存的交流合作基地新空间。充分发挥横琴独特区位、生态禀赋优势，高水平建设珠海横琴国际休闲旅游岛，打造国家全域旅游示范区。加强旅游规划和标准衔接，支持合作建设粤港澳大湾区北部旅游生态合作试验区。加强政策协同和资源共享，促进信息沟通、产品开发、市场营销、游客互推等合作常态化、机制化。搭建粤港澳大湾区全球旅游推广平台，提升文旅美誉的传播力和影响力。

完善旅游市场发展环境。联合制定颁布粤港澳大湾区优质文旅产品认证标准与安全服务标准，推出粤港澳大湾区旅游服务高质量认证标志企业。完善与国际接轨的旅游公共服务体系，深化粤港澳大湾区旅游公共服务合作。加强粤港澳大湾区文旅市场监管执法合作，提升综合协调、案件联合查办、应急处置能力。

（三）提高公共服务配置水平

促进粤港澳大湾区民生规则衔接。围绕大湾区民众需求，尤其针对港澳居民在大湾区内地就业创业、生活不便制约，创新性推出更多便民措施，促进港澳居民在大湾区内地九市享受同等待遇。深入推进高等教育合作发展，探索创新粤港澳合作办学模式，稳步扩大内地高校招收港澳学生规模，鼓励港澳优秀学生到内地高校进行短期访学，推动高等专科学历互认和高等教育特定课程学分互认。扩大港澳医师、金融、会计、规划、建筑、设计等领域职业资格认可范围，搭建更多港澳青年创新创业服务平台，进一步完善港澳居民在大湾区内地九市就业的政策措施，实施"港澳青年安居计划"，加强住房保障，促进更多港澳青年北上就业创业。

发挥广深"双城"示范带动作用。鼓励广州、深圳在公共服务机制和政策方面先行先试，围绕教育、医疗等领域创造更多可复制可推广经验，辐射带动珠三角其他区域提升公共服务水平。支持打造教育高地，促进基础教育优质均衡发展，加快创建更多国家一流大学和一流学科。支持打造医疗卫生高地，加快高水平医院建设，建立海外先进药品、医用器械引入绿色通道，创建国家区域医疗中心。积极探索符合超大城市特点和发展规律的城市治理路径。

　　加强城市服务对外交流合作。借鉴国际先进管理和服务经验，提升公共服务质量和水平。进一步增加优质国际教育资源供给，引入世界知名大学，开展高水平中外合作办学。建立与国际接轨的医学人才培养、医院评审认证标准体系，探索医疗服务跨境衔接。打通托育、养老、家政、文化旅游、体育健身等服务的外商投资渠道。推动公共服务领域骨干企业积极走出去开拓国际市场。

第四章 世界湾区金融发展比较研究

　　金融发展与经济高质量发展密不可分。金融是国家发展的重器，金融作为资源配置的重要手段和经济发展的重要助力，势必在中国式现代化进程中肩负重要使命。金融市场的正常有效运行能在加速货币资金筹集、融通和使用过程的基础上，合理配置社会资源，调节宏观经济。在粤港澳大湾区的建设过程中，金融作为高端服务业，是湾区经济在港口经济和工业经济发展成熟后兴起的新业态之一。发展金融行业，是粤港澳大湾区发展到一定阶段突破自身资源条件限制的内在要求，是建设国际一流湾区的必然选择。本章着重对粤港澳大湾区与世界三大湾区金融发展进行比较研究，以期为粤港澳大湾区的金融发展提出一些有参考价值的策略建议。

第一节　金融发展与湾区经济的关联性

一　湾区经济的动态演变

　　关于湾区经济的发展演进路径，卢文彬认为湾区大致经历了以海洋渔业为主导的原生态型湾区空间形态、以临港工业为主导的工业型湾区形态、以现代服务业为主导的都市圈型湾区形态等阶段，从湾区经济空间形态角度分析了其演进规律。[①] 吴思康从产业形态角度，将世界发达湾区经济发展划分为港口经济、工业经济、服务经济、创新经济四个阶段。20 世纪 50 年代以前，初级湾区经济以港口贸易为主，受社会生产力限制，贸易产品以农产品和初级工业品为主。20 世纪 50~80 年代，随着对外贸易规模的扩大、港口人力和物力资源的聚集以及得天独厚的运输优势凸显，工业经济在湾

---

① 卢文彬：《湾区经济：探索与实践》，社会科学文献出版社，2018。

区兴起并快速发展，港口城市发展为工业制造中心。随着临港工业的快速发展，湾区港口中心城市成为重要航运枢纽，对周边城市的辐射带动作用增强，港口业向港口物流、货运代理、保税仓储、金融保险等中介服务延伸，以金融、保险、信息、专业服务、设计、营销等为主要内容的服务业开始集聚发展，航运金融、租赁金融及金融基础设施等逐步发展壮大。20世纪80年代以来，信息产业加速发展，湾区城市加快推进网络服务、创新金融、供应链管理以及商业模式创新等创新经济发展，以科技和创新为湾区提供源源不断的发展动力（见图4-1）。

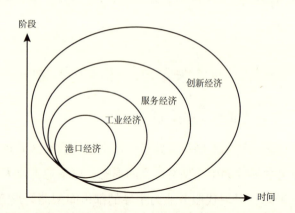

图 4-1　湾区经济主导形态演变

资料来源：吴思康撰《聚焦发展湾区经济 努力把深圳打造为21世纪海上丝绸之路的重要战略支撑》，鹏城智库观察，2017年3月14日。

湾区经济的四个阶段不是呈现非此即彼的阶梯型发展，而是在不断交织繁荣中逐渐深化扩展的。即使在创新经济时期，港口经济和工业经济依然发挥着重要作用。湾区经济是港口经济、滨海经济、都市圈经济与湾区地理形态聚合裂变而成的一种特有经济格局，优越的地理区位、繁荣的港口经济、大规模的制造、强大的金融能力和创新能力等多重元素的叠加，推动湾区在一国一域经济增长中发挥引领作用。

二 金融业在湾区的兴起

在港口经济和工业经济积累的基础上，湾区经济向高附加值服务业转型。在该阶段，金融业作为重要现代服务业在湾区蓬勃发展。世界一流湾区的形成，都必须经历由港口资源型经济转型为现代服务型经济和创新型经济的过程，即突破自身资源条件限制，以金融等现代服务业提升湾区在全球资金配置的能力。世界上具备地理条件和国家实力的湾区，如悉尼湾、霍克湾、里约湾、芬兰湾等，并未达到公认的国际一流湾区经济的标准，其中一个原因在于，在湾区城市发展的演进中，没有及时形成由要素推动转向创新推动的发展模式，宜人的自然环境并未与金融、创新等要素发生良好"化学"反应。

随港口经济、工业经济发展而兴起的金融等服务经济乃至创新经济，决定了湾区经济发展所能达到的层次和能级。湾区金融在港口经济和工业经济的基础上发展壮大，除银行、保险、证券、基金、信托、期货等传统金融服务业的发展外，依据湾区的资源禀赋，在港口经济、工业经济阶段相应地涌现了航运金融、租赁金融等金融服务，持续建设完善金融基础设施（金融运行的硬件设施和制度安排）及金融配套服务（咨询、信用评级、法律），金融业作为高端服务业的重要性不断提升，发展出服务经济形态，并在现代湾区创新经济背景下孕育出科技金融、绿色金融等创新金融领域。

（一）航运金融

航运金融随航运业而兴，随着湾区港口经济的蓬勃发展而繁荣。

随着对外贸易与文化交流的愈加频繁，港口区域内各产业的金融服务需求加大，吸引越来越多的金融机构在此聚集，提供融资、结算、担保、资产保值、风险规避等金融服务。金融服务业对航运业的发展起到十分重要的支撑作用。[①]戴勇认为，航运中心所拥有的资源配置能力和高端服务能力甚至比货物吞吐量和班轮密集度更为重要，发展航运金融业务不仅可以提高航运产业的附加值和话语权，而且是国家实施新一轮沿海发展战略和维护国家经济安全的需要。[②]

狭义的航运金融是指航运企业、港口、造船厂、银行、保险公司、证券公司、商品及衍生业务的经销商、金融租赁公司等机构从事的融资、保险、资金结算、航运价格衍生产品等业务。广义的航运金融是指基于航运资源资本化、航运资产资本化、航运未来收益及产权资本化原则，以航运业为平台，航运产业、金融产业、政府等进行融资、投资、金融服务等经济活动而产生的一系列相关业务的总称。传统的航运金融是指以银团贷款为主的传统船舶融资体系，包括船舶融资租赁、出口信贷机构贷款等，航运企业也通过私人股权基金、IPO 等方式借助股权资本市场实施航运金融发展。根据尚普咨询数据，2022 年全球航运金融市场规模达 1.5 万亿美元，同比增长 5%，较 2019 年增长 7.1%。[③]

湾区港口城市依靠天然的区位优势，"拥海抱湾，合群联陆"，以港口联合体等基础设施建设连接海上贸易和城市。航运金融的发展和湾区国际航运中心的建设相辅相成，纽约、香港、东京、伦敦、新加坡等五大国际航运中心都是著名的国际航运金融中心。对

---

① 徐维军、金今、于孝建等：《粤港澳大湾区打造具有国际竞争力的金融产业集群研究》，《城市观察》2022 年第 5 期。

② 戴勇：《国际航运金融业务的发展与借鉴》，《上海经济研究》2010 年第 1 期。

③ 尚普咨询：《专家观点！2023 年航运金融行业竞争环境分析》，https://survey.shangpu-china.com/yjjywz/jzdsdy/265104.html，2023 年 5 月 29 日。

湾区的经济发展来说，航运金融通过提供船舶贷款、船舶租赁、航运股权和债券融资、航运运费衍生品及海上保险等服务，提高湾区的贸易效率和竞争力，支持国际贸易的发展。从世界湾区的地理条件来看，纽约湾区的纽约港是港宽水深、海岸线长、四季通航的天然良港；旧金山湾被称为"西海岸门户"，是美国太平洋地区贸易的主要通道；东京湾拥有横滨港、东京港、千叶港、川崎港、横须贺港和木更津港等世界级港口联合体。[1]

（二）租赁金融

金融租赁业务以租赁资产为核心，以设备租赁代替融资购买，形成"货币—租赁物—货币"的融资形式，有融资和融物的双重优点，为企业提供了一条全新的融资途径，是连接现代服务业与先进制造业，连接金融中心与贸易、航运、科创中心建设的重要纽带。现代融资租赁经历了 70 多年的高速发展，已成为国际上普遍的非银行金融形式之一，是发达国家仅次于银行信贷的第二大融资工具。

金融租赁方式大多用于大型成套设备的租赁，重点开展的业务包括工程机械、航空、船舶、新能源、医疗器械、印刷设备、电力设备、纺织设备和农业机械等领域及其设备的融资租赁。[2] 根据《2022 世界租赁年报》数据，2020 年全球租赁业新增业务额为 13381.9 亿美元。美国作为全球最大的单一租赁市场，2020 年融资租赁新增业务额为 4403.8 亿美元；中国 2020 年融资租赁新增业务额为 3004 亿美元，增幅达 12%，已成为全球第二大租赁市场。

发展租赁金融有利于提高供应链稳定性和灵活性，促进中小企

①　徐维军、金今、于孝建等：《粤港澳大湾区打造具有国际竞争力的金融产业集群研究》，《城市观察》2022 年第 5 期。

②　徐维军、付志能、张卫国：《粤港澳大湾区产业定位与金融服务发展》，科学出版社，2022。

业融资，助力高端装备制造，深化产融结合，对湾区经济发展具有重要作用。一是通过发挥融资和融物双重属性，租赁金融可有效盘活存量固定资产，与银行信贷产品相比，能够更加深度地嵌入产业链，为资源配置提供更专业高效的支持保障，提高产业链供应链稳定性和国际竞争力，优化国内产业链布局。[①] 二是租赁金融代表了一种现代化的信用方式，租赁公司始终拥有设备的所有权，更看重承租人的未来还租能力，而不像银行贷款更关注借款人的历史财务数据，是一种适合中小企业的融资方式。三是以融资租赁手段为飞机、船舶等高端设备制造产业提供融资支持，有利于缓解资金密集型产业融资难问题，为企业提供融资支持，盘活存量资产，对外释放"装备活力"，为湾区"海洋经济"发展与高端制造提供支撑。

（三）科技金融

金融的演变伴随经济结构的变化，金融发展史也是一部与科技进步不断融合的历史。每次技术革命的成功财富化，都必然有金融创新的伴生，技术革命与金融创新的关系也可被称为创造社会财富的两翼。卡萝塔·佩蕾丝的著作《技术革命与金融资本：泡沫与黄金时代的动力学》中描述了技术创新与金融资本的基本范式：新技术早期的崛起要经历一个爆炸性增长时期，会导致经济出现极大的动荡和不确定性，风险资本家为获取高额利润，迅速投资于新技术领域，继而产生金融资本与技术创新的高度耦合，从而出现技术创新的繁荣和金融资产的几何级增长。[②]

科技金融是将科技资产财富化，也是科技创新与金融创新之间

---

① 徐斌：《新时期金融租赁行业高质量发展研究》，《新金融》2023 年第 2 期。
② 〔美〕卡萝塔·佩蕾丝：《技术革命与金融资本：泡沫与黄金时代的动力学》，田方萌等译，中国人民大学出版社，2007。

的深度耦合。房汉廷认为，科技金融对科技工作的深化有如下几个阶段：初级阶段是对已经形成的可以财富化的科技资产进行孵化，使之具有财富化载体，以孵化器、天使投资、创业投资等科技金融工具通过政府投入和引导金融资本投入的方式支持创新创业活动，加快科技资产的商业化进程；发展阶段是以创业投资、担保融资、科技保险、知识产权质押等科技金融工具对初具形态的科技资产提供规模化融资安排，使财富创造过程获得加速度；高成长阶段是以科技信贷、企业 IPO 等科技金融工具对科技财富载体提供放大化融资安排，使财富创造获得规模化效应。[1]

　　世界湾区发展经验表明，科技金融合作带动区域发展是推进湾区整体发展的核心驱动力，在湾区发展中发挥了推动创新、吸引资本、促进产业升级、集聚人才和促进跨界合作等多重作用，是湾区经济发展的重要支撑和推动力量。美国纽约湾区、旧金山湾区和日本东京湾区的科技金融发展都得益于政府扶持高科技企业的相关政策，如对知识产权的保护、对中小科技企业的补贴等。美国的风险投资资金来源丰富，养老金可以进入资本市场，为风险投资提供大量稳定的社会资金，并通过全面的多层次资本市场为风投基金的退出提供便捷渠道；日本成立了许多政策性金融机构，由政府参与企业直接融资，支持企业信贷担保和贷款。[2]科技金融能为创新企业提供资金支持，促进创业生态系统建设，支撑技术转移与成果转化，有效支持区域科技创新与经济发展。科技与金融的互促发展需要通过构建多层次的直接融资市场，健全知识产权保护法规，完善

---

[1]　房汉廷：《关于科技金融理论、实践与政策的思考》，《中国科技论坛》2010 年第 11 期。

[2]　彭文华：《基于世界大湾区的粤港澳大湾区科技金融创新》，《企业科技与发展》2019 年第 3 期。

私募股权行业营商环境，落实普惠性科技金融政策等手段，实现金融对科技创新的支撑。

（四）绿色金融

绿色金融是为支持环境改善、应对气候变化和节约并高效利用资源的经济活动，即为环保、节能、清洁能源、绿色交通、绿色建筑等领域项目的投融资、项目运营、风险管理等提供的金融服务。通过制度安排和金融产品设计，绿色金融能够引导资金流向节约资源开发和生态环境保护产业，在金融和环境之间搭建重要的桥梁，引导企业更注重生产过程的绿色环保，引导消费者形成绿色消费理念和消费方式，促进环保和经济社会的可持续发展。[1]绿色金融旨在引领国际合作与应对气候变化，实现社会包容与可持续发展目标，强调长期稳定与风险管理，为建设更加可持续、环境友好的社会作出贡献。

近年来，国际社会对绿色金融的认识和重视度不断提高，绿色金融市场持续扩大。根据气候债券倡议组织（Climate Bonds Initiative，CBI）的数据，2022 年绿色、社会责任、可持续发展、可持续发展挂钩和转型（GSS+）债券发行量达 8585 亿美元。[2]2022 年上半年，欧洲央行宣布将气候变化纳入其财政政策，包括向企业绿色债券进行政策倾斜，此举向市场释放了强力信号，将鼓励更多的绿色债券发行；香港金融管理局（HKMA）也将气候风险管理纳入审慎监管；巴塞尔银行监管委员会出台了气候相关金融风险高效管理与监管原则，有超过 20 个司法管辖区已经或正在建立可持续金

---

[1]　徐维军、付志能、张卫国：《粤港澳大湾区产业定位与金融服务发展》，科学出版社，2022。

[2]　Michetti, C., et al., "Sustainable Debt Global State of the Market 2022", Climate Bonds Initiative, 2023.

融分类方案。尽管各国和各地区在分类方案制定过程中存在差异，但共同的目标是让绿色金融市场更加清晰、透明，以促进为实现气候变化《巴黎协定》目标及更广泛的全球可持续发展议程所进行的投资。[①]

对国际湾区的发展来说，发展绿色金融有助于促进湾区碳密集行业低碳转型升级，实现可持续发展目标，并吸引投资和促进创新，提升国际竞争力。世界四大湾区所在的中美日三国均是国际绿色金融的重要参与者。2022 年 11 月 16 日，由中美两国共同主持的 G20 可持续金融工作组在 G20 领导人峰会上正式发布《G20 转型金融框架》，引导各成员国的金融监管部门建立转型金融政策，推动金融支持高碳排放行业向绿色低碳转型。2021 年 5 月，日本经济产业省发布了《气候转型融资基本方针》。2022 年 5 月，中国银行间市场交易商协会发布了《关于开展转型债券相关创新试点的通知》。2022 年上半年，中国和日本分别有 8 家转型债券发行人，均来自化工、钢铁、航空和电力等重工业领域。

第二节　世界四大湾区金融产业的现状概况

纽约湾区、旧金山湾区、东京湾区均具备开放的经济结构、高效的资源配置能力、强大的集聚外溢功能和发达的国际交往网络等优点。作为世界第四大湾区，粤港澳大湾区具有独特的优势特征：在占地面积、人口规模、机场和港口吞吐量上，粤港澳大湾区远超过三大湾区（见表 4-1）；在经济总量上，仅次于日本东京湾区。

[①]　气候债券倡议组织：《全球可持续债券市场 2022 年上半年度概览》，2022。

粤港澳大湾区拥有发展为国际湾区的前提条件。[①]然而在产业结构上，粤港澳大湾区的第三产业占比为64.0%，为四大湾区最低，高端服务业发展仍有空间（见表4-1）。

表4-1　四大湾区2022年主要数据对比

指标	纽约湾区	旧金山湾区	东京湾区	粤港澳大湾区
土地面积（km²）	17312	17887	36898	56098
人口规模（万）	1926*	7523	4435	8662
本地生产总值（亿美元）	19020.8*	12171.9*	19916.4*	19581.4*
本地生产总值实质增长（%）	5.8*	10.9*	1.8***	7.7*
人均生产总值（美元）	96210*	161946*	44983***	22858*
机场客运量（万人次）	7544.0*	1194.0*	6418.2	6962.5
机场货运及航空邮件量（万吨）	216.0*	237.0*	315.4	658.0
港口货柜吞吐量（万标箱）	949.4	233.7	838.1	8205.7
第三产业占GDP比重（%）	78.6*	70.8*	84.7***	64.0
金融产业占GDP比重（%）	33.6	14.8*	3.66**	12.2*

数据来源：香港商贸局，各地统计局。

注：* 为2021年数据；** 为2020年数；*** 为2019年数据。由于其他湾区的数据滞后，为方便进行比较，列表内粤港澳大湾区的本地生产总值及其实质增长、人均生产总值均为2021年数据。旧金山湾区包括环绕旧金山湾的9县地区。纽约湾区包括纽约、纽华克、泽西市及周边的23县。东京湾区包括东京都和周边7县。

在港口经济快速发展的过程中，现代服务业、金融业、航空运输业等第三产业得以发展壮大，并通过港口城市的辐射作用带动港口城市群经济发展，实现传统产业的转型升级。金融行业是区域经济发展和经济整合的重要力量，粤港澳大湾区金融产业占GDP的比重为12.2%，低于纽约湾区、旧金山湾区，但高于东京湾区，具

①　马超平、林晓云：《世界三大湾区发展演化对粤港澳大湾区融合发展的启示》，《产业与科技论坛》2020年第24期。

172

有一定的金融实力。2023 年 3 月，中国（深圳）综合开发研究院与英国智库 Z/Yen 集团联合发布的《第 33 期全球金融中心指数报告》（GFCI 33）显示，香港保持了金融中心地位，位列全球第四，深圳、广州分别位列亚太地区金融中心第五名和第十名。

纽约湾区金融产业集聚效应优势明显，国际化程度高。纽约湾区拥有世界上最大的两家证券交易所——纽约证券交易所和纳斯达克证券交易所。截至 2023 年 6 月 9 日，在纽交所发行上市的股票有 2164 只，总市值 350793 亿美元；在纳斯达克发行上市的股票有 3851 只，总市值 246882 亿美元。上市公司最多的行业是金融行业，凸显了纽约湾区金融产业的聚集程度。[①] 由于纽约成熟的上市规则和庞大的资本规模，上市企业中除了美国本土企业，还吸引了来自中国、加拿大、英国、以色列、新加坡等各个国家的公司。

旧金山湾区是美国的科技财富管理中心，也是全球风险投资最为密集的地区。作为硅谷所在地，旧金山湾区是全球科创中心。硅谷领先的电子、计算机、软件、互联网、生物技术等科创公司的出现催生了旧金山湾区"金融 + 科技"的产业特色。2022 年，加利福尼亚州的风险投资基金数量为 306 只，募集资金规模达 783 亿美元。

东京湾区企业密集，股票市场主要以日本的大型产业集团为主。东京湾区拥有世界四大交易所之一的东京证券交易所，股票交易量占日本全国交易量的 80% 以上。与纽约湾区的两大交易所不同的是，2023 年东京证券交易所仅有 4 家外国上市公司，股票市场国际化程度较低。同时，东京国际金融市场采用分离式的离岸金

---

① 徐维军、付志能、张卫国：《粤港澳大湾区产业定位与金融服务发展》，科学出版社，2022。

融模式，使得国内金融市场与国际金融市场相对隔离，受国际市场波动影响较小。

粤港澳大湾区拥有世界级的金融实力，以香港、澳门、广州和深圳为核心城市领衔发展，潜力巨大。香港拥有香港交易及结算所有限公司（简称"港交所"），旗下成员包括香港联合交易所有限公司、香港期货交易所有限公司、香港中央结算有限公司、香港联合交易所期权结算所有限公司及香港期货结算有限公司，还包括世界首屈一指的基本金属市场——伦敦金属交易所（London Metal Exchange，LME）。深圳证券交易所已逐步建立主板、中小板和创业板差异化发展的多层次资本市场体系。据世界证券交易所联合会（World Federation of Exchanges，WFE）2020年12月31日统计，深市成交金额、融资金额、股票市价总值分别位列世界第三、第四和第七。广州于2021年4月正式成立广州期货交易所，并建设碳排放权交易所、上海证券交易所南方中心和粤港澳国际商业银行等金融机构。澳门正筹建澳门证券交易所，计划打造"人民币离岸市场的纳斯达克"。

第三节　世界四大湾区金融产业的发展历程

一　纽约"金融湾区"

纽约湾区是发展历史最为悠久的世界级湾区，并且经历了多次产业转型，从最早的美国制造业中心转变为如今的全球金融中心，其发展历程对全球各大湾区的建设均有重要借鉴意义。纽约湾区又称纽约大都会区，位于美国东北部大西洋沿岸平原，根据美国管理和预算办公室（OMB）的定义，纽约湾区可以分为大都市统计区（MSA）以及联合统计区（CSA）。前者为狭义的纽约湾区，覆盖地域包括纽约市、纽约州、新泽西州以及宾夕法尼亚州部分区域等 25 个县；后者为广义的纽约湾区，覆盖了纽约州、康涅狄格州、新泽西州等 31 个县。

（一）经济繁荣，人均收入及消费均高于全美平均水平

整个纽约湾区作为美国乃至全球经济最为发达的地区，以占比极低的土地面积，创造了巨大的经济繁荣。2022 年，纽约、新泽西及康涅狄格三州，广义湾区覆盖地 GDP 规模达 2.4 万亿美元，占美国 GDP 的 12%（见图 4-2）。其中仅纽约州 GDP 规模就超 1.56 万亿美元，甚至超过全球 90% 以上国家的 GDP 规模，在三大州中居于核心地位。

图 4-2　纽约湾区 GDP 占全美 GDP 比例

数据来源：美国经济分析局（Bureau of Economic Analysis）。

注：纽约湾区为广义湾区，包括纽约州、新泽西州及康涅狄格州，下同。

由于经济繁荣，纽约湾区实际人均收入及人均消费也偏高。2021年，广义湾区覆盖的三州实际人均收入约为64117美元，约为全国人均收入的1.15倍。从人均收入增长率看，纽约湾区增长变动方向及幅度与美国全国基本一致。除收入之外，纽约湾区人均消费也高于全美平均水平，2021年，广义湾区覆盖的三州人均消费约为54586美元，约为美国人均消费金额的1.14倍（见图4-3）。

图4-3　纽约湾区及美国人均收入

数据来源：美国经济分析局（Bureau of Economic Analysis）。

（二）产业转型，服务业与知识经济行业快速崛起

20世纪50年代以前，整个纽约湾区以港口贸易和制造业为主，该结构的形成主要受地理位置、商业环境及工业革命三大因素影响。纽约湾区内的纽约港位于纽约州东南部哈德逊河口、大西洋沿岸，航道内深度30多米，港内条件优越，四季通航，是整个西半球最大的天然海港，天然的地理条件使得该地区具备发展港口贸易

的绝佳条件。此外，受历史因素的影响，整个纽约的社会环境较为开放包容，居民热衷于从事贸易等商业活动，这使得港口贸易为整个湾区带来了"第一桶金"。

便利的交通促进了贸易的繁荣，繁荣的商品环境又进一步吸引了更多的移民，移民又带来了大量廉价劳动力、资本乃至技术，外加运河海港打通美国内陆市场，多重因素为纽约制造业的发展奠定了良好基础。19世纪中期，美国开启工业革命，纽约充分利用自身的劳动力及资本优势，大力发展服装、印刷、机械制造及食品生产等劳动及资本密集型产业，顺应时代的发展，纽约正式形成了以制造业为核心的产业结构。进入20世纪，除了"一战""二战"等事件对纽约制造业造成了较大冲击外，制造业总体发展较为平稳，一直保持全美领先地位。

20世纪50~80年代，纽约制造业逐渐衰退，第三产业开始蓬勃发展。从1962年开始，纽约湾区三大州的制造业产值占比呈明显下滑趋势，其中纽约州产值从26%下滑到1997年的12%（见图4-4）。制造业产值下滑的主要原因是第三次科技革命带来的技术进步，使得许多采用传统生产方式的企业逐步丧失竞争力，激烈的市场竞争推进了行业变化和产业更替。制造业企业的成本也在逐步增加，大都会地区劳动力和土地成本的上升为传统制造业带来了巨大挑战，部分企业难以为继从而退出市场，也有部分企业搬离中心城市谋求新的发展。除了内部变化之外，20世纪60年代，日本及德国的制造业逐步崛起，极大地挑战了美国传统制造业的发展。不仅是纽约湾区，整个美国东北部以制造业为主的地区在此时期都面临制造业衰退，亟须产业转型调整。

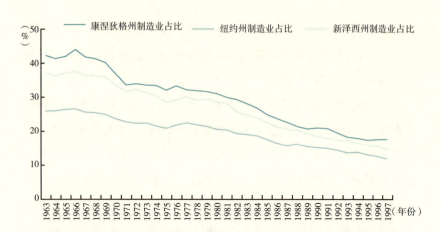

图 4-4　纽约湾区制造业占所有私有产业产值比例变动

数据来源：美国经济分析局（Bureau of Economic Analysis）。

　　在工业化衰退的冲击下，纽约湾区积极应对挑战，抓住机遇推进产业转型，最终摆脱了经济衰退的阴影，开辟了一条全新的发展道路。进入 21 世纪，纽约湾区的制造业产值占比进一步下滑，从 2000 年的11.6% 下滑至 2022 年的 6.9%，而教育服务、商业服务、金融保险及房地产、信息等第三产业产值占比明显提升，这些行业代表了纽约湾区服务业与知识经济行业的快速崛起，其中金融保险及房地产产值占比从 20 世纪 50 年代的 20% 提升至 2022 年的 33.6%，增幅显著（见表 4-2）。整个湾区形成了以服务业与知识经济为主导，以金融业为核心的产业格局。

表 4-2　2000~2022 年纽约湾区行业产值占私有产业产值比例变动情况

行业	2000 年	2005 年	2010 年	2015 年	2020 年	2022 年
教育服务	8.6	9.6	10.8	10.6	10.9	10.6
商业服务	14.5	14.9	14.9	15.7	15.6	15.8
金融保险及房地产	31.9	32.2	33.0	33.5	36.1	33.6
信息	7.1	7.3	7.6	7.7	8.4	8.1

<table>
<thead>
<tr><th colspan="7" style="text-align:right">续表</th></tr>
<tr><th>行业</th><th>2000 年</th><th>2005 年</th><th>2010 年</th><th>2015 年</th><th>2020 年</th><th>2022 年</th></tr>
</thead>
<tbody>
<tr><td>运输和仓储</td><td>2.7</td><td>2.6</td><td>2.7</td><td>2.8</td><td>2.2</td><td>2.6</td></tr>
<tr><td>零售</td><td>6.5</td><td>6.5</td><td>5.7</td><td>5.7</td><td>5.3</td><td>5.5</td></tr>
<tr><td>批发</td><td>7.3</td><td>6.9</td><td>6.8</td><td>6.9</td><td>6.0</td><td>6.6</td></tr>
<tr><td>制造</td><td>11.6</td><td>9.9</td><td>8.6</td><td>7.3</td><td>6.7</td><td>6.9</td></tr>
<tr><td>建筑</td><td>3.7</td><td>4.1</td><td>3.3</td><td>3.5</td><td>3.4</td><td>3.2</td></tr>
<tr><td>公用事业</td><td>1.9</td><td>1.8</td><td>2.0</td><td>1.8</td><td>1.8</td><td>2.0</td></tr>
<tr><td>采矿</td><td>0.1</td><td>0.1</td><td>0.1</td><td>0.1</td><td>0.1</td><td>0.1</td></tr>
<tr><td>农林牧渔</td><td>0.2</td><td>0.2</td><td>0.2</td><td>0.2</td><td>0.2</td><td>0.2</td></tr>
</tbody>
</table>

数据来源：美国经济分析局（Bureau of Economic Analysis）。

（三）金融引领，形成以金融业为核心的产业结构

20 世纪初以来，纽约湾区已是名副其实的"金融湾区"，其金融保险、地产租赁、商业服务等行业产值占比在 2022 年已接近 50%，对纽约州乃至全美经济的影响程度远超过其他行业。在过去的一百多年里，纽约湾区的金融业经历了数次重大变革和演变，但迄今依然是全球金融业的引领者和创新者。

纽约湾区的金融业主要包括证券、保险、银行、地产租赁及衍生的其他专业商业服务。其中，证券业是该湾区最突出的金融产业。2021 年，证券、商品合同、基金信托等投资合同产生的产值约占整个金融业产值的 20%。纽约证券交易所是全球最大的证券交易所，主要交易股票、债券和 ETF 等证券品种。除此之外，纽约市场还拥有众多的交易所和交易系统，如纳斯达克、美国股票交易所等，这些交易所共同构成了纽约金融市场的核心。据统计，三大交易所股票市值约占全球总股票市值的 40%，其中纽交所的占比超过 20%（见表 4-3）。

表4-3　2017~2022年纽约交易所及纳斯达克股票市值及占比情况

单位：亿美元，%

指标	2017年	2018年	2019年	2020年	2021年	2022年
全球总股票市值	87693172	76827613	89785165	106751814	120821416	101230149
纳斯达克占比	13.20%	14.42%	16.28%	19.83%	22.44%	17.87%
纽交所占比	25.18%	26.92%	23.48%	21.09%	19.86%	23.77%
两大交易所总占比	38.38%	41.34%	39.76%	40.92%	42.30%	41.64%

数据来源：国际证券交易协会（WFE）。

除了交易所之外，纽约湾区金融机构众多，行业集聚程度较高，形成了完整的金融产业链。各金融机构的业务范围十分广泛，除证券交易外，也包含银行服务、保险服务等多种业务，保险、银行和租赁也是纽约湾区金融产业的重要组成部分。纽约市场的保险公司数量众多，其中包括全球知名的保险公司，如美国国际集团（AIG）、纽约人寿和大都会人寿等，保费收入占全球保险市场的一半以上，在全球保险市场中占据了重要地位。除此之外，纽约还拥有全球领先的大型金融服务集团，如摩根大通、高盛和花旗等，这些集团的资产规模庞大，业务范围广泛，涵盖了投资银行、商业银行、证券公司等多个领域。过去数十年，在各类利好营商环境的政策支持下，纽约湾区已成为名副其实的全球金融湾区，为经济发展作出了重要贡献。

二　旧金山"科技湾区"

旧金山湾区位于美国加利福尼亚州北部，面积约为6900平方千米，包括旧金山市以及周边的9个县，是加利福尼亚州第二大都会区，人口数量超过800万。19世纪以来，旧金山湾区从一个小渔村逐步发展成一个世界级湾区，目前已形成了旧金山市、半岛、南湾、东湾、北湾五大区域，其中硅谷所在的南湾、西部金融中心旧金山市及坐拥奥克兰港的东湾是人口、产业的聚集区。

（一）全域发展，从小镇到科创中心

旧金山湾区的历史最早可以追溯到 18 世纪末，当时西班牙人开始在此地区进行探险和贸易活动。19 世纪初，旧金山湾区吸引了部分移民来此定居和经商，逐步从探险区域演变成了一个小镇。到了 1848 年，詹姆斯·威尔逊·马歇尔首次在美利坚河发现黄金，暴富的可能性传遍全美，加利福尼亚州的掘金潮由此开始。工人、商人、农场主，各行各业的人们从各地蜂拥而至，加入掘金的浪潮，移民潮也由此到来。

黄金这一独特资源，推动了旧金山湾区的早期发展。掘金潮带动了采金冶金行业的发展，大量移民人口加快了加利福尼亚州的基础设施建设，在天然海港之外，桥梁、铁路、公路等基建规模也在逐步扩大，连通该地区和美国其他区域。以铁路连通美国境内，以港口连接太平洋，旧金山湾区早期的国际交运网络逐步铺开，货物和黄金飞速流动，湾区成为全美重要的金矿加工和船运中心，城市化进程加快，逐渐成为美国西部较富有的地区之一。财富的快速积累也推动了湾区金融业的发展，加州银行及富国银行等机构都是在此期间成立的，金融的发展逐步成熟，也为后续的地区发展打下了重要基础。

20 世纪初，旧金山地区开始进入工业化阶段，奥克兰、旧金山等城市都开始大规模兴建工厂，第二次世界大战更是加快了此进程。珍珠港事件爆发后，湾区成为美国面对太平洋战场的重要军事区域。战争带来了大量船只、飞机和其他军用物资的制造需求，制造业迎来井喷式发展。大量劳动力涌入工厂，人口流动加速，战时和战后联邦政府在此投入的庞大资金极大地促进了当地经济繁荣。

战争也带来了大量研究需求，旧金山湾区作为战时美国海军面朝太平洋的重要战略中心，很早就是海军的研发基地，军事技术研究为无线电及半导体技术研发，乃至日后整个硅谷的出现和发展奠定了坚实基础。其中的标志性事件是 1947 年，威廉·肖克利等人在贝尔实验室发明了晶体管。同一时期，世界第一个研产高度结合的高校工业园区——斯坦福工业园区成立，大学成为研究与开发的中心，实现与产业更紧密的结合，同时也利用产业带来的商业化收入进一步留住人才、加强研究，打造科研—产业的良好循环，为日后硅谷的良性发展模式铺平了道路。

1956 年，惠普公司成立，成为硅谷发展的里程碑。在此期间，硅谷这片旧金山和圣何塞两个城市之间的狭长区域开始吸引越来越多的人才和公司，其中包括英特尔、AMD 和苹果等知名企业，硅谷的创新和技术发展也从半导体领域扩展到计算机和互联网领域。20 世纪 70 年代，计算机技术的飞速进步推动硅谷的发展进入高峰期，硅谷成为全球科技创新中心。

整个旧金山湾区的发展历经了多个阶段，其逐步成为如今的"科研湾区"离不开人、财、技术、政策的集聚，而其中教育优势和人才储备是基础性因素。湾区舒适的气候条件、扎实的经济基础、开放包容的文化及历史独特的研究基因，吸引了众多高校、科研机构及学者入驻，为产业的发展保驾护航。目前湾区共有公立大学 30余所，私立大学 50 余所，以及多个国家级研究实验室，是名副其实的科教创新重地。根据 2017~2021 年美国人口统计数据，湾区主要城市旧金山及圣何塞的学士及以上学历人口占 25 岁以上人口比例远超美国平均的 33.7%，也高于纽约及洛杉矶等城市（见图 4-5）。

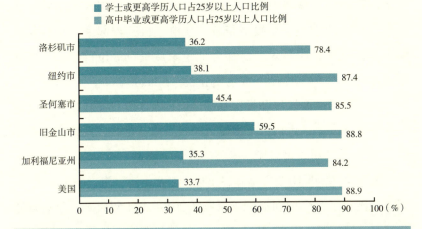

图 4-5　2017~2021 年美国主要地区受教育人口占比

数据来源：美国人口普查局。

除人才和科研基础外，各项政策也在积极支持旧金山湾区多样化的研究发展。大学积极鼓励人才和产业结合发展，例如斯坦福大学划批斯坦福工业园区进行产研发展，支持学生在校发明创造，允许教授及其他科研人员在休假期间创业，同时在申请创业的时间段内为教授保留教职，甚至为部分创业公司提供科研产业基地的租金优惠。加利福尼亚州政府也致力于建立开放创新的环境，同时为中小企业提供政策支持，包括小企业贷款担保计划，企业产生符合条件的研发费用可抵免部分税收等。除了政府相关的利好政策，旧金山成熟的金融业对科研及产业发展同样功不可没。

（二）风险投资兴起，加速湾区经济发展

经过数年发展，旧金山湾区具备了将科技研究"变现"成对应产业的商业环境，而风险投资的发展则助力了整个"变现"过程。成熟的风险投资机构不仅为企业提供资金支持，而且会为创业公司提供投后管理等增值服务，成为创业公司的重要发展伙伴。硅谷及旧金山湾区的发展离不开风险投资，1956 年，斯坦福大学特曼教授帮助自己的学生获得投资贷款，从电子振荡器起家，惠普就此诞生。1957 年，银行家罗克撮合仙童家族资助 8 位科学家，成立仙童半导体公司，让硅谷成为真正的 "Silicon Valley"，奠定了这片区域日后的产业发展和投资基础。而仙童半导体不仅培养了大量技术及管理人才，也输送了多位风险投资家，他们陆续投中了英特尔、AMD 等公司。可以说，硅谷的成长史和风险投资密不可分。

配套发达的风险投资是硅谷及整个旧金山湾区发展的重要因素。图 4-6 显示了整个加利福尼亚州地区 2017~2021 年风险投资总额变化情况，规模逐年走高，2021 年达约 1565 亿美元，且覆盖行业广泛，但仍以信息技术产业为主。整个加利福尼亚州风险投资主要聚集在硅谷，2021 年加利福尼亚州投资规模最大的 10 笔交易涉及的企业中，有 8 家位于旧金山 – 圣何塞地区。而全美排名前十的风投基金，有 4 家位于加利福尼亚州，在各州占比最高，纽约紧随其后。

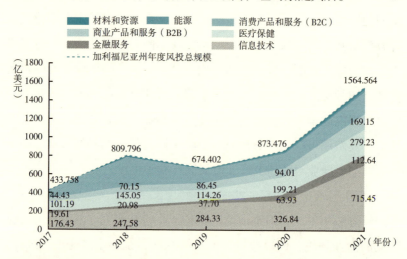

图 4-6　2017~2021 年加利福尼亚州各行业风险投资规模

数据来源：NVCA2023 年鉴。

截至目前，加利福尼亚州仍是全美风投机构最多、风投资产管理规模最大的地区。加利福尼亚州有 306 家风投机构，资产管理规模是纽约州的 4 倍左右。这些机构在 2022 年进行了 5274 笔交易，占全美的 32.2%，总投资规模达 1040 亿美元，占全美的 43.2%。其中，Altos Labs、SpaceX、Anduril，以及 TeraWatt Infrastructure 投资规模达 10 亿美元，助力企业后续的研发投入及产品生产。

表 4-4 2022 年全美各州风投机构数量及资产管理规模

州	基金数量（只）	募集资金（亿美元）	2021~2022 年同比增长（%）
加利福尼亚州	306	78275.4	3.5
纽约州	153	45349.8	42.16
马萨诸塞州	62	15649.5	−0.5
伊利诺伊州	25	4150.7	−33.1
佛罗里达州	23	2613.4	139.7
得克萨斯州	36	2419.5	−46.3
康涅狄格州	10	2126.1	0.8
华盛顿州	11	2078.0	−8.9
哥伦比亚特区	8	2018.0	539.5
佐治亚州	7	1180.5	−6.4

数据来源：NVCA 2023 年鉴。

（三）制造业、信息技术业、金融业、专业服务业齐头并进

经过数年发展，旧金山湾区已经是全美富裕和具创新力的地区之一。2021 年，旧金山大都会区（圣何塞－旧金山－奥克兰）GDP 达 1.25 万亿美元，在 20 年时间内 GDP 增长了近 2 倍，占全美的 6.4%（见图 4-7）。其中，制造业、信息技术业、金融业及专业服务业齐头并进，共同促进区域发展，这四大行业 GDP 占比接近 50%（见图 4-8），并延续着投资、技术、生产制造相辅相成的发展之路。

图4-7　2001~2021年旧金山大都会区 GDP 及占全美比例

数据来源：美国经济分析局（Bureau of Economic Analysis）。

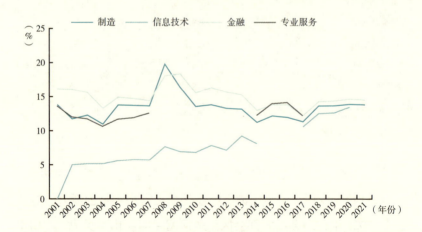

图4-8　2001~2021年旧金山湾区各行业 GDP 占比

数据来源：美国经济分析局（Bureau of Economic Analysis）。

三　东京"产业湾区"

东京湾区是以东京湾沿岸为核心的城市群，也是以东京为中心的城市群。整个湾区被称为东京都市圈，即包含东京以及周边联系最密切的三县（神奈川、千叶及埼玉），在"一都三县"中，东京23区是整个都市圈的心脏。目前也有研究将整个东京湾区称为首都圈，即包含东京都与其周边临近的7个县，扩大了整个湾区的定义范围。但不论如何进行界定，东京湾区的本质仍是"围绕超级经济核心——东京联系运转形成的超级城市群"。东京湾区是全日本的经济核心，承载着日本最多、最重要的国家工业资源，和纽约湾区及旧金山湾区不同，东京湾区作为日本首都所在地，是在强势政府的主导下，以优越的地理位置为基础，集中各类资源而逐步进阶与发展的。

（一）国家主导，以东京为核心的湾区发展历程

东京湾区的产业发展史，也是日本近代制造业的变迁史。东京湾区在日本的早期历史中，曾经是一个渔业和农业区，但随着江户时代的到来，大量武士阶层迁入江户城（东京古称）。参勤交代制度（日本江户时代一种控制各大名的制度）也要求全国的大名及其家庭成员都要集中在江户居住，而大量的上层人士也需要数量庞大的商人、农民及服务者才能维持生活，于是该区域逐渐成了一个商业和政治中心。随着商业的发展，拥有土地资源但流动资金较少（俸禄微薄）的下层武士开始积极参与商业活动，创建了大批小型民用制造企业，通过产业链的聚集诞生了大批产业小镇，这股武士投入商业的热潮催生了京都区近代制造业的发展萌芽。

明治维新时期，日本封建割据的幕藩制度被推翻，地方控制权收归国家，同时确定了在工业上学习英国、政治军事上学习德国、

打造具有世界一流工业实力新国家的发展总路线。富国强兵、殖产兴业、文明开化三大政策的施行，使日本走上了工业化的快车道。在殖产兴业政策推动下，日本引进西方产业设备、技术与人才，建设官营模范工厂，推动了制造业发展。以东京为核心的整个关东地区则集中了全国30%的官营工厂，纺织业、食品制造业等蓬勃发展，不仅用于满足国内需求，而且出口世界各地，为日本赚取大量外汇，东京成为日本政治、商业和文化的中心。而在西南战争后，日本政府将大量官营工厂出售给民间资本家/集团，从而完成工业资本从国家向民间的转移，这直接促进了大财阀成型，大量民间资本以战争为契机赚取了第一桶金。财阀在资本的加持下，大力布局东京湾区，例如三菱财团就出资成立了日本光学，是东京湾区光学产业的重要推动者。

民间资本在军工业国产化的浪潮下推动了东京湾区建设，政府也在加大东京湾区的产业布局。日本政府从明治时代直至1930年，都持续地大举投入军事工业。海军主导的海军兵器厂，陆军主导的东京炮兵工厂，都以东京地区为主布局地，生产武器、战舰等军工设施，这种海陆军资源布局的态势，奠定了东京湾区近代的工业格局。20世纪初，"一战"的爆发导致欧洲工业遭到大量破坏，产业结构失衡，军工占据大量生产资源，日常用品产能不足，日本作为工业基础较好且未遭到战争破坏的国家，依托港口便利的交通条件，承接了大量海外订单，从而推动了制造业的繁荣发展，在"一战"前后完成了从落后国家到世界领先工业化国家的转变。在整个国家繁荣的背景下，东京湾区作为工业聚集地，也进一步加快了城市化进程，工业企业数量、企业注册资本等快速增长，工人数量翻番，第三产业人口也显著增加。大量工人的聚集带动了消费，推动了城市的繁荣，也进一步孕育了东京湾区创新创业的社会氛围。

工业繁荣也带来了财富分配不公、城乡差距拉大等社会问题。1920年，国际社会需求锐减以及关东大地震的双重打击迫使日本进一步走向军国主义。1937年，日本发动全面侵华战争，为满足战争物资需求，日本开始向重化工业倾斜资金，并通过专门的机构要求企业调整为军事性生产，军工业一时间主导了整个国家的工业发展。在军工业主导下，东京湾区各地形成了不同分工的产业集群：距离海岸较远的地区集中飞机、坦克制造等巨型军重工厂；沿海地带依托港口运输的便利性，成为食品、机械及军需日用制造和输送的枢纽；城北地区在原有陆军造兵厂的基础上，加大对光学的投入，成为日本光学器件的生产中心；城南地区则在原有海军基地之上发展为另一个光学中心，日本光学产业呈现南北双中心的聚集态势。

军需主导和产业聚集进一步促进了人才与技术流动，为保证生产效率，军工大厂加强了和"民间小厂"的合作，技术和人才双向流动推动了整个湾区中小型工厂企业的发展。在此期间，横滨港与东京港正式统一为京滨港，奠定了未来京滨工业带的基干，也为未来与川崎港合为一体打造连海工业带打下基础。

"二战"战败后，为了快速恢复工业，日本政府通过将有限的进口原材料和政府资金分配给关键战略产业（包括纺织、煤炭、钢铁及化工等行业）来重建战后经济。同时在1950年，再次依托朝鲜战场的军用需求，得到美国巨额军事重工业投资，东京湾区再次受益，聚集效应下大企业带动中小企业发展，重工业复苏，制造业崛起，日本国内依靠国家力量迎来了经济恢复。

20世纪70年代，两次石油危机使得以石油为原材料的重化工业难以为继，日本政府通过重点发展知识集约型产业来促使产业结构向"能源节约"型转化。在内需扩大的情况下，从重化工业出口逐步转向民用机械及轻工业制造。同时日本政府为科技创新、大科学建设提供各类政策支持，鼓励企业创新技术，以及本土化采购大科学装置。东京湾区正是日本大科学装置最密集的地区。在企业制造大科学设备的过程中，高校、科研机构会参与研发过程，将先进技术与研发成果共享于设备制造，最终显著提升企业制造水平。20世纪90年代初，日美贸易战结束，日本地产泡沫破裂，经济进入30多年的停滞。在经济艰难期，基础研究之上的科技创新再次获得重视，科技成为日本制造业发展的核心。1998年后，日本研发总支出维持在GDP的3%以上（见表4-5），支出费用逐年上升，经费投入原子能、信息技术及海洋等研究与制造领域。

表4-5　1981~2020年主要国家研究开发费用总额占GDP比例的变化

单位：%

年份	日本	日本（OECD估计）	美国	德国	法国	英国	中国	韩国	EU-27
1981	2.26	2.08	2.25	2.35	1.87	2.24	–	0.59	–
1982	2.36	2.18	2.41	2.42	1.95	–	–	0.80	–
1983	2.49	2.29	2.48	2.41	1.98	2.06	–	0.91	–
1984	2.56	2.37	2.53	2.43	2.07	–	–	1.06	–
1985	2.69	2.50	2.64	2.59	2.13	2.09	–	1.31	–
1986	2.69	2.50	2.63	2.63	2.12	2.10	–	1.56	–
1987	2.72	2.53	2.60	2.73	2.16	2.02	0.61	1.63	–
1988	2.74	2.56	2.56	2.73	2.15	1.96	0.59	1.68	–
1989	2.84	2.66	2.52	2.71	2.19	1.95	0.65	1.70	–
1990	2.90	2.72	2.55	2.61	2.27	1.95	0.66	1.60	–
1991	2.91	2.73	2.61	2.39	2.28	1.87	0.72	1.71	1.65
1992	2.88	2.69	2.54	2.27	2.28	1.84	0.73	1.80	1.63
1993	2.84	2.64	2.42	2.21	2.32	1.86	0.70	1.95	1.62
1994	2.66	2.47	2.32	2.13	2.27	1.84	0.63	2.12	1.57

续表

年份	日本	日本 （OECD 估计）	美国	德国	法国	英国	中国	韩国	EU-27
1995	2.74	2.55	2.40	2.14	2.24	1.64	0.57	2.16	1.56
1996	2.80	2.63	2.44	2.14	2.22	1.57	0.56	2.22	1.57
1997	2.90	2.73	2.47	2.19	2.15	1.54	0.64	2.25	1.59
1998	3.02	2.84	2.49	2.22	2.09	1.55	0.65	2.11	1.60
1999	3.02	2.83	2.54	2.35	2.11	1.62	0.75	2.02	1.65
2000	3.03	2.85	2.61	2.41	2.09	1.61	0.89	2.13	1.68
2001	3.13	2.95	2.63	2.40	2.14	1.60	0.94	2.28	1.70
2002	3.19	2.97	2.54	2.44	2.17	1.62	1.06	2.21	1.71
2003	3.19	2.98	2.54	2.47	2.12	1.58	1.12	2.28	1.70
2004	3.20	2.98	2.48	2.44	2.09	1.53	1.21	2.44	1.68
2005	3.34	3.12	2.49	2.44	2.05	1.55	1.31	2.52	1.68
2006	3.44	3.22	2.54	2.47	2.05	1.57	1.37	2.72	1.70
2007	3.52	3.30	2.61	2.46	2.02	1.61	1.37	2.87	1.70
2008	3.64	3.37	2.74	2.62	2.06	1.60	1.45	2.99	1.78
2009	3.47	3.18	2.78	2.74	2.21	1.66	1.66	3.15	1.86
2010	3.39	3.11	2.70	2.73	2.18	1.64	1.71	3.32	1.86
2011	3.48	3.19	2.73	2.81	2.19	1.64	1.78	3.59	1.91
2012	3.47	3.18	2.67	2.88	2.23	1.57	1.91	3.85	1.96
2013	3.54	3.25	2.70	2.84	2.24	1.61	2.00	3.95	1.98
2014	3.62	3.34	2.71	2.88	2.28	1.63	2.02	4.08	2.00
2015	3.50	3.22	2.72	2.93	2.23	1.63	2.06	3.98	2.00
2016	3.38	3.10	2.79	2.94	2.22	1.64	2.10	3.99	1.99
2017	3.43	3.15	2.84	3.05	2.20	1.66	2.12	4.29	2.03
2018	3.51	3.22	2.95	3.11	2.20	1.70	2.14	4.52	2.07
2019	3.51	3.22	3.12	3.17	2.19	1.71	2.23	4.63	2.11
2020	3.59	3.29	3.39	3.14	2.35	–	2.40	4.81	2.20

数据来源：日本文部科学省。

制造业的蓬勃发展使东京湾区成为名副其实的制造业湾区，但20世纪90年代以来，东京湾区的制造业持续萎缩，制造业生产指数持续性低于基数线（90年代水平），这与日本产业空心化有较大关系。随着中国、印度等新兴经济体的发展，诸多行业的制造产业链不断迁出，本土的龙头企业生产环节"外包"带动中小企业发展的模式逐渐瓦解，中小工厂难以为继。此外，人口危机也是另外一个重要因素。不仅是东京湾区，日本整体长期的少子化、老龄化，让很多掌握关键技术的小型家族工厂无法找到继承者，且目前的年轻人又很少有意愿走入工厂，这使得大量小型工厂面临人才问题，最终影响企业的生存和发展。与制造业萎缩相反的是第三产业蓬勃发展，20世纪70年代以来，日本持续性推动集约型第三产业的发展，从2010年以来第三产业活动指数均高于制造业生产指数（见图4-9），从另一个层面推动了湾区经济发展。

（二）政府主导，以银行为中心的金融业发展模式

产业发展离不开资本投入，整个东京湾区的产业发展史，也是日本金融业的发展史。20世纪50年代，日本政府为了促进战后经济复苏，推出了一系列金融政策，包括鼓励银行向企业提供贷款、支持证券市场发展等。这些政策吸引了大量国际资本和公司来到东京湾区，从而推动了该地区的金融业发展。20世纪80年代，东京湾区的金融业达到顶峰，银行、证券及保险公司大规模扩张。然而90年代，日本泡沫经济破裂，导致东京金融业出现严重危机，许多银行及证券公司陷入危机。而随着日本经济的逐渐复苏，东京湾区金融业逐渐恢复了活力，政府推出了一系列金融改革政策，包括加强监管、推动金融自由化等。目前，东京湾区已经成为日本金融业中心，该地区拥有大量国际银行、证券和保险公司总部，包括三菱日联银行、三井住友银行、野村证券、日本证券及东京海上日动

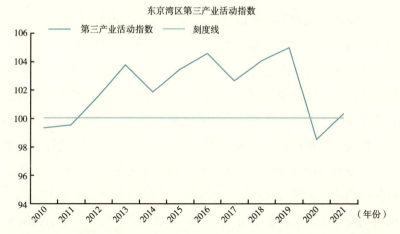

图 4-9 东京湾区制造业生产指数及第三产业活动指数

数据来源：东京都统计局。

火灾保险等。

东京湾区产业发展带有显著的"国家主导"特征，整个金融业发展历程也带有此特色。日本实行了较为典型的"银行主导型"金融体制，银行间接融资是科技企业的主要融资方式。这种体制建立的最主要的原因是，在整个产业及金融业的发展过程中，政府扮演了最为重要的角色。在银行业，政府建立了政策性金融机构，直接参与企业投资，如 1936 年由政府和中小企业协会等团体共同出资组成商工组合中央公库，对团体所属成员提供无担保贷款、贴现票据等金融服务；1953 年成立的中小企业金融金库，由政府本金、政府借款和发行中小企业债券作为资金来源，对重点产业中规模较大的中小企业长期提供低息贷款。除政策性金融机构之外，为了解决中小科技型企业因缺少抵押物和高级信用记录而融资困难的问题，日本金融业形成了中央与地方风险共担、担保与保险有机结合的信用保证体系，即中央政府监管和出资中小企业信用保险公库，同时地方政府监管出资的信用保证协会，中央和地方风险共担。信用保证协会面向金融机构，为中小企业的贷款提供信用担保，例如高新技术企业需要融资时，可以通过信用担保协会的担保获得所需的贷款资金，降低担保融资业务的风险，企业只需要向担保部门或者银行提出资金融资需求，即可获得融资资金。后续的担保和再担保及相关安排则由金融机构之间沟通，提高了贷款的时效性和沟通效率。在众多担保协会中，东京担保协会是为东京大都市地区企业提供信用担保的重要机构。东京都政府、东京担保协会和东京的金融机构合作实施各种贷款方案，政府向协会提供资金，协会将资金存入各类商业机构，以便顺利支持针对中小企业的放贷。

政府除以金融机构直接贷款方式支持中小企业产业发展外，还积极拓宽企业股权融资渠道，为风险资本投资科技型企业提供法律保障和政策支持。例如，1963 年，日本政府在东京成立风险投资公司，1974 年又成立了以研究开发型企业为核心的风险企业中心，为从事研究、科研开发、新产品试制或高科技成果转化等业务的科技型中小企业提供融资支持。但日本的风险投资公司资金主要来源于大型企业或金融集团的母公司，不参与社会化募集，同时和商业银行、证券公司关系密切，在投资流程及风险评估方面也较为保守，基本和银行贷款无较大区别。因此在日本以银行间接融资为主导的金融体系下，风险投资的规模远低于银行贷款。

除风险投资外，政府还在积极拓宽企业社会面融资，构建主板、二板、三板三个层次的资本市场，为科技企业提供股权交易市场。二板市场即JASDAQ市场，三板市场即MOTHERS创业板市场，二三板主要面向高科技企业提供直接融资的支持，目前日本证券交易所已成为亚洲最活跃的资本市场。

四　粤港澳大湾区"高质量典范"

粤港澳大湾区建设是重大国家级战略。2017年10月，党的十九大报告明确提出要"以粤港澳大湾区建设、粤港澳合作、泛珠三角区域合作等为重点，全面推进内地同香港、澳门互利合作"。2019年2月，中共中央、国务院印发《粤港澳大湾区发展规划纲要》（简称《纲要》），标志着粤港澳大湾区的纲领性文件正式落地。《纲要》指出，粤港澳大湾区将建设成充满活力的世界级城市群、具有全球影响力的国际科技创新中心、"一带一路"建设的重要支撑、内地与港澳深度合作示范区和宜居宜业宜游的优质生活圈，对广东和全国的经济发展都将起到非常重要的作用。在中央指导、地方政府的大力支持下，大湾区城市群将克服来自关税、经济制度、法律体系及行政体系的差异，协同建设，目标是成为改革开放领导者、产业升级引领者、科技创新先行的世界级城市群。

（一）区位优势明显，经济实力不断提升

土地面积、人口数量及城市数量是影响湾区发展的重要因素。粤港澳大湾区由香港、澳门两个特别行政区和广东省的广州、深圳、珠海、佛山、惠州、东莞、中山、金门、肇庆九个城市组成，地处珠江三角洲，是内地最早推行改革开放的前沿地区，也是内地三大重要经济带及城市群之一。2022 年，大湾区土地面积 56098 平方千米，人口 8662 万。湾区内部城市及人口非均衡分布（见图 4-10），核心城市中，广州土地面积较大，其他三个城市（香港、澳门及深圳）土地面积较小，但其经济发展吸引了大量外来人口，人口密度领先全国。与世界其他三大湾区相比，大湾区面积最大，人口资源充足，且拥有便利的地理位置条件，发展潜力巨大。

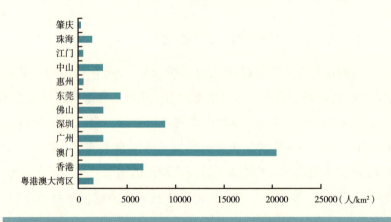

图 4-10　粤港澳大湾区及各城市人口密度

数据来源：香港经贸研究院。

在交通运输方面，粤港澳大湾区主要机场吞吐量位居世界前列，广州白云机场、深圳宝安机场、香港国际机场为湾区发展提供了有力的交运保障。除航空运输外，航运也是大湾区的突出优势，香港口岸、深圳港及广州港等主要港口便利了进出口货物运输。港口繁荣有助于对外贸易及中外合作的开展，但港澳与广东城市之间仍存在出入境管理等方面的限制，在境内外交通方面需要进一步协同。

大湾区核心区域的 11 个城市中，深圳、广州、香港 GDP 均超 3500 亿美元，与中国排名中间的省份 GDP 相当，佛山、东莞 GDP 突破 1000 亿美元，相当于中国经济规模较小的省份。其余城市 GDP 在 200 亿~800 亿美元（见图 4-11），广州九市 GDP 约占中国 GDP 的 9%。整个大湾区经济发展速度超过全国平均水平，且多年来保持快速稳定增长。从城市对比来看，近三年，广东九市区域发展较快，深圳、广州为双核心，发展迅速。

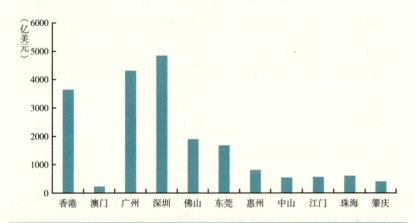

图 4-11　粤港澳大湾区各城市 2022 年地区生产总值

数据来源：香港经贸研究院。

由于城市发展历史、地区条件及政策等因素，各城市人均 GDP 也存在差距。2021 年，香港人均 GDP 约为最后一名肇庆的 5 倍。单以城市人均 GDP 来看，香港、澳门、深圳已迈入发达地区水平，肇庆、江门等地处于发展中地区水平，但仍高于其他地区。经济总量及收入水平差异过大也会对湾区协同发展（包括人才流动、消费投资及基础建设等）造成影响。但从另一角度看，随着湾区的协同建设，港澳广深会更具有"领头羊"作用，粤港澳大湾区其他城市将有更大上升空间及潜力。

（二）政策规划清晰，城市群发展错位互补

粤港澳大湾区各城市因优势产业及政策导向不同，城市定位各有侧重。在整个湾区建设中，香港作为核心城市，将进一步推进金融服务及交通运输业的发展，成为国际金融、航运、贸易中心及国际航空枢纽。澳门则发展旅游、博彩及服务业，逐步成为世界级的旅游休闲中心。深圳将逐步发展为全国性经济中心城市和国家创业创新中心。广州则推进新材料、新能源等行业的发展，成为新制造业及商贸中心。广东省其他城市则基于其原有制造业结构，逐步定位为各类型的制造业中心。

《纲要》对大湾区各城市的功能给出了清晰的定位：以港澳广深四大中心城市辐射带动珠海、佛山、惠州、中山、江门、肇庆成为重要节点城市，并强调"大力发展现代服务业"，建设国际金融枢纽，大力发展特色金融产业，有序推进金融市场互联互通。

结合《纲要》及《关于金融支持粤港澳大湾区建设的意见》（简称《意见》）、《中共中央 国务院关于支持深圳建设中国特色社会主义先行示范区的意见》（简称《先行示范区》）、《广东省推进粤港澳大湾区建设三年行动计划(2018~2020年)》（简称《三年行动计划》）、《关于构建"一核一带一区"区域发展新格局 促进全省区域协调发展的意见》（简称《一核一带一区》）、《中共广东省委全面深化改革委员会关于印发广州市推动"四个出新出彩"行动方案的通知》（简称《四个出新出彩》）、国家发改委《横琴粤澳深度合作区鼓励类产业目录》（简称《产业目录》）等国家及省级指导性政策文件，归纳分析中国粤港澳大湾区重点发展产业及各市政策定位，如表4-6所示。

从政策定位上看，金融业是港澳广深四大核心城市的发展重点之一，是打造国际金融枢纽的核心力量。珠海横琴以粤港澳深度合作示范的定位打造跨境金融、现代金融服务业，佛山等市重在强化与中心城市的互动合作，充分发挥自身优势，增强城市综合实力，形成特色鲜明、功能互补、具有竞争力的重要节点城市。

　　目前粤港澳大湾区发展已上升为国家级战略，迈入高质量发展建设阶段。整个大湾区的协同发展历程与政府各项政策及举措密不可分。在国家政策的扶持下，粤港澳大湾区区域融合不断加深，各区域协同效应逐步显现，开放程度不断提升，也将进一步吸引国际资本流入，助力整个大湾区发展及国际竞争力提升。

表4-6　粤港澳大湾区城市产业发展政策定位

城市	重点发展产业	政策定位	政策文件
香港	金融、航运物流、旅游、新兴产业	国际金融、航运、贸易中心和国际航空枢纽；全球离岸人民币业务枢纽，国际资产管理中心及风险管理中心；大湾区高新技术产业融资中心	《纲要》《意见》
澳门	旅游、金融、贸易、中医药、会展	中葡商贸合作服务平台；世界旅游休闲中心	《纲要》《意见》
广州	贸易、金融、先进制造和战略新兴产业、交通、科教文化	国家中心城市和综合性门户城市；国际商贸中心；综合交通枢纽；区域性私募股权交易市场、全球进出口商品质量溯源中心和产权、大宗商品区域交易中心	《纲要》《四个出新出彩》《意见》《三年行动计划》
深圳	金融、先进制造和战略新兴产业	全国性经济中心城市；世界创新创意之都；综合性国家科学中心；科技金融中心	《纲要》《意见》《先行示范区》《三年行动计划》
珠海	先进制造业和战略新兴产业、旅游、现代金融	珠江西岸核心城市；珠海横琴粤港澳深度合作示范区	《纲要》《三年行动计划》《一核一带一区》
佛山	先进制造业和战略新兴产业	国家制造业创新中心	《纲要》《三年行动计划》《一核一带一区》

续表

城市	重点发展产业	政策定位	政策文件
惠州	电子信息、石化产业	珠江东岸现代产业枢纽	《一核一带一区》
东莞	先进制造业和战略新兴产业	先进制造业中心	《纲要》《三年行动计划》《一核一带一区》
中山	高端装备制造业、健康产业	世界级先进制造业基地、区域性综合交通枢纽	《纲要》《一核一带一区》
江门	华侨华人文化、轨道交通产业	华侨华人交流合作重要平台	《纲要》《一核一带一区》
肇庆	新能源汽车、节能环保产业、现代农业	粤港澳大湾区新型城市	《纲要》《一核一带一区》

数据来源：根据徐维军等《粤港澳大湾区产业定位与金融服务发展》及相关政策文件整理。

20世纪80年代，粤港澳大湾区特别是广东的主要产业为家电、零部件组装加工、纺织服装生产等低端制造业，随着90年代全球电子信息行业的快速崛起，湾区的主要产业也开始转型至高端制造业。2008年以后，在广东省政策的指引下，大湾区现代产业体系逐步完善，各城市定位逐步清晰，产业结构优化升级，产业水平不断提升。

从产业结构看，2021年，粤港澳大湾区第三产业占整个产业结构的64.0%，远超中国平均水平，但与纽约湾区、旧金山湾区还有差距。与此同时，湾区内城市产业结构也有差异。例如，港澳第三产业比重均超过90%（见表4-7），几乎无第一产业，但广州九市中除深圳、广州外，其余城市第三产业比重均低于广东省平均水平。

表 4-7　2022 年粤港澳大湾区各市主要经济指标

地区	土地面积（km²）	人口（万人）	本地生产总值（亿美元）	人均 GDP（美元）	第三产业占 GDP 比重（%）	出口（亿美元）	实际利用外商直接投资（亿美元）
粤港澳大湾区	56098	8662	19435.4	22585	64.0	13414.1	1668.5
香港	1110	733	3624.4	49464	93.4	5809.8	1397.1*
澳门	33	67	227.3	33784	92.3*	17.3	4.8*
广州	7434	1881	4293.2	27451	71.5	922.2	85.5
深圳	1997	1768	4821.5	22985	61.6	3266.9	106.3
佛山	3798	961	1890.4	19904	42.1	828.1	10.9
东莞	2460	1054	1667.4	15929	41.5	1375.6	11.8
惠州	11347	607	804.1	13309	39.0	304.5	15.5
中山	1784	447	540.6	12237	48.1	346.6	6.2
江门	9507	484	561.7	11701	45.7	215.3	5.2
珠海	1736	247	602.2	24682	53.8	287.1	13.6
肇庆	14891	413	402.7	9796	40.4	40.7	1.7

数据来源：香港经贸研究院数据。

注：* 为 2021 年数据。

　　在工业制造方面，粤港澳大湾区各城市总体创新意识较强，广东省除江门、肇庆之外，其他城市研发投入占比均超过全国平均水平，其中深圳聚集了各类高科技企业，加上政府高度重视企业创新创业，深圳整体创业创新意识居于全国前列。从研发主体看，企业研发为最主要的研发支出主体，为生产制造提供了强有力的技术储备。技术创新和生产制造密不可分，广东地区在不断投入研发的同时，生产制造水平也在不断提升，从简单加工组装的全球产业链下游延伸至自主研发，向上游转变。在此期间，也诞生了华为、中兴等一批目前世界通信行业领先的企业。

（三）金融合作开放，发挥枢纽作用

粤港澳三地自改革开放以来，历经港澳回归、深港通启动、《内地与香港关于建立更紧密经贸关系的安排》（CEPA）协议签署、粤港澳大湾区成立等战略转型，开启了区域金融合作、金融业快速发展、向高质量发展转型的历程。

初始阶段（改革开放初期至 21 世纪初期）。粤港澳大湾区金融合作起步较早，在改革开放的背景下，广东省成为金融改革开放的前沿地区。到 20 世纪 90 年代中期，约 80% 的香港制造业企业在珠三角设厂，逐步形成"香港服务业＋珠三角制造业"的"前店后厂"产业分工模式。这一时期粤港金融合作模式基于差异化的资源禀赋和比较优势，以跨区域的"金融辐射与承接"为特色。1997 年香港回归后，粤港两地的金融业开始合作发展，为粤港澳大湾区金融业的发展奠定了基础。随后，澳门也加入了粤港澳大湾区的金融业合作。香港发挥国际金融中心的辐射带动作用，为广东改革开放的先行先试和经济起飞提供融资服务。广东能源、通信领域大型企业积极尝试赴港上市，内地至海外直接投资约有 50% 途经香港，港澳与内地也在探索金融机构互设入驻，但整体金融合作尚处于起步摸索阶段，合作模式和发展层级均不高。这一时期，粤港澳大湾区的金融合作主要集中在外汇、银行业务等方面。香港作为国际金融中心的地位逐渐确立，成为内地与海外金融交流的重要枢纽。同时，内地与香港、澳门之间的金融合作也在不断加强，为跨境金融业务的发展奠定了基础。

深化合作阶段（21 世纪初期至 10 年代中期）。随着内地经济的快速发展和金融改革的推进，粤港澳大湾区金融合作进入了深化阶段。金融机构之间的合作与交流不断加强，跨境金融业务逐步扩大，金融市场的互联互通得到推进。特别是 2003~2004 年，商务

部先后与香港特区政府、澳门特区政府签署《内地与香港关于建立更紧密经贸关系的安排》《内地与澳门关于建立更紧密经贸关系的安排》两份 CEPA 协议，开启了内地与港澳经贸交流合作新的里程碑，标志着粤港澳三地金融合作由"市场自发"逐步转入"政策驱动"阶段。2010 年《粤港合作框架协议》和 2011 年《粤澳合作框架协议》围绕鼓励金融业内部协同与发展互促，推进三地金融合作。2013 年底赴港上市粤企超过 160 家，总筹资额超 2000 亿美元；同期港资银行在广东布局营业机构达 166 家，总资产超过 3000 亿元人民币；粤港跨境人民币结算业务金额达 1.29 万亿元，占广东省的 75% 以上。到 2016 年，香港已成为粤企走向国际市场的重要平台，并在人民币离岸交易中发挥着关键作用。珠三角地区以链接国内国际两个市场为特色，粤港澳大湾区逐渐构建了以香港、深圳、广州、澳门等城市为核心的金融网络体系。同时，澳门作为国际旅游休闲中心，逐步发展成金融服务和贸易合作的平台。深圳在金融科技创新方面迅速崛起，成为中国乃至全球的金融科技中心之一。广州加强了与周边城市的金融合作，推动区域金融发展。粤港澳大湾区各城市在金融领域的协同发展取得显著成果，促进了区域金融的蓬勃发展。但粤港澳三地在金融机构的跨境展业、跨境金融服务提供和金融产品互认方面仍存在准入门槛较高、监管标准不统一、辐射带动能力有限等制约，亟须通过制度建设来提升发展能级，以融合协同发展促进金融要素在风险可控的前提下自由流动、优化配置。

开放创新阶段（21 世纪 10 年代中期至今）。粤港澳大湾区金融业在开放和创新方面取得了重要突破，各地开始注重金融业的开放与创新，加强与国际金融市场的联系，推动金融科技的应用，并加强区域金融合作与融资能力的提升。香港与内地合作推出了一系列金融开放政策，包括人民币国际化、离岸人民币业务、债券市场互联互通等。2019 年，中共中央、国务院印发《粤港澳大湾区发展规划纲要》，提出"推动粤港澳金融合作"、推动金融市场互联互通、促进金融创新发展等重要任务。此外，香港特别行政区政府推出了一系列金融创新政策，包括推动金融科技发展、建立数字银行、推动绿色金融等。自此以后，粤港澳大湾区的金融合作不断深化。例如，深圳联合广州、香港、澳门发起成立了粤港澳大湾区绿色金融联盟等。粤港澳大湾区金融开放合作助力了区域金融的蓬勃发展，为实现高质量发展奠定了坚实基础。未来，粤港澳大湾区将进一步加强金融合作与创新，推动金融业的开放与发展。通过加强与国际金融中心的合作，引进更多的国际金融机构和投资者，提升区域金融的国际竞争力。同时，注重金融科技的应用与创新，推动金融业务的智能化和便捷化，提升金融服务的质量和效率。通过跨境金融合作和区域金融市场的互联互通，实现金融资源的优化配置和流动，为粤港澳大湾区经济的高质量发展提供强大支持。

目前，粤港澳大湾区金融业已经形成了包括银行、证券、保险、基金、期货等多个领域的完整产业链。在银行业方面，粤港澳大湾区已经拥有多家全国性大型银行和地方性银行。在证券业方面，香港是全球重要的股票市场之一，亚洲重要的交易中心，港交所上市公司市值排名位居世界前列，在世界金融业中处于领先地位，深圳股票市场也在快速发展。在保险业方面，广东省已经成为中国保险业的重要中心之一。在基金和期货方面，深圳证券交易所已经成为中国内地较大的基金交易市场之一，中国期货市场也在快速发展。整个大湾区金融业随着区域经济的发展不断壮大，同时也成为区域经济的重要支撑。

第四节　粤港澳大湾区金融发展的机遇与挑战

纽约湾区集聚摩根大通、花旗银行、摩根士丹利、高盛等国际投行及大型企业，其标志性金融产业集群效应、优惠税收政策、完善的基础设施在纽约湾区向生产性服务业转型发展的过程中提供了后备支撑。旧金山湾区依托高校科研实验室及高科技产业聚集，具有显著的科技研发企业与金融服务配套良性双循环发展效应，其金融服务形态因地制宜，以初期风险投资为主体的金融环境孕育了旧金山湾区高新技术和创新科技的产业集群。东京湾区集聚了从研发至生产制造的完整供应链体系，企业的规模化发展衍生了内部金融体系，形成与产业配套的银行、保险等金融服务业，对产品定位、客户群体画像更为精确，有效推动产业发展。

粤港澳大湾区建设自 2019 年 2 月中共中央、国务院印发《粤港澳大湾区发展规划纲要》以来拉开序幕并持续推进。基于港珠澳大桥、广深港高铁等标志性基础设施工程的建成与运营通车，以及"湾区通"工程的实施推进，粤港澳大湾区内生产要素和人员流动的便利性大幅提升，横琴粤澳深度合作区、前海深港现代服务业合作区、广州南沙三大平台建设稳健步入正轨。以深港、珠澳、广佛为核心，通过深圳都市圈、广佛都市圈、珠澳都市圈的引领带动作用，提高区域发展协调性，有效突破大湾区内空间地域限制，构建网络化空间格局，引领大湾区内部融合发展，接轨与国际化平台的深入合作，为建设大湾区金融中心提供基础保障，通过国际化和开放性提升大湾区金融的内生发展动力并反哺大湾区建设。

粤港澳大湾区以香港、澳门、广州、深圳为代表的核心驱动城市具备较为全面完善的金融服务体系，建设粤港澳大湾区的国际金融枢纽，需发挥港、澳、穗、深在金融领域及资本市场的引领带动作用，发展绿色金融、科技金融、数字金融、租赁金融等特色金融业务，支持跨境险种试点开发，在航空、航运、高铁、城轨、公路等"硬联通"和政策、制度、市场规则、营商环境等"软联通"的基础上，进一步在细分领域深入推动粤港澳三地金融市场互联互通。尽管粤港澳大湾区建设已取得阶段性成果，但其金融发展在创新研发、市场融合、人才储备等诸多方面仍面临挑战，发展路径有待摸索。

一　金融创新及创投中小企业融资渠道受限

我国金融体系显著特征包含两点：一是银行在我国金融体系中占比非常高；二是我国金融抑制水平位居全球前列，即政府对金融体系的干预程度较高。[①] 根据黄益平教授提出的金融抑制坐标情况，中国（CHN）显示在坐标右上角，即银行资产在金融总资产的占比较高，且金融抑制指数水平也较高。相较之下，中国香港（HKG）和美国（USA）的金融抑制指数和银行占比均处于较低水平，日本的两项指标也处于较高水平，但稍低于中国。

"金融抑制论"由经济学家罗纳德·I.麦金农与爱德华·肖提出，该观点认为金融变量与金融制度对经济成长和经济发展发挥促进作用或阻碍作用的关键，取决于政府政策和制度选择，强制或错误的政策干预可能导致金融体系和实体经济停滞不前的现象。我国的金融抑制现象较为显著的原因主要是在改革开放初期，为维持转型期经济稳定，我国实行在国企和民企之间、计划与市场之间的双轨制政策，在保护国有企业发展的同时，支持民企成长。适度的金融抑制符合我国国情，改革开放以来，我国经济持续增长且金融体

---

① 黄益平：《金融抑制已对经济增长产生负面影响》，金融界，2019年1月21日。

系较为稳定，且未发生重大系统性金融危机。但随着经济发展，抑制性金融政策和现有金融体系上无法完全满足日渐多样化和市场化的金融市场需求，实体经济涌现了清洁能源、半导体、人工智能、供应链、咨询服务等多样化新兴产业，此类产业企业存在资产规模小、固定资产少、知识产权和技术研发项目较多的情况，传统商业银行还处于转变资金投放和风控策略的探索阶段。

现有的银行风控标准相对模式化，较难为创新研发企业或中小企业提供多样化、多渠道的资金支持。其风控标准一是看企业"三表"情况。一般而言，资产规模越大、负债率越低、现金流为正、盈利越好则为利好指标，但此类企业已是较为成熟的企业，初创及中小企业很难符合此项要求，一般在技术尚未投产前，大部分初创企业的利润表为负。二是固定资产抵押。银行偏好抵押贷款，在项目出险情况下可以通过资产处置回款以弥补损失，然而科研企业、供应链金融企业、绿色产业企业等的核心资产包含知识产权、技术研发结果、专利等无形资产，银行较难对此类资产进行评估定价或日后对其进行资产变现，故从风险偏好来看，固定资产较少或者轻资产企业在银行体系的融资能力较为受限。三是担保能力。担保是银行贷款中除抵质押外最常见的风控措施之一，央国企或上市公司提供的担保也是银行粗放式管理所青睐的风险缓释途径，其本质还是看企业主体资质是否够大够强，在极端情况下是否有能力通过资金调度、资产变现偿还贷款本息。

在当前我国非银金融市场中，大型金融机构的投资标的类同于商业银行，偏好具有较强股东背景、资产规模大的企业，且小微企业在各大金融机构的融资仍依赖于固定资产抵押，其融资渠道仍十分受限。粤港澳大湾区的未来金融发展方向之一为发挥湾区内各城市错位发展的优势，发展航运金融、租赁金融、科技金融、数字金融、绿色金融等特色金融，金融体系多层次发展，以盘活区域内各产业中小企业的航运收入、租赁收入、科技资产、清洁能源技术等多样化资产，为创投企业或中小企业提供更多的融资渠道。

此外，成熟的风险投资市场和全面多层次的资本市场可以为技术创新项目和科技研发企业提供筹资和资产交易渠道。根据毕马威《2022 年第四季度全球风投趋势分析报告》统计数据，成交金额最大的的投资标的为粤港澳大湾区内的广汽埃安（GAC Aion），该企业为广汽集团控股子公司，该风投项目投资人主要包括人保资本、南网能创、国调基金、深创投、中信金石、广州产投集团或其旗下基金或机构。此外，我国北京、南京、武汉、西安等地合计有 5 项交易位列 2022 年第四季度世界前十大风险投资交易，其行业主要集中于新能源汽车、跨境电商、半导体、机器人等（见表4-8）。目前看来，我国风投市场较为活跃，但大部分投资标的的股东背景仍为国企或上市公司，且投资主体除了红杉资本、泛大西洋投资集团等投资公司外，国资背景金融机构也占据较大比例。结合粤港澳大湾区的产业发展现状及未来金融服务业发展方向，有必要开拓除主体信用之外，多方位分析企业还款能力和发展潜质的资本市场，如何在控制市场风险、有效监管市场的前提下开发多层次的融资体系，适度降低金融体系参与者门槛，盘活新兴产业企业资产，拓宽中小企业融资渠道，是当前粤港澳大湾区金融发展的难点。

表4-8　2022 年第四季度全球前十大风投项目

单位：亿美元

序号	投资标的	金额	地点	行业	融资阶段
1	广汽埃安（GAC Aion）	26	中国广州	汽车	A 轮
2	Anduril	15	美国科斯塔梅萨	航空航天与国防	E 轮

续表

序号	投资标的	金额	地点	行业	融资阶段
3	希音（SHEIN）	10	中国南京	零售	F 轮
4	泰拉能源（TerraPower）	8.3	美国贝尔维尤	清洁能源	后期风投
5	电投氢能（SPIC Hydrogen Energy）	6.31	中国北京	清洁能源	B 轮
6	岚图汽车（Voyah Car Technology）	6.308	中国武汉	清洁能源	A 轮
7	Group14 Technologies	6.14	美国伍丁维尔	清洁能源	C 轮
8	西安奕斯伟材料科技有限公司（ESWIN Material）	5.621	中国西安	半导体	C 轮
9	飞鸿科技	5.375	中国北京	机器人	早期风投
10	Einride	5	瑞典斯德哥尔摩	汽车	C 轮

数据来源：毕马威《2022 年第四季度全球风投趋势分析报告》。

二　监管及税务体系分离，互联互通有待优化

粤港澳三地由于法域、立法主体和管辖权限不同，金融法律体系差异较大，目前暂无跨境协同立法。香港和澳门的司法制度分属英美法系和大陆法系，享有高度自治权和立法权。香港的金融监管法治在其发展成国际金融中心的过程中已不断健全完善，且其监管法律体系国际化程度较高。广东的地方性法规与国家法律为下位法和上位法的关系，目前内地金融监管法律还在不断完善中，许多金融相关法律规定还需根据国际与国内金融市场发展现状进行更新迭代。例如，2004 年《巴塞尔协议Ⅱ》、2010 年《巴塞尔协议Ⅲ》、2023 年《巴塞尔协议Ⅲ》最终方案均采用加权资产计算方法，银行可以通过持有信用风险缓释工具（抵押、担保、信用衍生产品）抵消相应的风险加权资产。我国 2012 年发布的《商业银行资本管理

办法（试行）》仅包含质物和保证，直至 2023 年 2 月中国银保监会、中国人民银行发布《商业银行资本管理办法（征求意见稿）》，才将信用衍生工具纳入合格信用风险缓释工具种类（见表 4-9）。这意味着在此之前，各商业银行无法通过沟通信用衍生品的方式减少风险资本占用，从而降低了商业银行资产管理时配置信用衍生品的积极性，[①] 未能发挥银行推动我国衍生品市场发展的主观推动作用。

表 4-9 《商业银行资本管理办法（征求意见稿）》中合格信用风险缓释工具

合格信用风险缓释工具	种类
质物	（一）以特户、封金或保证金等形式特定化后的现金； （二）黄金； （三）银行存单； （四）我国财政部发行的国债； （五）中国人民银行发行的票据； （六）我国开发性金融机构和政策性银行、视同我国主权的公共部门实体发行的债券、票据和承兑的汇票； （七）标准信用风险评估结果为 A+ 级、A 级的境内外商业银行发行的债券、票据和承兑的汇票； （八）我国金融资产管理公司为收购国有银行不良贷款而定向发行的债券； （九）评级为 BBB-（含）以上国家或地区政府和中央银行发行的债券； （十）注册地所在国家或地区的评级在 A-（含）以上的境外公共部门实体发行的债券、票据和承兑的汇票； （十一）多边开发银行、国际清算银行、国际货币基金组织、欧洲中央银行、欧盟、欧洲稳定机制和欧洲金融稳定机制发行的债券
保证	（一）我国中央政府、中国人民银行、开发性金融机构和政策性银行、视同我国主权的公共部门实体； （二）评级为 BBB-（含）以上国家或地区政府和中央银行； （三）注册地所在国家或地区的评级在 A-（含）以上的境外公共部门实体； （四）标准信用风险评估结果为 A+ 级、A 级的境内外商业银行； （五）多边开发银行、国际清算银行和国际货币基金组织、欧洲中央银行、欧盟、欧洲稳定机制和欧洲金融稳定机制

---

① 鲁政委、顾怀宇、陈昊等：《我国衍生品市场加快发展正当时》，《金融市场研究》2022 年第 11 期。

合格信用风险缓释工具	种类	续表
信用衍生工具	（一）信用违约互换指数、信用风险缓释凭证、信用风险缓释合约等具有信用违约互换功能的信用衍生工具；（二）总收益互换	

资料来源：中国银保监会、中国人民银行《关于〈商业银行资本管理办法（征求意见稿）〉公开征求意见的公告》，2023 年 2 月。

内地与香港、澳门长期以来的金融合作主要依靠行政协议及谅解备忘录，如内地与香港在 2003 年签订的自由贸易协议《内地与香港关于建立更紧密经贸关系的安排》（CEPA）以及中国人民银行、中国银行保险监督管理委员会、中国证券监督管理委员会、国家外汇管理局、香港金融管理局、香港证券及期货事务监察委员会、澳门金融管理局在 2021 年签订的《关于在粤港澳大湾区开展"跨境理财通"业务试点的谅解备忘录》等。内地与香港、澳门希望通过循序渐进的方式推进跨境金融合作，但以行政协议和谅解备忘录为主要形式的多方约定在粤港澳三地实操监管合作、合同条款协调、金融诉讼案件审判与执行时仍会受到阻碍，三地金融法律体系的不统一加大了各地金融机构开展跨境金融合作的法律合规风险不确定性，提高了开展跨境业务时需投入的时间、人力及监管沟通成本，在一定程度上将打击三地开展金融合作的积极性。

此外，粤港澳的税制不同，税负差异较大，在金融合作互联互通时也会影响金融机构和市场参与者在经济账上的考量。相较于内地与澳门，香港为推进其国际金融中心的定位发展，大力鼓励金融机构在香港驻点开展业务。香港面向金融机构的税负优惠待遇较多，收入确认和费用扣除方面的规定较为宽松，金融机构在香港开展相关业务所需承担的税负成本较低。澳门相较于内地税制也较为宽松，税负介于香港、内地之间。

在此背景下，在粤港澳大湾区内税负水平存在盈利偏差的情况下，金融机构在广东开展业务将比在香港、澳门承担更多的经营成本，金融产品需提高报价或压缩投资人收益空间以覆盖相较于港澳当地更高的税务成本，这导致粤港澳的金融合作互联互通会受到实操中的阻碍，金融机构的跨境金融合作积极性将大打折扣。而金融市场的融合发展、金融工具的多样化创新是为粤港澳实体经济及产业融合发展提供融资和资金渠道的重要途径之一，形成市场化跨境融资运作机制也将降低政府干预成本。因此，如何形成粤港澳税务政策协调方案，也是大湾区当前金融合作发展亟须探讨的课题之一。

除法律监管政策、税务政策外，粤港澳大湾区流通人民币、港币、澳币三种货币，其汇率及资金流动管理机制不同，呈现多货币、多地区、多制度的区域金融发展格局，粤港澳大湾区的资本流通管理难度、汇率风险及货币管理难度也会给大湾区金融融通发展带来挑战。欧盟区域货币统一化的经验表明，统一货币可以降低流通成本，减少汇率波动风险，促进区域经济和金融市场融合发展。2020年4月由中国人民银行、中国银保监会、中国证监会、国家外汇管理局发布的《关于金融支持粤港澳大湾区建设的意见》指出，要稳步推进人民币国际化，推动离岸人民币市场发展，逐步扩大粤港澳大湾区内人民币跨境使用规模和范围，推动人民币在粤港澳大湾区跨境便利流通和兑换。人民币已在2020~2022年连续成为大湾区第一跨境货币，但目前人民币的国际流通能力在国际市场仍受到美元、欧元、日元等世界货币竞争环境制约，且新兴经济主体俄罗斯、印度的货币也与人民币国际化展开激烈的货币市场竞争，如何在处理好粤港澳大湾区三种货币关系的同时推进人民币国际化，是大湾区差异化体系格局下的待解问题之一。

从粤港澳大湾区形成互联互通格局的发展愿景来看，当前三地的法律监管政策、税负政策乃至货币政策等差异性仍然需要从顶层设计上循序渐进地协同应对，否则金融市场主体在落实政策宣导的业务方向以及项目开展过程中，仍会由于政策壁垒甚至政策套利的情况影响实操效果。从企业市场化运营的角度出发，高成本投入也将削弱其开展跨境金融合作的主观能动性。

三　高等教育制约湾区金融科技未来发展

高等院校也可为粤港澳大湾区建设全球科技创新高地提供创新驱动力。根据 2020 年教育部发布的《2019 年度普通高等学校本科专业备案和审批结果》，深圳大学、广东金融学院、中山大学新华学院成为广东省内首批设立金融科技专业的高校。未来，金融科技是金融发展的主要着力点之一，金融发展亟须科技创新为其提供动力支持。借鉴世界三大湾区高等教育发展经验，推动粤港澳大湾区提升高等教育水平，为大湾区提供人才储备及智库支持并将学研成果进行成果转化，推动产业及金融循环发展，也是粤港澳大湾区未来发展的一大突破点。

根据《世界大学第三方指数研究报告（2022）》数据，全球共1905 所大学被纳入世界大学第三方指数（Third-party University Ranking Indexes，TUI）研究计算范围，其中 157 所大学分别属于纽约湾区、旧金山湾区、东京湾区、粤港澳大湾区，在指数纳入计算的 1905 所高校数量中占 8%。从各湾区占比来看，纽约湾区共计 82 所，占 52%，居首位；旧金山湾区共计 12 所，占 8%；东京湾区共计 39 所，占 25%；粤港澳大湾区共计 24 所，占 15%（见图 4-12）。

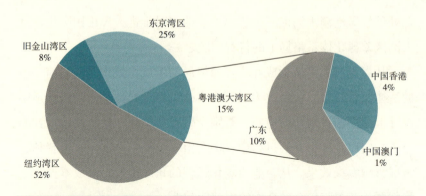

图 4-12　2022 年四大湾区 TUI 入选数量占比

数据来源：《世界大学第三方指数研究报告（2022）》。

从高校排名分布来看，纽约湾区有 6 所高校，旧金山湾区有 1
所高校入选 TOP 10，在 TOP 11~100、TOP 101~500、TOP 501~1905
区间内仍以纽约湾区为首，旧金山湾区虽然数量偏少，但高校排名
靠前。东京湾区（1 所）和粤港澳大湾区（2 所）在 TOP 100 的数
量均较少，但东京湾区 TOP 501~1905 的高校数量较多，远超粤港
澳大湾区（见图 4-13）。从数量和排名分布两个维度来看，相较
于世界其他三大湾区，粤港澳大湾区在高校建设方面的短板较为
显著。

粤港澳大湾区中入选 TUI 的高校共计 24 所，其中香港高校 7
所，占比 29.17%；澳门高校 2 所，占比 8.33%；广东高校 15 所，
占比 62.50%。虽然广东高校数量居多，但粤港澳大湾区内入选排
名前十的高校中香港高校数量居多（5 所），且 TUI 排名前 100 的
粤港澳大湾区高校仅 2 所，为香港大学和香港中文大学。广东高校
也多集中于广州，深圳、珠海、佛山、肇庆等其他城市高等教育相
对薄弱，可见粤港澳大湾区内高等教育发展水平较不均衡。

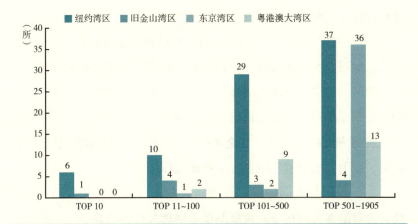

图4-13　2022年四大湾区TUI指数排名分布

数据来源：《世界大学第三方指数研究报告（2022）》。

高校是人才储备、科研资源和创新研究的集中平台，高等院校集群的"知识溢出"效应可以促进湾区企业更接近前沿学术和技术研究成果，并按照市场需求通过高校研究机构的沟通合作，将其研究成果商业化，推动产业创新发展。拥有核心技术的优质创新项目将会提高企业竞争力，高校集群和产业集群则将形成协同发展的效果，良好的产业发展趋势方能吸引银行、证券、私募、风投等多维度金融机构主动进驻当地融资市场，为优质项目及企业提供资金支持，并形成"产业－高校－金融"三者循环协同发展的模式。差异化教育资源分布在一定程度上将制约大湾区高等教育的协调发展和高校科研合作，进而制约产业创新发展能力，限制金融服务业的发展空间。

第五节　粤港澳大湾区金融发展的提升路径

相较于纽约湾区、东京湾区、旧金山湾区，粤港澳大湾区的差异化特征主要体现在"一个国家"、"两个体制"、"三个关税区"、"四个核心城市"①及"三个监管体系"。尽管粤港澳大湾区因不同的政治、地域、文化等属性，发展路径与世界三大湾区差异显著，但三大湾区的产业与金融发展路径仍具有多重参考借鉴的意义。纽约湾区、东京湾区、旧金山湾区在不同地理特征、发展历史、教育资源配置等方面的影响下，其金融服务业的发展演化都在湾区形成、转型、辐射发展的过程中发挥了驱动性作用。

本节将结合我国发展目标战略，基于三大湾区的金融发展路径，为粤港澳大湾区金融发展路径总结相关借鉴经验。

一　发展绿色金融，推动"双碳"目标实现

东京湾区由临港工业经济转型为以第三产业为主、高端制造业发达的知识密集型创新经济，地区中附加值较低的一般制造业被迁移到横滨等周边城市，但临港工业区钢铁、装备制造、船舶工业等工厂的废水、固体废弃物排放长期污染东京湾区环境，逐渐对湾区环境及海洋产业造成恶劣影响。同时，东京湾区也是日本能源的集中消费区域。日本政府高度重视环境保护，自1998年相继出台国家层面绿色发展政策文件。2020年，日本经济产业省发布了以2050年实现碳中和为目标的《绿色增长战略》政策，该战略估算自2050年起每年将贡献经济效益近2万亿美元。②此外，日本金融服务局、日本企业联盟、日本证券交易集团（Japan Exchange Group, JPX）和东京证券交易所（Tokyo Stock Exchange, TSE）也出台了鼓

---

① 《"一二三四"：粤港澳大湾区建设的优势与难点在博鳌引热议》，新华社，http://www.gov.cn/xinwen/2018-04/09/content_5281158.htm，2018年4月9日。

② 《日本〈绿色增长战略〉提出2050碳中和发展路线图》，中国科学院科技战略咨询研究院，http://www.casisd.cn/zkcg/ydkb/kjqykb/2021/202102/202103/t20210322_5981073.html，2021年3月22日。

励企业进行环境评估和环境信息披露的相关政策。

同时，为助力绿色金融市场的发展，为绿色债券、绿色保险市场、绿色信贷市场提供统一评价指标参考，东京湾区探索设立了东京碳排放交易系统和埼玉碳排放交易系统。埼玉作为东京的重要卧城，分担了部分首都功能，其森林资源较为丰富。[①] 在互通的碳排放交易系统（Emissions Trading System, ETS）基础上，日本政府还建立了与 ETS 相配套的碳额度交易机制 J-Credit，实现碳减排的企业可以拍卖和协商交易碳额度，有利于鼓励企业参与碳排放评估，"东京-埼玉"碳排放交易联动互通机制为东京湾区绿色金融和气候投融资创新提供了实践经验。此外，日本交易所集团和东京证券交易所于 2020 年 3 月 31 日联合发布了《ESG 信息披露实用手册》，鼓励上市企业扩展 ESG 相关活动，ESG 方面的披露信息也被纳入投资者对企业中长期价值的评估。

2020 年 9 月，我国提出"二氧化碳排放力争于 2030 年前达到峰值，努力争取 2060 年前实现碳中和"的"双碳"目标，[②] 绿色金融成为助力国家实现碳达峰、碳中和目标的重要工具和有力抓手。市场监管主体已逐步将绿色金融、ESG、碳排放等纳入政策制定，提高企业在这些方面的参与度。参考东京湾区绿色金融发展历程，粤港澳大湾区可以发挥先行先试的优势，在广州《金融机构环境信息披露指南》《深圳经济特区绿色金融条例》、香港《环境、社会及管治报告指引》的基础上，统一出台粤港澳一体化绿色金融相关政策，为大湾区绿色金融跨区域合作提供顶层设计基础，以便丰富

---

① 李奇霖、张德礼：《粤港澳大湾区研究系列分析报告 4：东京湾区崛起的启示》，联讯证券，2019 年 9 月 27 日。

② 《习近平在第七十五届联合国大会一般性辩论上发表重要讲话》，新华社，http://www.gov.cn/xinwen/2020-09/22/content_5546168.htm，2020 年 9 月 22 日。

绿色债券、保险、信贷、基金等多样化金融产品形态，为粤港澳大湾区实体经济及绿色产业主体提供多样化投融资平台，为绿色产业及能源转型项目拓宽融资方式和渠道，扶持实体经济发展。

此外，粤港澳大湾区内已设立广州碳排放权交易所、深圳排放权交易所及香港可持续及绿色交易所，但和东京湾区的东京 ETS 与埼玉 ETS 已形成互通的情况不同，由于广州、深圳、香港三地交易所的碳配额分配制度不同、监管体系不同，三地碳交易市场还无法实现互通流动交易，[①]实体企业的参与积极性也会受市场分割的影响相对下降，碳排放交易市场活力也会受限。由此来看，有必要尽快制定和完善粤港澳大湾区绿色金融发展的规划和协调机制，研究推动统一粤港澳绿色金融产品标准、绿色评估标准、绿色企业项目认定规则、碳核算标准等规则标准，推动建立大湾区城市圈绿色信贷中心、绿色金融创新合作平台，发挥大湾区特色绿色金融发展的定位优势。

二　发挥金融科技优势，推动数字金融发展

纽约湾区的主要产业集群结构包括金融服务业和涵盖广告业、娱乐业、文化产业在内的创意产业，其中金融服务业作为纽约湾区产业结构的塔尖，对美国乃至全球经济影响颇深。然而在 2008 年金融危机后，纽约政府意识到城市发展对金融业的单一依赖度过高或不利于城市稳定发展，因此，纽约政府逐渐转换城市发展战略，将数字化、信息化、物联网等新兴科技概念引入城市智能化发展框架，多元化打造城市经济发展基础。在此背景下，"硅巷"（Silicon Alley）模式在纽约曼哈顿、布鲁克林、皇后区逐步发展复制。"硅

---

① 王信:《粤港澳大湾区绿色金融发展探索》,《中国金融》2021 年第 19 期。

巷"概念相对于"硅谷"概念而产生，指利用都市中心区原有存量空间培育科技产业的模式，[①]可理解为没有明确边界的高科技产业园区，目前"硅巷"已成为纽约湾区经济发展的主要核心驱动引擎之一，是继硅谷之后美国发展最快的信息技术中心地带，不断驱动纽约湾区的发展定位向数字科技创新网络转型，发挥磁场效应，同步推动纽约湾区媒体、设计、医疗、制造等跨行业融合创新发展。

中共中央、国务院 2019 年 2 月印发的《粤港澳大湾区发展规划纲要》指出，要开展科技金融试点，加强金融科技载体建设，充分发挥粤港澳科技研发与产业创新优势，建成全球科技创新高地和新兴产业重要策源地。[②]2020 年《关于贯彻落实金融支持粤港澳大湾区建设意见的实施方案》提出大力发展金融科技产业，探索区块链技术在跨境金融服务方面的运用，加强互联网、云计算、大数据等信息技术应用。[③]根据施普林格·自然集团、清华大学产业发展与环境治理研究中心发布的《国际科技创新中心指数 2022》，粤港澳大湾区综合排名有所提升（见表 4-10），在科学中心、创新高地、创新生态三大维度指数中均位列全球前十（见表 4-11），[④]稳步推进建设国际科创中心的目标。

---

① 《纽约"硅巷"科创崛起的秘密》，澎湃新闻，https://www.thepaper.cn/newsDetail_forward_22555607，2023 年 4 月 3 日。

② 中共中央、国务院：《粤港澳大湾区发展规划纲要》，2019。

③ 《省地方金融监管局 人民银行广州分行 广东银保监局 广东证监局 人民银行深圳市中心支行 深圳银保监局 深圳证监局印发〈关于贯彻落实金融支持粤港澳大湾区建设意见的实施方案〉的通知》，广东省地方金融监督管理局，http://gdjr.gd.gov.cn/gdjr/zwgk/jrzcfg/content/post_3060183.html，2020 年 8 月 6 日。

④ "Global Innovation Hubs Index 2022", Nature Portfolio, https://www.nature.com/articles/d42473-022-00486-3,2023.

表 4-10　综合排名前 10 城市（都市圈）2020~2022 年排名比较

城市（都市圈）	2022 年	2021 年	2020 年
旧金山 – 圣何塞	1	1	1
纽约	2	2	2
北京	3	4	5
伦敦	4	3	6
波士顿	5	5	3
粤港澳大湾区	6	7	–
东京	7	6	4
日内瓦	8	–	–
巴黎	9	8	11
上海	10	14	17

数据来源：《国际科技创新中心指数 2022》。

表 4-11　国际科技创新中心指数综合排名

城市（都市圈）	综合		科学中心		创新高地		创新生态	
	得分（分）	排名	得分（分）	排名	得分（分）	排名	得分（分）	排名
旧金山 – 圣何塞	100.00	1	97.93	2	100.00	1	100.00	1
纽约	87.13	2	100.00	1	74.77	4	94.52	3
北京	80.39	3	88.49	4	75.34	3	82.60	5
粤港澳大湾区	78.53	6	86.17	5	72.45	7	83.06	4
东京	78.39	7	74.31	39	84.15	2	75.94	20
上海	73.05	10	78.12	25	68.31	13	79.09	12

数据来源：《国际科技创新中心指数 2022》。仅节选旧金山 – 圣何塞、纽约、北京、粤港澳大湾区、东京、上海相关数据。

　　清华大学产业发展与环境治理研究中心主任、GIHI 指数首席科学家陈玲在《国际科技创新中心指数 2022》（GIHI 2022）报告发布会上提出，科技创新资源向头部城市加速聚集，不同区域的科学中心和创新生态异质化竞争激烈。[①] 在科技创新资源集中、粤港澳核心城市发展空间步入存量阶段的背景下，参考纽约湾区"硅巷"发展经验，挖掘都市圈存量潜在空间打造无边界高新科技园区，可以为粤港澳大湾区储备科技创新力量，吸引科技人才，为多元化融合科技金融、数字金融产业发展提供支持，发挥粤港澳大湾区科技金融融合发展优势。同时，通过金融科技创新手段提高金融交易效率、强化风控、降低成本，在建立征信大数据、信用评级统一平台之外，为大湾区发展普惠金融、消费金融、供应链金融提供技术支持，推动金融交易模式创新和数字金融、民生金融的扩大开放。

三　建立宏观审慎管理框架，加强联合监管

　　粤港澳大湾区内差异化金融市场的磨合碰撞和探索研究将不断催生创新金融交易模式、港澳跨境金融产品、新兴投资配置需求等，随之而来的是对粤港澳金融监管的软性需求。现阶段，香港、澳门、广州、深圳四大核心城市与珠海、佛山、惠州、东莞、中山、江门、肇庆等节点城市的监管制度建设、政策执行力度存在发展不均衡的现象。建立粤港澳大湾区金融监管信息协调沟通机制，有利于提高对大湾区金融互联互通发展所产生新兴市场现象的回应能力，避免因制度受限、规则不明朗、信息不对称等情况限制金融服务业多样化创新发展，同时也应通过建立沟通协调机制和探索

---

① 《〈国际科技创新中心指数 2022〉（GIHI2022）在线发布》，清华新闻网，https://www.tsinghua.edu.cn/info/1177/100776.htm，2022 年 12 月 21 日。

建立反洗钱、反恐怖融资、反逃税的监管合作机制，加强资金流动监测和金融体系区域性、系统性风险预警。

以硅谷银行（Silicon Valley Bank）为代表的区域性专业银行为旧金山湾区的中小微高科技企业融资提供补充，硅谷银行通过下属分析公司和合作的创投机构，对当地科技、生命科学、医疗保健类企业进行估值并提供银行服务，[①]并在企业发展过程中与其深度绑定。在提供融资服务的同时，要求其在行内开具账户，以监控资金并实现存款回流，提升银行资产规模。该类金融业务模式可以为中小微企业拓宽较低融资成本获取渠道，商业银行在与专业创投机构的合作下，可以更为精确并深入地了解企业经营业务、科研产权技术价值，降低资金端与资产端的信息不匹配程度。

然而，硅谷银行在美国东部时间 2023 年 3 月 8 日发布计划甩卖资产并发行股票融资后，遭遇股票市场暴跌和市场挤兑，在 2023 年 3 月 10 日破产并由美国存款保险机构（Federal Deposit Insurance Corporation，FDIC）接管。接下来的一周，纽约湾区的标志银行、加利福尼亚州的银门银行也受到市场恐慌情绪冲击，相继陷入破产状态并由政府接管。此类专业性商业银行经营模式存在客户群体单一、资金投资性行动集中的问题，[②]在市场情绪波动的情况下，容易引起"羊群效应"，而银行期限错配、投资品种集中度偏高的经营及风险控制模式无法负荷市场挤兑压力。因此，在美元加息周期外因和前述商业银行自身运营及投资行为内因影响下，硅谷银行、银门银行、标志银行均因遭遇市场挤兑相继破产。

---

① 徐维军、金今、于孝建等：《粤港澳大湾区打造具有国际竞争力的金融产业集群研究》，《城市观察》2022 年第 5 期。

② 《硅谷银行破产事件复盘：缘由为何？影响又有几何？》，澎湃新闻，https://www.thepaper.cn/newsDetail_forward_22275682，2023 年 3 月 14 日。

粤港澳大湾区拥有良好的科技研发和产业创新基础，旨在建设具有全球影响力的国际科技创新中心。从旧金山湾区新兴高科技产业与金融服务业相互配套发展的模式来看，以上述硅谷银行起家发展模式为例，粤港澳大湾区金融业内机构也可以联合专业创投机构、研究机构加深对新兴高科技中小微企业的了解，补齐对专业领域技术研究、技术成果价值评估和成果转化评估的短板。而从前述硅谷银行破产事件来看，虽然设立此类专业性商业银行可以自由度较高地满足市场需求，但客户类型集中度高、投资策略偏激等问题也会引起区域性金融市场系统风险，导致市场恐慌，不利于市场稳定发展和运行。因此，粤港澳大湾区内金融服务业较为成熟的港、澳、穗、深可在原有金融机构体系设置基础上，在各金融机构主体内设立粤港澳大湾区运作单位和专属团队，并从顶层设计上加强大湾区金融业的联合监管，为大湾区跨境科技创新合作和产学研成果转化提供金融监管制度支持。

在加密货币领域，2022年10月香港特别行政区财经事务及库务局发表《有关虚拟资产在港发展的政策宣言》，2023年1月香港金管局发布《关于加密资产和稳定币的讨论文件结论》，香港作为东南亚数字货币中心的竞争对手之一，对加密货币监管持包容开放态度，鼓励技术创新，并实施配套监管政策。前述从事区块链数字支付业务的银门银行、标志银行的破产事件也给香港加密货币监管提供了风险管控经验。香港作为粤港澳大湾区的全球离岸人民币业务枢纽、国际资产管理中心及风险管理中心功能设定主体，在粤港澳大湾区金融发展体系内发挥核心驱动作用。因此在保有市场发展活力的前提下，有必要建立宏观审慎管理框架，融合考虑粤港澳三地原有金融发展秩序，避免跨境市场无序震动，探索建立粤港澳大湾区区域性、系统性风险预警、监控、防范和化解预案体系。

四 建立人才高校集群，联动湾区产研发展

综合旧金山湾区、纽约湾区、东京湾区世界三大湾区的发展历程，高校科研集群和智库建设均为湾区发展提供了人才和技术保障。旧金山湾区在旧金山市、半岛、北湾、东湾、南湾形成了多中心互补组团式的大学集群发展模式，并充分发挥高等教育资源集中的优势，组建国家级实验室，推动科技创新研发，打造产业集群、高校集群和科研集群共享空间的"产学研"发展模式，推动湾区实现科研成果转化，为湾区发展驱动力注入创新因素。

纽约湾区同样拥有麻省理工学院、哥伦比亚大学、宾夕法尼亚大学等顶尖高等院校，集聚高素质人才资源，有优良的科研实力基础。其教育集群主要包括常春藤盟校集群（Ivy League）、新常春藤盟校集群（New Ivy League）、小常春藤盟校集群（Little Ivy League）和纽约公立大学系统。随着美国产业结构从劳动密集型向知识、技术、资本密集型转型，纽约湾区企业与高校的发展融合无论是在地理位置，还是在产研合作方面，都逐渐提高，校企合作更加紧密，纽约湾区经济发展对高校集群的依赖度也越来越高。[①]

相较于纽约湾区高校集群形成过程的市场化特征，政府主体在东京湾区高校集群建设发展的过程中发挥了更为主导的作用。在20世纪50年代《首都圈整备法》发布背景下，以东京为政治文化中心，高校资源逐渐向东京及其周边地区倾斜，东京湾区政府在20世纪70~80年代在教育投入方面增长迅速，与其产业结构向高端制造及高附加值服务业转型的步调基本一致。目前东京湾区已形

---

① 黄晨榕：《湾区建设与高等教育集群联动发展：以纽约湾区和东京湾区为例》，《世界教育信息》2021年第2期。

成集聚东京大学、早稻田大学、东京都市大学、横滨国立大学等多类型、多学科、多层次的高校集群，为东京湾区输送高学历高科技人才。为推动产研对接、技术创新和转让市场机制发展，日本政府在 1998 年颁布《大学技术转移促进法》(Technology Licensing Organization，TLO)，此后，日本政府不断在知识产权归属、申请主体法人资格、TLO 组织形式等各方面完善相关法律政策，旨在提升高校研发人员参与科技成果转化的积极性，提高企业等市场主体在产研转化方面的参与度。

从世界三大湾区高校集群发展形成历程来看，前期高等院校发展规划可参考东京湾区，即由政府主体根据区域政治、经济、文化各维度的定位，规划配套资源发展，形成规模发展效应。但后期发展可调整为以市场化为主、以政府调控为辅的发展模式，在政府引导之外更贴近市场需求，资源配置更为灵活。

2020 年 5 月 13 日，科技部、教育部印发《关于进一步推进高等学校专业化技术转移机构建设发展的实施意见》，提出"十四五"期间的目标为"全国创新能力强、科技成果多的高校普遍建立技术转移机构，体制机制落实到位，有效运行并发挥作用"，引导建立技术转移规范机制，通过税收优惠、兼职兼薪等支持政策激发高校研发人员的创新研发积极性，推动我国科技成果转化。粤港澳大湾区也应充分利用区域高校资源，结合湾区产业发展和各区域的产业错位发展特性，发挥各城市的优势产业，加强校企合作，形成学术、研究、产业的联盟发展模式，落实推进高校专业化技术转移机构建设的实施意见，加快科研成果产业化。

金融服务业在大湾区"产学研"模式下应发挥扶持实体经济发展的作用，通过多层次、多场景资本资源有效配置，助力创新企业及前沿科研成果产业开发，带动粤港澳大湾区科技创新、产业振兴转型。大湾区产业创新及经济发展水平提高将为金融服务业发展提供良性的市场土壤，健全、创新、充满活力的营商环境和科学技术的更新进步也会间接促进金融产品创新，丰富金融风险管理的渠道和手段，推动金融法律法规政策体系完善。在金融服务业多样化适应市场发展的同时，通过数据化、云计算、信息监控防范金融泡沫化系统风险，维护大湾区经济发展秩序，进而良性循环推动技术创新、产研合作。

第五章 世界湾区数字化发展比较研究

当前，以数字技术为主要内容的新一轮科技革命和产业变革浪潮迎面而来，数字技术"正在成为重组全球要素资源、重塑全球经济结构、改变全球竞争格局的关键力量"。作为我国开放程度高、经济活力强的区域之一，建设粤港澳大湾区是推进新时代改革开放的重大战略部署，也是香港、澳门探索发展新路向、开拓发展新空间、增添发展新动力的客观要求。未来，湾区的发展方向是打造更高水平的开放和更深维度创新的数字湾区，即数字技术在湾区的社会经济发展中起到基础性和引领性作用，数字化将成为社会经济发展的主导形态。坚持不懈地践行数字化，必将为粤港澳大湾区高质量发展提供强大助力。本章着重对粤港澳大湾区与世界其他三大湾区数字化发展进行比较研究，以期为粤港澳大湾区的数字化发展提出一些有参考价值的策略建议。

第一节　全方位迈向数字化：粤港澳大湾区

回顾产业发展史，每一次技术革命都会引发新一轮的"技术—经济范式"调整和全球科技创新版图的演变。伴随世界经济长周期的演进交替，数字技术与实体经济深入融合，重新塑造了跨学科、跨行业的多元协作创新网络与范式，深刻地影响了传统领域的升级与新兴领域的创新，全球产业分工进一步分化，加快迈入"人—机—物"三元融合发展的万物互联的数字化新纪元。数字化浪潮推动纽约湾区等创新高地逐步由欧美核心外移到亚洲国家，数字化应用在更大范围内快速兴起，发展态势持续深化。

一　数字化浪潮：推动全球发展呈现新趋势

数字化浪潮席卷全球，各国都在不断强化顶层设计，加快打造数字技术与实体经济深度融合的发展模式，把握新一轮技术变革给世界格局变化带来的历史性机遇。全球在新兴技术领域的开放合作已成为新常态，数字技术的应用也在不断驱动开放式创新发展，催生了新模式、新渠道，拓宽了国际合作路径。同时，因掌握了数字技术的先发优势，欧美发达国家在全球数字创新中仍占据主导地位，但亚洲新兴国家正在奋起直追缩小差距，加快释放数字创新高地的战略价值，打造社会经济高质量发展的新增长极。总体来说，数字化浪潮主要给全球带来了以下三个方面的变化。

（一）数字技术赋予社会经济发展新动能

数字创新具有开放共享和跨界融合的特征，运用数字技术对产品、工艺和商业模式进行创新，催生了新产品、新业态和新产业，加快引发了创新范式的演进和变革，加快了新要素聚集和产业升级，在数字创新形成集聚效应的过程中，也诞生了成规模的数字产业和新型融合的社会应用形态，赋予了社会经济发展的新功能。

数字化的广泛应用引发了以互动性强、开放性高、跨边界自由为主要特征的创新范式变革，促进创新要素快速集聚，形成的产业生态中，多元化创新主体深度交融，不同技术领域和创新链环节加快融合，产业发展更具活力和韧性。同时，数字化创新活动的持续推进，推动了以数字产业和新型超融合产业为代表的重点领域集群式发展，逐步成为地方经济发展的关键动力，由此诞生了一批数字转化高地，吸引了创新型企业、创新平台和高校科研机构的聚集，也吸引了人才、资本和知识等要素的汇合，合作日益密切，数字化技术成果不断涌现。

（二）数字技术推动经济发展模式发生新转变

数字技术渗透性强，能够促进湾区不同资源禀赋和产业基础的地区，包括传统地区和板块实现动力转换，也可以助力新型产业和领域实现优势打造，以不同模式建设形成数字化新高地。

一方面，加快数字技术与传统优势产业深度融合，实现创新高地建设的优化升级。比如，近些年，伦敦作为全球金融中心的传统优势与数字技术的深度融合表现较为突出，数据显示，2010~2020年，伦敦有约50%的创投企业和资金纷纷进入以数字技术为主要驱动的数字科技领域，使伦敦的高新技术企业从数量和融资规模上成为仅次于硅谷的存在，其中，2021年伦敦金融科技领域的融资规模已达117亿美元，占全市全年风险投资资金总额的近一半。再比如，德国慕尼黑通过落实工业4.0战略，大力推动传统优势汽车制造业与数字化技术融合发展，在宝马的慕尼黑总部，建立了世界先进的大型驾驶模式中心，实现了汽车从概念设计到研发再到最后功能试验验证的全流程再造，同时又加强与数字技术初创企业的合作，比如，2022年应用的"电子墨水"技术，推出了全球第一款车身一键变色的概念车。

另一方面，数字技术快速推动新型数字产业发展。比如深圳和合肥通过市场与政策的有效结合，推动成为我国"数字中国"领先代表城市。深圳主动推出"20+8"产业集群发展规划，大力前瞻布局5G，积极引入数字龙头企业落户，通过"链主"企业带动培育本地企业。合肥通过制定"经济与社会十四五发展规划"，明确数字产业与创新高地发展目标和路径，以投资和产业配套为牵引，积极支持显示器、半导体芯片、智能语音等龙头企业落户和发展，引领数字产业创新性发展。

（三）数字技术助力世界格局演化，亚洲崛起成为创新高地

数字技术加速外溢和迭代，促进了新兴产业成长和传统产业升级，为后发国际区域创新发展创造机遇，不断推动创新高地分布与多极化发展。根据《经济学人影响》2022年的调查数据，后发国家新兴城市居民往往拥有比发达国家更高的数字技能，创新资源也因

此越发向新兴市场热点地区集聚，尤其是中国、韩国和新加坡等亚洲国家。数字创新资源集聚和数字技术的蓬勃发展，给亚洲等后发国家创造了难得的机会窗口。从世界知识产权组织（WIPO）2022年公布的全球创新100强城市来看，亚洲、美国和欧洲三大区域入选城市数量的比重超过80%，其中，亚洲入选城市的数量最多，达到38个，且有11个进入世界20强；美国21个，有7个进入世界20强；欧洲23个，仅有1个进入世界20强。亚洲城市群抓住了数字化机遇，比如粤港澳大湾区城市群，凭借具有全球影响力的数字创新实力和新兴产业竞争力迈入世界舞台。

伴随着数字技术的快速普及，全球国家和地区的创新专利正在发生巨变，亚洲数字技术的策源能力在不断增强。通过对全球的PCT专利数据分析，近些年来随着以中韩为代表的新兴数字化力量崛起，亚洲地区的科创能力初步提升，PCT专利数量占全球的比重已从2002年的16%提升至2022年的55%左右。其中，数字化技术成为主动力。从2022年PCT专利申请量来看，中国排名前三的技术领域分别为计算机技术、数字通信和视听技术，韩国排名前三对应的则是数字通信、电子设备和计算机技术。截至2023年6月底，中韩日三国5G标准专利已占全球约60%，其中我国占比约40%，领跑全球。另外，数字领域创新主体的区域聚集度也在不断提升。根据欧美产业研发投入记分牌2021年数据，在全球2500强研发企业中，亚洲有1088家，其中超过700家在京津冀、长三角和粤港澳大湾区，以及日本东京、大阪—神户和韩国首尔等六大区域，而这些企业中，占比最高的就是数字化领域，有近1/3主营业务为软件与计算及服务和电子科技硬件设备，同时也包括大量由数字技术与传统产业融合而催生的新兴领域企业，如专注自动驾驶、智能座舱等融合创新领域的企业。

二　数字化助力：粤港澳大湾区全面迈入数字时代

放眼世界，湾区经济已经是支撑全球经济增长、科技创新不可忽视的一股力量。在以大数据、云计算、物联网等新一代信息技术为基础的数字经济时代，新一轮科技革命和产业变革为湾区发展带来新的战略机遇，数字经济创新成为湾区下一步发展的关键驱动力。湾区经济凭借其高度的对外开放、频繁的要素流动、丰富的商业形态成为数字经济创新发展与成果转化的天然策源地，因此成为新一轮全球竞争和改革开放的战略重点。

粤港澳大湾区由广东的珠三角九市和香港、澳门两个特别行政区组成，是依托良好的港口、发达繁荣的腹地、面向全球市场的湾区经济形态。作为重要的国家战略之一，粤港澳大湾区自提出伊始便被赋予了极为重要的战略地位，是中国在"新时代"推动全面对外开放的国家战略，是推动"一国两制"事业发展的新实践，更是中国在"新时代"深化改革开放、引领创新驱动发展转型的前沿高地。当前，新一轮科技革命和产业变革正在如火如荼地推进，互联网、大数据、云计算、人工智能、区块链等数字技术快速融入经济社会发展各领域全过程。总体来看，粤港澳大湾区拥有较高的经济社会数字化发展程度，并且其开放、活跃、创新、多元的鲜明特征和突出优势正推动粤港澳大湾区迎来高质量跨越式发展新的战略机遇，为世界的发展与创新建立新的典范。

（一）产业发展活跃：粤港澳大湾区数字经济占 GDP 比重全国第一

粤港澳大湾区经济实力雄厚，尤其是产业门类齐全、链条完整、发展活跃。珠三角强大的制造业和港澳发达的现代服务业有机结合，初步构成了以战略性新兴产业为先导、以先进制造业和现代服务业为主体的产业体系。随着粤港澳大湾区建设，三地集群优势凸显，产业互补性增强，产业链、价值链持续提升，特别是数字经济发展动力强劲。2021 年，广东 GDP 达 124369.67 亿元，珠三角九市占比 80.88%；广东规模以上工业增加值 37306.53 亿元，珠三角约占 85.87%；广东规模以上工业企业超过 6.63 万家，位居全国第一，大部分集中在珠三角，如深圳和东莞均已超过 1 万家，分别位居全省第一和第二。粤港澳大湾区产业结构合理，特别是随着新一代信息技术服务迅猛发展，数字经济、智慧社区等新兴业态、新服务模式迅速发展，新经济逐渐成长壮大。2021 年，新经济增加值占广东 GDP 比重已达 25.2%，数字经济已成为广东尤其是珠三角地区经济发展的重要引擎。

数字经济推动广东生产性服务业的快速发展，比如新兴信息技术服务、金融服务、租赁和商务服务等。广东服务业增加值总量已连续 34 年位居全国第一，约占全国的 1/9。2021 年服务业对广东的经济增长贡献率达 52.8%，并且现代服务业增加值占服务业比重达 65.72%。

港澳方面，2021 年香港服务业比重达 93.7%，其中，贸易与物流增加值占 GDP 的比重为 23.7%，金融业占比达 21.3%。作为亚洲金融中心，香港管理资产超过 24 万亿港元，其中 2/3 资金来自境外，基金业务规模在亚洲首屈一指，拥有全球最大的人民币资金池，处理超 70% 全球人民币支付交易。澳门的经济结构也在逐渐多元化，博彩业在澳门整体经济中的比重由 2013 年的 62.9% 降至 2021 年的 25.8%，2013~2021 年，澳门除博彩业之外的行业增加值占 GDP 比重从 44.1% 上升至 68.1%，其中不动产和工商服务业增加值占 GDP 比重从 8.9% 上升至 21.9%，金融业从 3.1% 上升至 19.1%，澳门经济正依赖其博彩业呈现多元化的发展格局。

（二）创新能力出众：国际科创中心承载数字化创新发展试验的重任

科技创新是湾区发展的核心动能，从政策扶持、企业科研、研发投入等方面综合考察，粤港澳大湾区的科技创新实力不仅居全国领先水平，而且在全球范围内也具有很强的竞争力。

按照国家发改委最新明确，作为首批国家数字经济创新发展试验区之一，粤港澳大湾区的探索试验方向是，"依托粤港澳大湾区国际科技创新中心等主要载体，加强规则对接，重点探索数字经济创新要素高效配置机制"。

企业科创实力强。2021年，广东规模以上企业中有26688家开展创新活动，占比达40.3%，广东已累计认定国家级高新技术企业超过6万家，位居全国第一。粤港澳大湾区共约1800家上市公司。其中，高新技术企业占比在70%以上，新兴战略企业占比达50%。

科研院所实力雄厚。粤港澳大湾区拥有较强的数字技术创新能力，2021年QS世界大学排名中，香港5所大学跻身全球前100名，分别是香港大学、香港科技大学、香港中文大学、香港城市大学和香港理工大学；广州有5所大学进入国家"双一流"行列。此外，近年来，大湾区内部顶尖高校资源加快强强联合，如香港城市大学在惠州设立校区，香港科技大学在广州南沙筹办分校，香港理工大学与深圳大学合作共建"大湾区国际创新学院"。

资金投入强度高。粤港澳大湾区的研究与试验发展经费的投入强度在2021年已达3.7%（不含港澳），远超过全国平均水平的2.44%，同时也超过美国的3.39%，达到世界上排名前列的发达国家水平。亿欧智库统计测算发现，粤港澳大湾区内的上市公司研发支出从2013年开始逐渐增加，从当年的800亿元增加到2021年的2140亿元，企业平均研发投入增速加快，其中，研发费用投入最多的行业为信息通信技术（ICT）、消费品、工业和金融四个领域，增速最快的三个行业分别是通信服务、公共事业和房地产三个领域。

（三）对外开放高地：数字技术加速助推探索高水平开放的全新使命

自《粤港澳大湾区发展规划纲要》对外发布以来，从中央到广东，一系列支持粤港澳大湾区建设的政策举措相继出台，其开放水平不断提升，在规则衔接与机制对接、资源跨境流动、投资贸易便利化、多元化纠纷解决机制等方面，不断探索高水平开放的新范式。尤其是，2021年中共中央、国务院先后印发《横琴粤澳深度合作区建设总体方案》和《全面深化前海深港现代服务业合作区改革开放方案》，再次赋予了粤港澳大湾区探索更高水平开放的全新使命。

在衔接国际规则方面，区块链技术作为制度创新的基础支撑，具有较强的技术融合性和制度渗透性，可以支持要素资源高效流转或应用，减少了传统规则框架下的制度性成本，推动大湾区在货物通关、商事登记、资金流动、执业资格、食品安全等领域不断突破。比如，港澳企业商事登记实现"一网通办"，超过1万家港资企业使用简化版公证文书办理了相关企业登记业务；推进大湾区职称评价和职业资格认可的实施方案，在美容师、美发师项目中首次实现粤港澳"一试多证"，400多人通过一次考试获取粤港澳三地及国际4个证书。2022年1月，国家发改委、商务部《关于深圳建设中国特色社会主义先行示范区放宽市场准入若干特别措施的意见》正式印发实施，内容主要有6大领域，包括24条具体措施，其中包括推动深港澳地区保险市场互联互通、支持深港澳三地通信运营商创新通信产品、下放港澳服务提供者来深圳办医审批权限等新举措。

　　在促进贸易自由化方面，以信息化技术为手段，运用大湾区拥有的 7 座运输机场和 11 个综合保税区的优越条件，广东省内海关积极探索创新监管模式，充分发挥综保区的保税加工、保税物流、货物贸易、服务贸易、虚拟口岸及网外配套区等功能优势，助力航空货物便捷通关。深圳海关打造"MCC 前海"新物流模式，建设粤港澳大湾区机场群前海服务中心。同时，直接对接香港、深圳、广州三地机场航班，对标多国集拼贸易标准，支持企业在前海综合保税区内一站式完成货物订舱、集货、分拨、打板、配载等全部流程，并积极推进澳门机场合作项目，打造"全国揽货 – 前海集拼 – 机场直飞"的进出口贸易生态圈。

　　从外贸规模来看，在 2022 年港口集装箱吞吐量排名全球前 50 的港口中，中国占据近 1/3，其中前十大港口中有 3 个位于粤港澳大湾区，依次为深圳港、广州港和香港港，且排名位居前列（见表 5–1）。

表 5–1　2022 年世界港口集装箱吞吐量排名

单位：万标准箱，%

序号	港口名	国家 / 地区	2021 年	2022 年	增速
1	上海	中国	4703	4730	0.6
2	新加坡	新加坡	3747	3729	−0.5
3	宁波	中国	3108	3335	7.3
4	深圳	中国	2877	3004	4.4
5	青岛	中国	2371	2567	8.3
6	广州	中国	2447	2460	0.5
7	釜山	韩国	2271	2207	−2.8
8	天津	中国	2027	2102	3.7
9	洛杉矶 – 长滩	美国	2006	1904	−5.1
10	香港	中国	1780	1669	−6.3

续表

序号	港口名	国家/地区	2021年	2022年	增速
11	鹿特丹	荷兰	1530	1446	−5.5
12	迪拜	阿联酋	1374	1397	1.7
13	安特卫普	比利时	1202	1348	12.2
14	巴生	马来西亚	1372	1322	−3.6
15	厦门	中国	1205	1243	3.2
16	丹戎帕拉帕斯	马来西亚	1120	1051	−6.1
17	纽约-新泽西	美国	899	949	5.7
18	高雄	中国台湾	986	949	−3.8
19	苏州	中国	811	908	11.9
20	林查班	泰国	852	874	2.6
21	汉堡	德国	880	833	−5.3
22	丹吉尔地中海港	摩洛哥	717	760	5.9
23	胡志明市	越南	719	740	2.9
24	雅加达	印度尼西亚	675	709	5.0
25	广西北部湾港	中国	601	702	16.8
26	科伦坡	斯里兰卡	725	686	−5.3
27	蒙德拉	印度	667	650	−2.4
28	海防港	越南	571	616	7.9
29	那瓦舍瓦	印度	563	596	5.8
30	萨凡纳	美国	561	589	5.0
31	日照	中国	517	580	12.1
32	连云港	中国	503	557	10.6
33	马尼拉	菲律宾	498	547	9.9
34	科隆	巴拿马	492	510	3.8
35	瓦伦西亚	西班牙	560	508	−9.4
36	比雷埃夫斯	希腊	531	500	−5.9
37	盖梅港	越南	497	501	0.7
38	营口	中国	521	500	−4.0

续表

序号	港口名	国家/地区	2021年	2022年	增速
39	桑托斯	巴西	483	499	3.2
40	东京	日本	486	493	1.4
41	吉达	沙特阿拉伯	474	477	0.7
42	阿尔赫西拉斯	西班牙	480	476	−0.8
43	不来梅哈芬港	德国	502	457	−8.9
44	塞拉莱	阿曼	451	450	−0.2
45	大连	中国	367	446	21.5
46	哈利法港	阿联酋	339	433	27.5
47	烟台	中国	365	412	12.8
48	泗水	印度尼西亚	417	407	−2.4
49	休斯敦	美国	345	397	15.1
50	塞得港	埃及	377	390	3.3

从进出口额来看，大湾区自1999年以来外贸增长显著，包括2000~2008年、2010~2014年、2016~2018年三段增速高峰。2020~2022年，受新冠疫情影响，外贸总量有所下降。根据海关总署广东分署数据，2022年，大湾区内地9市进出口总值7.94万亿元，占广东省进出口总值的95.6%，占全国进出口总值的18.9%。

（四）公共服务便捷高效：加快探索区块链等数字技术的广泛应用

区块链作为构建数字社会基础设施的重要底层技术，是提高治理体系和治理能力现代化的重要抓手。粤港澳大湾区以区块链为代表的数字技术正在打破"数据孤岛"约束，提高协作效率，服务社会治理创新变革，应用于社会民生领域的创新发展尤为重要。

在数字社会建设方面，以"粤澳健康码"跨境互认为例，运用区块链搭建跨地区的数据真实性核验通道，将健康码的相关信息转化为加密的可验证数字凭证，两地机构在后台不互联的情况下依然可以验证信息的真实有效性。在保障居民隐私安全的前提下，互认系统让用户自主携带和申报个人健康信息，并通过可验证数字凭证上链，粤澳两地机构在不直接传输和交换用户数据的情况下，依然可以验证信息的真实有效性。系统在保障居民隐私安全的前提下，有效实现了个人数据跨区域的互认。在该项目中，微众银行运用FISCO BCOS 区块链开源底层平台、WeIdentity 实体身份认证和可信数据交换开源解决方案，为粤澳健康码跨境互认提供区块链开源技术支持，有效地解决了疫情防控期间大湾区跨境人员往来给社会治理带来的问题。截至 2022 年底，系统已累计服务跨境人员远超 1 亿人次。

在个人金融服务方面，以粤澳跨境数据验证平台为例，该平台基于微众银行 FISCO BCOS 国产开源区块链底层平台开发，基于个人信息的可携权，使粤澳两地相关机构既不直接传输数据，也不参与交换用户数据，利用区块链技术对个人信息真伪加以校验，促进了湾区重要数据要素的高效利用，降低经济、时间与机会等领域的制度性成本。其中，最有代表性的案例是 2017 年微众银行牵头金链盟开源工作组完成的开源国产区块链底层平台 FISCO BCOS，就是在大湾区内涌现的开源生态，可以实现技术的快速迭代，带动大中小微企业的共同发展，目前很多后续开发的项目是基于 FISCO BCOS 底层技术平台支撑的。据悉，FISCO BCOS 底层技术平台目前已经迭代到3.0 的版本，有 3000 多家企业、机构以及 7 万多位个人用户参与。

在数字政府建设方面，"网贷机构良性退出投票平台""区块链司法存证仲裁服务平台"等数字化应用场景落实有效，区块链存证仲裁服务平台已实现让客户从点击"一键仲裁"到收到仲裁裁决书的时耗，从传统长达数月大幅缩短到 7 天左右，原本动辄成千上万的仲裁费，得以降低至几百元，有效地提高了案件处理效率。

第二节　数字化发展的国际位势：粤港澳大湾区与世界主要湾区的发展对比

在数字化浪潮席卷全球的时代，认识到数字化与供应链是国际博弈的关键，世界各大湾区集体发力，以数字化技术为引领，迈入以科技创新为主要特色的转型发展之路，打造了各具风格特征的风景。粤港澳大湾区更是在对标中发力，在追赶中奋起，逐步从"后发优势"开始迈入"局部并跑甚至领跑"，挤上"数字化发展头班车"，走出了一条以均衡发展数字化为特色的数字湾区之路。

一　纽约湾区：数字化赋能"金融＋文化"本地优势产业

（一）数字化助力文化，成就纽约湾区独有精神内核

纽约湾区是美国经济中心，同时也是著名世界金融和国际经济中心。经济是科技的助推器，纽约市曼哈顿区的华尔街集聚了大量的交易中心，如美国证券交易所、纽约期货交易所以及纳斯达克，大量的科技公司在此上市。科技研发与金融的有机结合是纽约湾区有别于其他湾区大力发展数字创意产业的优势所在。此外，纽约市还拥有 60 余所名校，其中，康奈尔大学、纽约大学、哥伦比亚大学均为世界知名学府，科研实力雄厚，湾区内产学研联系紧密，三者协调、融合发展。纽约湾区形成了一个开放的、高效的、以创新为驱动力的成熟的金融体系。

海量资本积淀造就了纽约湾区独特的科技金融优势，2021 年《财富》世界 500 强企业中，有 24 家分布在纽约湾区，主要涉及金融、保险等领域。世界级金融中心孕育了强大的创新投资势力，创投机构与科技企业共生共荣成为纽约湾区的亮丽风景线。与此同

时，多元开放的文化氛围孕育了纽约湾区新型湾区特质，作为全球顶级湾区，还表现在对其数字创意产业发展的世界影响力方面。目前，纽约共有上千家时尚产业总部和超过 1 万家时尚企业，用占全美不到 3% 的人口贡献了超过 20% 的杂志出版社和 15% 的图书出版商就业率，深厚的文化基地，已成为纽约湾区特有的精神内核。

（二）数字化融合科技发展，推动文化与金融转型升级

相较于硅谷以半导体、芯片和电子信息技术驱动见长的"西岸硅谷模式"，纽约湾区更多的是紧抓金融和文化产业，不断开拓数字化技术应用场景，谋求新的增长动能和赛道。尤其是 2008 年金融危机后，布鲁克林科技三角区、康奈尔科技园和"硅巷"等一批湾区内的科技创新平台相继出现，吸引了微软、谷歌、亚马逊和 Meta 等世界科技巨擘入驻设立业务中心和研发部门，通过为时尚传媒、餐饮美食、服装设计、金融商业等领域提供数字化、智慧化升级和解决方案，逐步在实践过程中形成了以数字技术深入融合金融、传媒和文化等本地优势产业为特色的"东岸硅巷模式"（见图 5-1）。

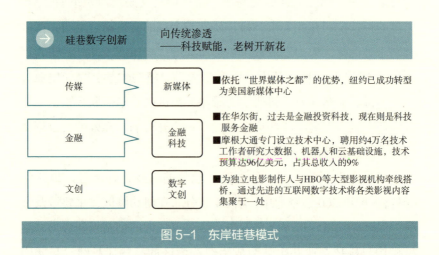

图 5-1　东岸硅巷模式

二　旧金山湾区：以数字科技引领未来

（一）科研与产业良性互动，源源不断为湾区数字科创提供动力

作为以高科技和创新中心硅谷而闻名的世界科创中心，旧金山湾区有良好的自然生态环境、多元化的工作生活状态和开放的文化氛围，拥有斯坦福大学、加州大学伯克利分校等高质量的研究型大学以及世界级的科研前沿性平台，吸引了大批优秀的科技创新型人才，有近1000名美国科学院院士在湾区供职。旧金山湾区高新技术产业的快速发展，不单纯依靠人才和创新精神，还得益于良好的科技金融体系建设、完善的公共设施、较高的开放程度，以及湾区内各城市之间合理的分工协作，集聚了世界上大量的创新要素和创新主体。大学、科研机构、市场等主体通过相互之间的沟通学习，逐步营造了资源优势共享、互补的创新氛围，也构建了相应的知识网络，形成了有利于科研与产业资源良性互动、不断催生创新成果的良性循环，打造了促进创新企业的诞生、壮大的创新生态系统。

（二）世界级数字科技企业，引领全球未来数字化赛道

旧金山湾区依托人才、地理位置和产业资源优势，大力发展创新经济，如电子产业、互联网产业和软件开发产业等，诞生了苹果、微软、谷歌、脸书等世界级数字科技公司，奠定了其全球数字科技中心的龙头地位。2022年《财富》世界500强中，旧金山湾区有12家企业上榜，其中超过半数属于数字科技领域的公司。面向未来，谷歌、苹果等一众旧金山湾区数字科技巨头在人工智能、量子计算、虚拟现实等领域抢滩布局，必将引领全球未来数字赛道的发展。

（三）构建系统化数字方案，彰显智慧交通引领典范

旧金山历史以来便以智慧交通引领城市发展。早在1922年，九曲花街 (Lombard Street) 的交通设计就是智慧交通的最初体现。在智能化和数字化的战略背景下，旧金山湾区为应对城市扩张而带来的交通拥堵问题，率先开启了智慧城市的探索之路，并形成了以需求导向为驱动，通过交通基础设施获取实时数据，并在新一代的交通革命中实现城运平台数据交换的共享性、一致性和开放性，帮助城市进行城市智慧交通数字体系构建（见图5-2）。

图 5-2　旧金山湾区智慧交通生态圈建设的逻辑图谱

在湾区层面，主要措施如下：一是旧金山湾区逐步形成了通过路边传感器、天气传感器、联网车辆等交通系统，获取实时原始数据，并在城市性能评估和运营决策中对数据加以利用；二是旧金山湾区已作为国家智能城市试点，探索自动驾驶时代交通运行数字化的新方向；三是旧金山交通局在《旧金山迎接智慧城市挑战（第一卷）》中发布了旧金山智慧交通三层部署框架。旧金山市的交通三

层部署旨在区域范围、城市范围和微观范围内满足居民在共享、电动、互联和自动等方面的多样化需求。

在区域层面，旧金山交通局提出交通系统的未来是以客户为中心，与土地规划相结合且主动的（步行和骑自行车）共享交通，确定了共享(Shared)、电动（Electric）、互联（Connected）和自动(Automated)的交通愿景，具体包括减少车队规模和旅行成本，并改善所有用户的流动性和可及性；尽量减少空气污染、碳排放、运营成本和噪声、拥堵、停车需求和运营成本，最大限度地提高运行效率。

在城市层面，2012 年，旧金山智慧停车系统（SF Park）为了缓解旧金山停车难的问题应运而生。旧金山交通局通过使用无线传感器来检测道路上的停车位占用情况，并与城市管理机构合作，根据占用信息及时调整停车价格。如今，自动驾驶时代的到来将从交通领域出发，引领新一轮城市经济、社会和文化变革。

在社区层面，积极落实智慧交通应用场景，调动市场力量，完成智慧交通与其他智慧平台的互联互通，实现城市治理各领域的数据融合。旧金山首先将交通运输作为一个平台，以城市政策框架为支撑，寻求政府和企业合作的可能；然后将交通运输作为一种服务，依托街道运营和优先级管理建立以客户为中心的数据共享框架；最后形成统一政策和设计框架，并将该架构扩展至医疗、企业、通信、政务等其他城市运行领域。

三　东京湾区：以"智造＋供应链"硬科技为牵引的数字化

（一）以工匠精神数字化赋能制造，持续夯实全球先进智造中心地位

不同于旧金山湾区，东京湾区以制造业发达著称，拥有从研发

到生产各个环节的完整供应链体系，而不是全链条技术的聚集，这是东京湾区的立命之本。

1967 年日本东京部港湾局颁布《东京湾港湾计划的基本构思》，将湾区内的东京港、千叶港、川崎港、横滨港、横须贺港、木更津港有机结合，协调发展。东京湾区的发展经历了工业聚集、服务业聚集及创新资源聚集等不同阶段，目前集聚着三菱、丰田、索尼、NEC、佳能等一大批世界级先进制造企业。随着数字时代的到来，东京湾区具有的教育及创新资源等优势使通信、软件设计、计算机信息等数字技术密集型行业的集聚效应明显增强，这些企业也在长期以工匠精神深耕先进制造，以制造母工厂为数字化技术创新提供试验场，以规模庞大的科研投入守住了深厚的智造能力基底，成就了"智造湾区"，正在转型为"先进智造中心 + 科技创新中心"。根据高盛 2015 年对全球四大湾区研发支出占 GDP 比重的统计，东京湾区以 3.7% 的占比位于四大湾区首位，可见东京湾区科研投入丰厚，注重发展科技创新能力。

（二）全面落实系统规划，推动经济社会生活"数字化转型"

数字化已全面融合渗透到经济、社会、生活的各个领域，全球各大湾区都希望用数字化手段促进城市建设和城市治理。日本东京于 2020 年 2 月制定了《"智慧东京"实施战略》，面向 2040 年智慧东京的未来愿景，提出了"城市数字化"转型的路径与举措，瞄准"安全城市""多彩城市""智慧城市"建设的核心需求，大力推进数字孪生技术发展，并采用"典型场景 + 试点项目"模式，"以点带面"实现数字技术在公共设施和市民服务中的全面应用。2019年，东京启动了东京数据高速公路计划，旨在为整个东京推进 5G技术和信息基础设施建设，建立强大的移动网络。

"安全城市"是从数字化角度，围绕城市灾害应急处理、城市基础设施维护管理、城市安全驾驶环境建设等方面制订城市发展战略和详细的行动计划，借助数据管理平台和大数据实时信息，加强对城市运行态势的监控、灾害预警和应急管理。"多彩城市"则围绕新兴技术在医疗现场应用、智慧校园建设、无障碍设施建设等具体场景，提出技术解决方案与实现方式。"智慧城市"重点选定了5个各具特色的"智慧东京先行区"，基于新一代通信技术，在融入政务、大学、商办、文化娱乐、自然资源等不同服务领域的社会化应用场景过程中，探索构建公私合作的区域数据平台，并研究城市3D数字地图的可行性。同时，在中小工厂、农业生产、大型批发市场等场景中实施智能化示范项目，围绕交通工具、无现金消费、新型医疗及防疫、电力交易平台等开展基于数据的概念验证。

四　粤港澳大湾区：与世界主要湾区对比分析与不足

近年来，以数字技术为代表的前沿科技得到飞速发展及应用，为粤港澳大湾区三地融合发展创造了便利条件，直接促进了三地要素自由流动，尤其是在生活领域，这种改变十分明显。如互联网支付技术在三地普及带来消费体验的无差别感，促进民生相通；数字化营销新模式激活了三地商业发展新空间；智慧交通使城市之间更紧密，人员流动、货物运输更高效。总体来看，粤港澳三地协同推进从民生到经济的多维度数字技术应用探索，正实质性加速大湾区的融合发展。然而从与世界主要湾区的对比来看，在数字经济发展水平、基础设施与服务一体化融合程度、技术专利积累等方面依然存在差距。

（一）数字经济发展水平与世界主要湾区的差距逐渐缩小，但在竞争力方面仍存差距

整体来看，粤港澳大湾区经济总量位列第三，且与东京湾区、纽约湾区差距较小，但人均地区生产总值远远低于世界其他主要

湾区，约为东京湾区的 1/2，不足纽约湾区的 1/4 和旧金山湾区的 1/5，粤港澳大湾区的经济发展效率仍有较大提升空间。

1. 数字经济发展水平依然有待提高

从数字经济来看，粤港澳大湾区数字经济发展以数字产业和产业数字化为主线，作为产业配套与延伸的贸易和商业也获得了数字技术的有效赋能，综合推动了大湾区数字经济发展走在全国前列。近年来，大湾区推出一系列政策大力促进数字经济发展，"互联网 +"、大数据、工业互联网、人工智能等领域获得重视，并在立足于信息技术产业优势的基础上，大力通过加强重大创新平台建设、新型基础设施建设，加快数字经济产业创新集聚、工业互联网创新应用，构建与数字经济相适配的支撑体系，成效显著。2022年粤港澳大湾区数字经济规模已超过 6.5 万亿元，占 GDP 比重超过 50%，经济数字化程度全国第一。近年来，大湾区加快在人工智能、工业互联网、智能制造、云计算、大数据等领域的数字产业布局，培育面向未来的支柱产业，如广州正推进 IAB（新一代信息技术、人工智能、生物医药）产业发展。借助当前数字经济迅猛发展的风口，大湾区不少城市通过强有力的政策推动、优质的发展环境，引入重大项目或提升研发成果转化、孵化效率，已在一些数字产业上形成一定规模，甚至取得领先优势，如北斗产业、基因检测产业、智能移动终端产业、智能制造产业和 5G 产业等。

然而，在全球主要城市数字经济竞争力 TOP 10 中，纽约湾区、东京湾区、旧金山湾区的核心城市分别排名第 1、第 5 和第 6，而粤港澳大湾区未有城市上榜。旧金山湾区的发展史即硅谷的发展史。从 20 世纪 70 年代起，英特尔、苹果、甲骨文、脸书等信息科技企业就陆续在硅谷诞生并逐渐发展壮大，旧金山湾区由此成为全球科技创新及高新技术企业聚集的中心。

2.ICT 企业世界竞争力依然不够强大

ICT 产业体现了现代高新技术发展的水平。2021 年美国进入世界 500 强的企业中有 19 家属于 ICT 产业，中国则仅有 9 家。虽然粤港澳大湾区在 ICT 产业有较强的竞争力，以华为、美的、中国电子等硬件龙头企业为引领，大疆、优必选等硬件新型企业不断发展壮大（见图 5-3），协助粤港澳大湾区实现了从全球代工厂向全球数字化硬件高地的华丽蜕变，然而与美国上榜的 ICT 企业相比，除了个别企业，多数中国 ICT 企业缺乏自主创新的产品和技术，且影响力较弱。大湾区中在 2022 年《财富》世界 500 强企业排名最靠前的数字技术公司——华为，排名也仅为第 96 位，而美国的上榜企业往往拥有独到的创新技术和产品，比如苹果、特斯拉等企业都有独特的技术产品和广泛且巨大的世界影响力。

图 5-3 粤港澳大湾区龙头数字科技公司分布

（二）科研创新质量和影响力等内功有待提升

1. 专利影响力和质量与世界水平差距较大

发明专利是衡量地区创新水平的重要指标之一。粤港澳大湾区发明专利总量从 2015 年开始居于四大湾区之首，并与另外三大湾区逐年拉大差距。截至 2021 年，粤港澳大湾区发明专利数量分别是东京湾区的3.11倍、旧金山湾区的7.07倍、纽约湾区的9.66倍（见图5-4）。2017~2021 年，粤港澳大湾区发明专利公开总量达 176.90 万件，位列世界四大湾区之首。而 PCT 专利数量则反映了一个区域的国际创新实力，粤港澳大湾区 2017~2021 年 PCT 专利总量（13.68 万件）在四大湾区中位居第二，仅次于东京湾区（14.97 万件）。但是从专利的影响力和质量上看，粤港澳大湾区仍存在较大差距，粤港澳大湾区发明专利领域影响力仅为 3.34，略高于东京湾区的 3.27，远远低于旧金山湾区（7.02）和纽约湾区（5.01），创新实力有待提升（见图5-5）。

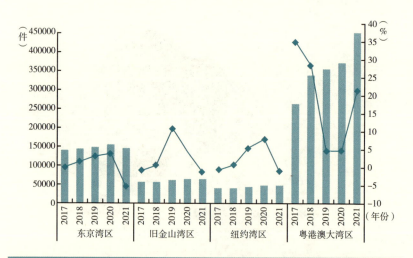

图 5-4　2017~2021 年世界四大湾区发明专利公开量及其增长率

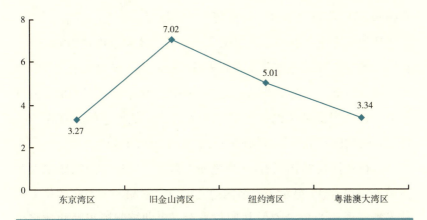

图 5-5　2017~2021 年世界四大湾区发明专利影响力

从创新机构所在的行业或领域来看，基本集中于新一代信息技术产业，数量占比均超过 10% 的包括计算机、通信和其他电子设备制造业（99 个，占 19.8%），科学研究和技术服务业（70 个，占 14.0%），高校和科研院所（65 个，占 13%），信息传输、软件和信息技术服务业（57 个，占 11.4%）等四大行业或领域，也是与数字经济息息相关的行业或领域。

2. 数字化人才队伍结构需要继续完善

尽管在人才引进和人才培养方面，粤港澳大湾区已具备良好基础，但与世界一流湾区相比，在人才吸引能力、人才集聚水平及人才整体质量上仍存在一定差距，紧缺人才发展问题是粤港澳大湾区（内地）当前建设与发展进程中面临的重大挑战。

从数字化人才数量来看，粤港澳大湾区是中国民营经济最活跃的地区，民营企业占总数的 80% 以上，深圳、广州民营企业数量占比更是高达 90%。其中，更是有腾讯控股、华为、比亚迪和中国平安这样的中国内地十强民营企业，具有极强的人才吸引力。据智

251

联招聘 2022 年研究数据，粤港澳大湾区目前处于人才净流入状态，人才净流入率为 1.39%，其中民营企业的人才需求占比为 66.49%。从全球数字人才的地域分布现状来看，比较集中的区域有波士顿 - 华盛顿城市群、旧金山湾区、英国 - 爱尔兰城市群、亚太地区的班加罗尔，而粤港澳大湾区的数字人才占比较低，总体来看在 20% 以下，大湾区在数字经济领域的人才竞争力较弱。

从行业岗位结构来看，《粤港澳大湾区（内地）急需紧缺人才目录（2020 年）》显示，当前内地九市急需紧缺人才最多的是工程技术类，占比约 26.31%。从职位来看，自动控制工程师和数字研发人员职位的需求最多，占比分别为 33.75% 和 25.97%。从地域分布来看，粤港澳大湾区内地 9 市制造业人才缺口最大，约 20 万人，超过总需求人数的一半，其次是新一代信息技术产业，缺口约 2.4 万人。其中，广州、深圳、珠海三个城市的制造业人才缺口中，最为紧缺是程序员、软件工程师等数字技术研发人才；佛山、惠州、东莞、中山、江门、肇庆六个以工业、制造业为支柱产业的城市，产品开发师、装配工程师、工业数字化工程师等生产部门岗位的人才最为紧缺。

从学历结构来看，高学历人才高度集聚是一流湾区的共性特征，旧金山湾区和纽约湾区本科及以上学历人才占比分别为 46% 和 42%，其中硅谷本科、研究生和专业研究生学历的人口占比超过 50%。而珠三角九市的高学历人才仍存在较大缺口，在人才需求中，博士后及以上和硕士的人才需求占比分别为 2.1% 和 22.2%。

3. 数据要素流动仍然存在一定障碍

粤港澳大湾区拥有庞大的人口规模与雄厚的经济基础，在数据集聚、产业规模和基础设施等方面具有较好的基础条件。围绕区内人才、物流、资金等要素流通，大湾区内集聚了政府机关、企业及个人产生的海量数据和信息。研究显示，目前大湾区城市群总数据存储量超过 250000 兆字节，已经超过全国数据存储量的 1/5，这是区内数据资源流通的重要基础。从打造数据联通的基础条件来看，以互联网骨干网建设以及城际网络为主体的大湾区信息化基础设施总体水平在快速提升，也已经逐步形成了以广州、深圳和香港为数据中心，不断辐射周边的产业发展模式，服务器容量和数据存储量均领先全国。然而与世界其他著名湾区相比，粤港澳大湾区涉及三种不同制度和辖区，数据要素的流动依然障碍重重。

一是目前尚未形成有关数据要素及其流动的清晰明确的顶层设计。尽管 2021 年 1 月中共中央办公厅、国务院办公厅印发了《建设高标准市场体系行动方案》，明确提出要研究加快培育数据要素市场，建立数据资源产权、交易流通、跨境传输和安全等基础制度与标准规范，但有关数据流动的规则仍有待进一步探索。2022 年 1 月，国家发改委和商务部发布《关于深圳建设中国特色社会主义先行示范区放宽市场准入若干特别措施的意见》，再次提出要开展数据跨境传输（出境）安全管理试点，进一步将有关规则和实践探索的先行先试提上日程。为此，深圳正在探索与港澳特区政府、香港贸发局、澳门贸促局建立跨境政务平台、贸易大数据平台。

二是粤港澳大湾区涉及三种不同的法律制度和司法辖区，存在显著的制度壁垒。数字治理和跨境数据流动作为新兴产业，在粤港澳大湾区各不同区域内都尚未形成有效和成熟的协调与衔接机制，跨境数据流动实际上为数字治理提出了新的难题和挑战。以个人信息跨境流动为例，其至少包含数据主权与自由流动两方面的利益冲突。根据经合组织（OECD）发布的"数字服务贸易限制指数"（Digital Services Trade Restrictiveness Index），在全球 40 个主要经济体中，与瑞士、挪威、澳大利亚相比，中国的数字贸易及跨境流动政策限制指数仍然偏高，数据流动仍然存在一定的障碍。此外，除《个人信息保护法》《数据安全法》《数据出境安全评估办法》等上位法外，粤港澳大湾区在数字治理和跨境数据流动方面也没有更加具体的可供遵循的顶层制度设计，在数字跨境方面还面临统筹协调等多方面的难题。

三是数据跨境流动缺乏市场基础面支撑。数据跨境之前有一个重要流程，即"安全评估"，尤其是重要数据跨境，必须经过网信办安全评估后，由各政府部门与相关主体签署数据跨境合同。企业作为数据跨境业务的主体，以腾讯、阿里巴巴、滴滴等企业为例，尽管一直有数据跨境业务，但多为"数据入境"，特别是在国家加强数据出境管理、《数据出境安全评估办法（征求意见稿）》处于征求意见的阶段，企业数据出境处于暂停状态。在数据出境有关实施细则未出台之前，企业仍在"观望"。

4. 数字基础设施与服务的一体化方面依然差距明显

近年来，以基础设施为重点的"硬联通"正在加速实现。目前，广东正在加快完善湾区内联外通的干线公路网，重点加快广湛、深江高铁等项目建设，推进白云机场、深圳机场扩建，打造粤港澳大湾区世界级港口群和世界级机场群。截至2023年4月，大湾区高速公路里程5100多千米，铁路通车里程约2500千米。2023年7月1日，"港车北上"管理办法正式实施，截至8月1日已有近7000辆次车辆"北上"，粤港澳大湾区"一小时生活圈"基本形成。但总体来看，粤港澳大湾区与其他湾区相比差距依然明显。

首先，在交通一体化方面，东京湾区的成就更为瞩目，依靠高效率的公交、地铁、轻轨、机场早已彻底实现了"一小时生活圈"，东京附近六大港口和羽田、成田两大国际机场与6条新干线相连，构成了东京湾区与日本其他地区和全球主要城市之间的海陆空立体交通网。在城市轨道交通日均客流量方面，如广州有普铁、城轨、高铁、地铁 37 条线路，预计 2025 年才能达到日均客流量 14 万人次；而目前，东京已有 13 条地铁线路和 285 个车站，日均客流量超 1100 万人次，轻轨网总线路 20 条，长度达 1700 千米，日均客流量 2800 万人次。

其次，在数字基础设施方面，根据世界湾区发展规律，基础设施一体化是国际主要湾区发展的共有特征，尤其是数字经济时代离不开以数据中心、5G 等为代表的一体化新型基础设施的支撑。如纽约湾区就拥有全世界最大的免费 WIFI 系统为其公民服务。旧金山湾区则在委员会的协商治理制度下，构筑了全域共享、联通、无障碍的公共服务项目或跨界公共服务区，为全域居民提供统一、公平的公共服务，比如"旧金山湾路""湾区空气质量管理区"等。然而粤港澳大湾区数字基础设施发展极不平衡，除了香港、深圳和广州等大湾区金融科技与创新的核心城市已经拥有发达的信息通信技术基础设施并实现较大范围的覆盖以外，其他包括中山、惠州、肇庆、珠海等城市在 5G、数据中心、云计算、人工智能、物联网、区块链等新一代信息通信技术，以及基于此类技术形成的各类数字平台等布局建设方面，依然差距较大。

最后，与世界其他湾区相比，粤港澳大湾区协调机制亟须深化，其已经阻碍了公共服务一体化水平的提升。粤港澳三地不同的经济社会体制所导致的税收差异，以及教育、医疗卫生等公共服务制度与政策和职业认证等方面对接不足，已经限制了人才、资金、技术等要素资源的跨区流动。港澳资本市场与内地资本市场在开放度、管理方式等方面的巨大差异也使得科研创新在金融赋能方面面临较大的困难。另外，内地在知识产权制度方面远落后于港澳地区。香港经过多年发展，已经拥有了较为完整、受到国际认可的知识产权制度。而内地相应制度缺失，执法不严导致侵权代价较低，阻碍了内地与港澳在专利技术、科技信息、数据等方面的交流。

第三节　推动湾区数字化发展的战略思考

一　数字化相关政策的趋势

我国已基本形成完善的数字经济顶层设计与细化的地方推进举措相结合的政策体系，数字化政策部署已成为我国构建现代化产业、市场、治理体系的重要组成，成为推进中国式现代化的重要驱动力量。

（一）顶层战略布局和协调机制在持续完善

《中华人民共和国国民经济和社会发展第十四个五年规划和2035年远景目标纲要》《"十四五"数字经济发展规划》《数字中国建设整体布局规划》的出台，构成了我国发展数字化的顶层设计体系。2022年7月，国务院批准建立由国家发改委牵头，中央网信办、工业和信息化部等20个部委组成的数字经济发展部际联席会议制度，强化国家层面数字化战略实施的统筹协调。另外，数字化在国务院《政府工作报告》中的表述也在不断加强。

（二）现代化产业体系数字化竞争力提升被不断强调

为大力推动数字化关键领域战略布局和落地，国家发改委发布的《计量发展规划（2021-2035年）》提出，要研究人工智能、生物技术、新材料、新能源、先进制造和新一代信息技术等领域精密测量技术。工信部联合六部门共同发布《关于推动能源电子产业发展的指导意见》，从供给侧入手，在制造端发力，助力新能源数字化领域的发展。同时，强化重点领域数字产业发展的重要性，从

《"十四五"数字经济发展规划》等顶层设计和专项规划提纲挈领的层面，合理推进数字化发展基础建设，提升数字产业核心竞争力。

（三）数实融合作为高质量发展新引擎被不断推进

《中华人民共和国国民经济和社会发展第十四五个五年规划和2035年远景目标纲要》和《"十四五"数字经济发展规划》均可以看作从我国顶层设计的角度在不断强化数字和实体产业融合发展这一重大趋势，要充分发挥海量数据和丰富应用场景优势，赋能传统产业转型升级，催生新产业、新业态模式，推动数字产业化和产业数字化。同时，要积极破解中小企业数字化转型难题，工信部2022年发布的《中小企业数字化水平评测指标（2022年版）》和《中小企业数字化转型指南》，明确了中小企业转型路径和方法，强调以数字化服务为抓手打造转型样板。2022年8月，工信部启动了中小企业数字化服务节活动，从多个角度为企业数字化转型赋能，受益企业超60万家。

（四）数字化治理作为现代化治理能力被持续强化

2022年4月，中央全面深化改革委员会全面审议通过了《关于加强数字政府建设的指导意见》，9月国务院办公厅印发了《全国一体化政务大数据体系建设指南》，均对数字技术广泛应用于政府管理服务，积极开展政务数据体系体制机制创新，以及加强数据共享开放和开发利用做了新的部署，也为数字普及，以及缩小区域间数字鸿沟带来的公共服务差异提供了有力支持。

（五）数字化供需作为市场潜力有待挖掘被明确提出

习近平总书记在党的十九届四中全会上提出"要构建数据作为关键要素的数字经济"。2020年4月，《关于构建更加完善的要素市场化配置体制机制的意见》明确指明"数据就是五大生产要素之一"。2022年12月，中共中央、国务院联合印发的《扩大内需战略规划纲要（2022-2035年）》，又进一步提出要支持线上线下商品消费融合发展，加快培育共享经济等新型消费形式，为从需求侧提振消费、挖掘国内市场潜力发挥更大力量。

二　战略思考

以数字技术为主要内容的新一轮科技革命和产业变革浪潮迎面而来，数字技术"正在成为重组全球要素资源、重塑全球经济结构、改变全球竞争格局的关键力量"。未来湾区经济的发展方向一定是打造面向更高水平开放和更深维度创新的数字湾区，即数字技术在湾区经济的发展中起到基础性和引领性作用，数字经济成为湾区经济的主导形态。抢抓新一轮科技革命和数字化转型的历史性战略机遇，依托互联网结构开放的特征，数字湾区能够发挥湾区地理开放的优势，最大限度地实现信息、人才、资本、资源流通的便利，这是粤港澳大湾区建设的现实需要。

（一）粤港澳大湾区的战略定位再思考

根据《粤港澳大湾区发展规划纲要》，粤港澳大湾区是"充满活力的世界级城市群、具有全球影响力的国际科技创新中心、'一带一路'建设的重要支撑、内地与港澳深度合作示范区、宜居宜业宜游的优质生活圈"。这五大战略定位指明了大湾区未来发展的方向和基调，通过打造数字湾区，为实现这五大定位提供强大助力。

1.建设"新型智慧城市群"是打造世界级城市群的必然需求

综观美国东北部大西洋沿岸城市群、北美五大湖城市群、日本太平洋沿岸城市群、英伦城市群、欧洲西北部城市群、长江三角洲城市群等世界各大城市群，无一不是依托发达的交通通信等基础设施网络形成的空间组织紧凑、经济联系紧密，并最终实现高度同城化和高度一体化的城市发展到成熟阶段的最高空间组织形式。这必然对城市日常管理、经济平稳运行、社会有序运转提出极高的要求，而这恰好可以发挥智慧城市数字化在组织高度活跃、技术前沿领先、要素充分流动、贸易高度发达、服务精准高效和创新持续涌现等方面的优势。而《粤港澳大湾区发展规划纲要》也将"新型智慧城市群"作为未来区域经济协同发展的核心基础设施，对数字经济有极强的依赖。开放、活跃、创新和多元的数字商业基础设施体系，以及包括5G、云计算、智慧物流、跨境支付等在内的数字化基础设施，将成为建设国际一流湾区和世界级城市群的来源和基础。

因此，要建设世界级城市群，粤港澳大湾区必须坚持创新驱动发展战略，紧抓新一代信息技术革命这一重大机遇，促进大数据、云计算、物联网、移动互联等技术的发展和应用，为打通城市之间的交通、信息、资金等要素流动的廊道提供坚实的基础，促进不同城市之间密切关联、合理分工、协同合作，融入全球市场网络，在全球生产链、价值链中占据有利地位。

2. 打造"科创灯塔"是建设国际科技创新中心的必然路径

在信息社会、数字经济时代下，数字革命对现代化经济体系建设提供了支撑作用，产业数字化和数字产业化的要求都激励粤港澳大湾区不断提升自身的科技创新实力和全球影响力。因此，面对传统产业、战略性新兴产业和未来产业的数字化需求，在粤港澳大湾区数字经济占有先发优势的基础上，要围绕数字化科创前沿相关领域高举高打，聚焦国际前沿，在关键共性技术、前沿引领技术、颠覆式创新技术等方面，先行先试探索"科学无人区"，锻造科技创新"中国军团"，打造具有全球影响力的科技创新策源地和世界"科创灯塔"，为数字科技创新循环发展提供活泉之水，不断夯实国际级科创中心的地位。

3. 数字化的广泛应用是"一带一路"建设的重要支撑

"一带一路"倡议是打造"人类命运共同体"的重要举措，意义重大，且涉及多个国家、多种制度、多元文化、多层次的发展水平和差异化的需求，粤港澳大湾区要成为"一带一路"的重要支撑，需要面对和解决一系列涉及文化、宗教、人文、社会、政治、习俗等方方面面的持续性、复杂性、差异性和多元性难题。而在数字时代，数字经济与以数字技术为代表的产业革命，以及其在城市治理和管理方面的智慧化应用，则为建立有效的沟通平台、减少交易协调成本奠定了坚定的基础，使我们在"一带一路"形成的区域市场中获取优势地位，对接更高层次的国际合作。

4. 前沿科技是破解内地与港澳深度融合问题的有效手段

《粤港澳大湾区发展规划纲要》特别指出了要在粤港澳大湾区建立重大合作平台，以广州、深圳、香港、澳门为核心打造科技创新走廊，香港作为全球金融中心之一可以为粤港澳科技创新的发展提供来自全球的资本支持，广州和深圳凭借其丰富的高校院所、科研机构、高新企业不断为资本赋能并带动区域发展。粤港澳大湾区作为我国内地与港澳进行合作的试验田、示范区，已形成良好的市场基础和产业协作支撑，基础设施"硬联通"、规则机制"软联通"也有诸多突破，然而港澳大湾区依然具有"一国两制三法域"的重要特征，湾区内仍面临人、货、资金流通不畅，以及数据要素难以跨境、跨域使用等现实问题。以区块链为代表的数字技术，具有较强的技术融合性和制度渗透性，是制度创新的基础支撑。因此，针对如何实现区域融合和协调发展的现实问题，大湾区各地可以利用区块链等前沿科技手段高效对接差异性制度，有效降低制度性成本，破解制度差异坚冰，支撑实体经济跨越发展和赋能社会治理创新，促进信息共享和要素交流，加速大湾区融合。

5. 城市治理数字化的"时代列车"是推动优质生活圈的构建

这一定位与人民生活、社会治理息息相关，具体内容突出了通过对现代信息技术的利用和对智慧化手段的应用，来提升湾区内人民生产生活的质量。

因此，围绕人民群众不断提出的多元化和更高的需求，应重新定义科技创新在普惠方面蕴含的要义。粤港澳大湾区应结合实际，通过信息化水平的提高、智慧城市的建设、智能管理的推进，深化大数据、移动互联、云计算等新一代信息技术在现实中的应用。推动数字湾区在更广范围内将科创转化为区域、行业和群体的共享红利，推动大众使用智慧技术，产生"更便捷、高效、透明、公平"的社会共识，以城市治理数字化"时代列车"携手奔赴共同富裕的康庄大道，在数字服务中探寻实现共同富裕的中国式现代化新道路。

（二）对世界主要湾区发展经验的借鉴

1. 突出数字科技等高科技优势，驱动现代化产业体系构建

世界主要湾区的第三产业占比都呈现了较高的水平。现代产业体系的构筑可以利用高科技成果，尤其是依托数字经济，数字化赋能传统产业，实现工业智能化，将传统产业转变为未来产业，促进传统产业的升级。如利用数字经济下的工业互联网，将传统云平台与物联网、大数据、云计算等数字技术结合，精准、实时、高效地采集和分析数据，打通产业链上的各个环节，更灵活地响应产品市场与要素市场，减少时空距离导致的生产决策滞后带来的生产成本。

明确区域产业分工，如旧金山湾区中，总部服务、金融、旅游等现代服务业主要集中在旧金山，制造与港口贸易的主要阵地在奥克兰，圣何塞则是硅谷的商业与研发中心，高科技产业与生物医

药业十分发达。东京湾区则是以东京为核心，向外圈层布局不同类型的产业，实现合理的分工，主中心区域以提供金融服务为主，次中心区域负责生产研发，而工业制造生产活动则布局在郊区、边远区域。纽约湾区中，纽约凭借全球最发达的金融、商贸等现代化服务业成为核心，并实施"数字化的纽约"等产业发展战略，推动非营利服务型组织、房地产、技术服务商三方合作，发展高新技术产业；波士顿、费城等城市则因地制宜地发展制造业和运输业，并享受纽约作为全球金融中心带来的先进生产性服务业的辐射影响。

2. 以数字技术赋能，推进文化"软实力"建设

当前，世界几大湾区都有雄厚的文化软实力。构建文化软实力是湾区的重要使命，党的二十大报告中提出"实施国家文化数字化战略"。随着数字技术的快速发展，其在文化领域的应用日益广泛，特别是对于推动文化供给体系的建立，满足居民多样化需求，以及推动湾区文化旅游发展和创新，提供了新的可能。利用数字技术，可将文化元素数字化、虚拟化、标准化，通过虚拟现实、增强现实等数字技术手段，创新文化的表现形式，提供沉浸式的文化体验，可使传统文化更加生动、直观地呈现在人们面前，亦有助于文化的普及推广，让更多人感受到传统文化的魅力，并为文化产业带来更多发展空间。湾区发展要立足文化繁荣，建立文化软实力发展体系，加强国际文明借鉴，坚定文化自信，更要以数字赋能推进传统文化的传承与发展，将文化"软实力"变成"硬拳头"。

综观世界主要湾区，都可以说是人类先进文化元素的聚集地，聚集了著名博物馆、艺术馆、图书馆、科技馆、高等学府和科研院所。纽约湾区云集了纽约大都会艺术博物馆、惠特尼美国艺术博物馆、古根海姆博物馆、哈佛大学、美国国家航空航天局(NASA)等文化、教育、科研机构，在全球高校前100名中占据16所。面向

未来，粤港澳大湾区应加大文化机构、教育机构、科研机构的投资建设力度，建立健全文化吸收、借鉴、传承、发扬、创造体系。

3. 优化数据整合机制，突破行政边界，构建跨界协调机制

世界主要湾区的跨界协调机制发展均较为成熟，统一的顶层设计和规划管理是实现湾区内各城市、各部门协调发展的基础，这一经验值得粤港澳大湾区借鉴。

纽约湾区通过顶层设计和统一规划推动湾区内基础设施建设和经济一体化发展，包括宏观层面的顶层规划以及各城市短期规划与长期规划的动态跟踪与修订。数字化也推动了纽约的城市规划与治理。2013 年，纽约成立了数据分析市长办公室（MODA），负责搭建纽约市的数据管理和共享平台，收集和分析所有市政部门的数据，打破各部门的数据壁垒，可以实时、精准、高效地整合各类资源，确定城市管理的风险点，提高城市管理和治理的水平与效率。东京湾区拥有多种形式的沟通协调机制来解决城市发展问题，以智库为协调中心，围绕各种垂直和横向的区域规划，布局引导湾区城市的协同发展。如日本开发构想研究所，同时为中央政府和各级政府制定国土规划和产业政策，因此东京湾区不同尺度、不同类别的规划能够保持连贯的思想，实现规划的叠加，避免冲突与矛盾。旧金山湾区的州政府自 20 世纪 60 年代就开始在湾区设立州级特别职能机构来统筹湾区发展的各项事务，如湾区区域交通规划机构"大都市交通委员会"（The Metropolitan Transportation Commission，MTC），独立自治的执法机构"旧金山湾区快速交通警察局"（Bay Area Rapid Transit Police Department，BARTPD），州级法定规划管理机构"旧金山湾区保护和发展委员会"（The San Francisco Bay Conservation and Development Commission，BCDC），以及湾区空气质量管理区及联合政策委员会等。

4.以数字技术打破时间与空间限制，打造更高水平对外开放格局

世界主要湾区的发展经验表明，湾区越开放，要素流动越频繁，越容易产生集聚效益，降低成本。世界主要湾区均具备开放发展的地理优势和社会经济优势，拥有众多深水良港，形成了沿海港口群，有利于发展外向型经济，也成为全球开放程度最高的区域，以全球的资源要素为自身发展提供有力支撑。而数字技术能够超越时间与空间的限制，如基于互联网、云平台的数字贸易扩大了生产、产品、消费的市场范围，数字经济创造的新技术、新业态、新平台也拓展了开放的空间，提升了服务运输、数据传输、物流配送的效率，极大限度地提升了湾区的开放水平。

纽约湾区的核心纽约市是全球知名的移民城市，多元的移民文化使得开放性特征根植于纽约的发展路径，人口要素的频繁流动为其发展带来了巨大的创新活力。另外，纽约湾区构建了高度包容开放的贸易投资体系，降低了企业的经营成本和创业风险，吸引众多资本、企业以及高素质人才聚集。

东京湾区拥有六大港口以及大量的产业专用码头，以东京为中心，沿东京湾形成了京滨、京叶两大工业地带，面向全球市场，以开放性带来的多样性提升了生产效率和湾区的发展水平。

旧金山湾区从发展之初就具备开放包容的特质，以众多港口和三大国际机场为基础，铺就了繁华密集的国际航运网，促进全球资源要素在此流动。高水平的开放能够实现资源的集聚，除人才之外，旧金山湾区也是大学、实验室、研究机构、公司实验室、风投公司以及孵化器和加速器等多类创新、研发主体的聚集区，推动了知识技术创新的爆发。

三　路径与措施：数字化转型为湾区发展提供强动力

在当前全球经济日益数字化的浪潮中，粤港澳大湾区作为重要的发展引擎，必须紧紧抓住数字化的契机，形成数据、技术、资本、人力、土地新的要素排列组合，推动产业数字化转型和全域数字化改造，形成湾区经济发展的新生产力。马化腾在 2017 年就已明确指出，数字经济已成为工业经济之后的新经济形态，而数据更是推动经济发展的关键生产要素。湾区数字化发展既是必然选择，也是时代赋予的重要使命。在这一历史性转折点上，湾区需要聚焦制度设计、人才聚集、基础设施建设、积极参与国际规则制定等措施，通过充分利用数据和技术创新，重新塑造生产要素的组合，推动社会经济发展的全面数字化转型，为湾区未来的繁荣与创新提供强有力的动力。

（一）抓好制度设计，优化跨境数据流动体系

跨境数据流动涉及诸多关键问题，不仅涉及商事主体和个人利益，而且与国家数据主权及存储机制密切相关，因此需要从多个层面着手，共同解决这一系统性复杂问题。

一是建立系统完善的法律体系。跨境数据流动需要在法律框架内进行，以确保数据隐私和安全。在这方面，可以参考境外发达国家的实践经验，尤其要考虑数据主权和安全问题。尽管国际社会尚未统一数据规制，但粤港澳大湾区应在国内法律和政策的框架下，完善网络和信息安全制度，明确数据的合规使用、保护和管理。借鉴国际做法，可以建立社会数据资产清单，推动社会共享数据库建设，强化数据清洗、脱敏等规范化流程，提高数据市场化水平，促进数字治理与经济发展协同推进。

二是创制数据跨境流动规则。以国家层面的《数据安全法》为

基础，制定数据跨境流动的规则。这涵盖了数据资源整合、政务大数据和企业数据、网络运营商社会数据的边界和使用规范等。可通过立法固化现有探索成果，加强数据开放，避免数字私有化和数据垄断，界定数据资源共享的边界。针对跨境数据流动，可以参考《深圳经济特区数据条例》第七十四条的"数据分级分类保护"制度，进一步细化跨境流动数据的分类目录。例如，对于不涉及核心的数据，允许自由流动；对于范围广或关键的信息，予以限制和审慎；对于涉及国家核心数据和安全的，采取最严禁止性举措，保持与我国数字立法原则的一致性。

三是完善数据权利保护与流通机制。通过建立数据跨境流通规则，加强数据权利保护与流通机制。可以借鉴欧盟和美国等地的数据流动法律规制，适应大湾区数字化发展需要，建立适用的数据流通规则。在区域内推动数据业务的互联互通、监管互认，尤其在离岸数据交易平台、数据跨境流通环境和监管沙盒等方面进行试点，为构建符合国际标准的数据流通环境提供支持。与此同时，粤港澳大湾区应对接港澳和国际通行规则，完善隐私保护权益补偿机制，降低合规成本，鼓励企业在数据安全方面的投入，增强数据流动的安全保障。

（二）持续加强完善数字基础设施建设

持续加强和完善数字基础设施建设，不仅是为了跟上数字经济的快速发展步伐，更是为了确保区域的竞争力和可持续发展，是推动湾区数字化的全面融合，实现国际竞争力和社会创新的关键途径。

首先，当前全球数字经济的演进已经将云计算、大数据、5G通信等技术置于发展的核心地位。在这一背景下，粤港澳大湾区需要不断加强对数字基础设施的投资和建设，以满足数字化经济蓬勃发展的需求。新型基础设施，如智能化的交通系统、绿色数据中心、5G 基站等，将为湾区提供强大的支持，提升数据传输、存储和处理的能力，同时为创新创业提供更好的环境。这些设施的持续完善不仅能够提高湾区的数字化基础，而且能够为产业升级和创新提供更广阔的舞台。

其次，粤港澳大湾区的数字化发展旨在构建国际一流的城市群，这需要有高效、稳定、智能的数字基础设施支持。特别是在跨境贸易、金融、物流等领域，数字化基础设施的先进性将直接影响区域的国际竞争力。加强数字基础设施的建设，不仅能够提升湾区在全球数字经济格局中的地位，而且能够为吸引国内外企业和人才提供更有吸引力的环境。因此，投资和完善数字基础设施将是湾区实现可持续发展和国际竞争力的关键路径之一。

最后，数字化发展已经深刻改变了人们的生活方式和工作方式，而数字基础设施的健全将为社会创新提供更广阔的空间。智能交通、数字医疗、智慧城市等应用将在基础设施支持下得以实现，为人们的日常生活带来更多便利和舒适。此外，数字基础设施的完善也将促进数字化技术在教育、文化、环保等领域的应用，从而为民众提供更丰富的服务和体验。

（三）着力打造数字技术创新高地

世界各大湾区发展历史显示，湾区一直是高度研发投入的区域。2021 年，三大湾区的科研投入强度均超过 2.5%，证实了湾区的创新实力正在受到时间和实践的检验。在全球科技革命的窗口期，粤港澳大湾区有着独特的产业创新实力和"一国两制"的优势。

首先，持续优化全球科学家价值实现的环境。推动制度型开放，使人才规则、知识产权保护等制度更具国际吸引力。构建自由流动、便捷从业、充满活力和全面发展的科技创新生态，吸引全球数字化专家和科学家集聚于此。湾区要让科学家能够兼顾远大理想和务实需求，赋予他们更大的决策权、经费支配权和资源调度权，突破体制机制的束缚，使科学家成为湾区数字科技创新发展的重要力量。

其次，充分利用湾区的制度开放优势，鼓励港澳成为吸引国际人才和科研机构的首选目的地。抓住全球科技前沿和动态，深度融入全球创新资源网络，支持企业在技术领先的国家设立研发机构，建立海外实验室。通过充分发挥"港澳台籍贯"以及来自世界各地的科创人才和商事主体的作用，实现全球科创的共振，突破政策障碍，推动创新型企业走出湾区，比如深圳等城市，突破体制机制的限制，实现数字科技企业的国际化。

最后，支持高校、科研机构和科技企业联合创新，鼓励各科创主体在专业大会、人才引进等方面发挥更大作用，以此形成集聚全球创新资源的新能力，进一步提升湾区数字创新实力。

（四）优化数字产业人才聚集路径

通过加大紧缺人才引进、发展共享员工新模式、完善信息平台、加强教育医疗保障以及控制生活和发展成本等措施，粤港澳大湾区可以进一步优化数字产业人才的聚集，为数字化发展注入更强劲的动力。

大湾区的人才需求庞大，但不同地区和岗位之间的人才供需结构不平衡。为此，建立高层次人才引进平台是关键之举。通过设立国际影响力的人才中介机构和猎头机构，以及举办各类招聘活动，促进国际性人才流动，吸引紧缺人才落户。同时，适当放宽人才引进标准，关注更广范围的高水平人才，特别是海外留学人才。提议珠三角城市降低高水平人才认定标准，提供政策优惠，实现人才市场供需平衡。校企合作也应得到加强，通过调整专业招生，更好地满足市场需求。

发展共享员工新模式，完善信息平台。除了提高人才存量之外，从人才流动角度出发，共享员工模式值得推广。充分发挥互联网和共享经济的优势，有序推广共享员工模式，提高人才的流动性和资源配置效率。同时，打造信息平台，通过网站、小程序、App等途径，为共享工人、人才招聘和人才供给搭建高效、便捷、全面且安全的平台，实现人才供需的精准对接。

优质的教育和医疗资源不可或缺。通过设立专项资金、鼓励高校与企业合作等方式，培养相关人才，促进高校之间的人才共享。提高医疗服务水平，推动区域内不同城市卫生医疗服务的标准对接，完善公共卫生一体化机制，保障跨城市跨境流动人才的医疗需求。

有效控制生活和发展成本是吸引人才的关键。交通互联互通对于一体化发展至关重要，建设便捷的交通体系，如加强城际地铁建设和推广共享单车，有助于解决"最后一公里"问题。此外，严格执行"房住不炒"政策，完善租房市场，以及鼓励企业提供住宿等措施，有助于控制住房成本，提升人才的生活质量。

（五）设立模式创新试点城市，提升静态数字治理能力

作为数字化发展的重要区域，粤港澳大湾区当前数字治理水平与国际先进水平相比还存在较大差距，尤其是涉及数据权利保护和数据存储等静态问题尚未妥善解决，动态数据流动问题也未得到有效解决。设立模式创新试点城市成为提升静态数字治理能力的关键。通过在内地城市设立模式创新试点，借鉴纽约通过技术、行为和组织的创新，建立系统化的数字治理框架，打破信息垄断，构建数字治理云平台，吸引第三方技术和人才，以及平衡利益，可以在

数字治理领域取得实质性进展，为现代化治理提供有力支持。

首先，突破内地城市间的信息垄断。借助政务云平台，建立高效的政务大数据中心和数据共享平台，打破政府部门的"信息孤岛"，促进政务数据在不同部门、系统和地域间共享，从而提高行政效率和数字治理的有效性。

其次，积极吸纳第三方技术和信息，构建数字治理云平台，为政府决策和城市治理提供支持。此举不仅有助于引入互联网行业中的优秀人才和资源，提升公共服务的信息处理和创新水平，而且有助于加强社会共同参与治理，打破公共部门间的数据壁垒。通过技术手段和新型数字治理模式的应用，实现从过去的政府主导到加强社会参与的转变。

最后，为了构建数据资源共享的利益协调保障机制，需要平衡多方面利益。在保障公共数据资源利用的同时，应注重保护数据本身的基本权益。只有在实现利益平衡的基础上，公共数据的有效利用才能得以实现。

（六）积极参与国际数据跨境规则制定，提升国际话语权

当前全球跨境数据流动并不充分，国际数据流动仍然存在冲突和不平衡，这严重损害了数据的生产价值与意义。随着数字治理范式的不断演进，国际社会对跨境数据流动安全的关切逐渐上升，相应的限制性政策也逐渐增多。在这一背景下，作为我国互联网行业的前沿阵地，粤港澳大湾区集聚了显著的互联网产业效应，其快速发展的数字产业集群在全球范围内具有重要影响力，可在国际数字治理合作中发挥关键作用，为全球数字治理体系的构建贡献智慧和力量，促进国际社会在数字时代的合作共赢。

粤港澳大湾区有望成为数字治理国际合作的引领者。在国际规则制定进程中抢占先机，有助于提升我国在国际数字治理领域的

话语权，为构建全球数字治理体系贡献更多路径。湾区内发展迅速的数字产业和网络技术成为我国赢得在全球数字治理中更大发言权的关键因素之一。然而，我国在核心技术方面仍面临依赖境外发达国家的挑战，这削弱了我国在数字治理话语权上的地位。通过粤港澳大湾区的领先示范，可以在技术创新方面取得突破，提升国际影响力。

同时，国际社会对数字治理的关注点不断演变，需要各国以合作态度解决分歧，推动全球数字治理取得更多成果。粤港澳大湾区的先行探索可以为我国充分发挥负责任的大国作用提供支持，通过积极参与全球数字治理合作机制，解决数字治理带来的挑战。

为实现上述目标，粤港澳大湾区可以积极参与国际数据跨境规则的制定，借助亚洲基础设施开发银行和"一带一路"倡议，逐步提升在国际规则制定中的话语权。通过与联合国、OECD 等国际组织对接，不断提高我国在国际标准制定中的参与度。在区域内率先探索与国际规则和标准的对接，并逐步扩大相应监管框架的国际影响力，有助于我国获得在数字治理领域的领先地位。

第六章

粤港澳大湾区高等教育高质量发展研究

创新已成为当今世界经济、社会发展的主要驱动力。高校天然的多学科优势、丰富的人才资源、多功能特性，使其成为科技第一生产力和人才第一资源的重要结合点，在国家和地区创新发展中具有重要地位和独特作用。推进粤港澳大湾区高等教育高质量发展，对于提升大湾区科技创新能力、增强地方经济实力以及推动地区产业升级和经济结构转型具有关键作用。本章着重对粤港澳大湾区高等教育发展进行相关研究，以期为粤港澳大湾区的高等教育高质量发展提出一些有参考价值的策略建议。

第一节　全球高等教育与区域互动发展分析

一　高校与所在城市互动发展的重要意义

一是对区域科技创新能力提升具有积极作用。高校与科研院所、行业企业、地方政府以及国际社会等可以通过制度化资源共享平台，将高等学校传承和创新的新知识、新理念、新模式、新管理直接服务于区域经济社会发展，助推地区科技创新能力提升。与此同时，高等学校通过政府引导、机制安排，与其他各方进行能力互补、资源整合，促进人才、资本、信息、技术等深度合作，也使得高等学校自身人才培养更具针对性，科学研究更具系统性，会吸引更多相关学科领域的优秀人才，形成高端人才的集聚效应，为高校与周边地区联动发展、区域科技创新提供持续动力。

二是对增强地方经济实力大有裨益。高等教育对经济发展具有很强的驱动力。从国际上看，第二次世界大战以后，世界发达国家经济社会发展经验表明，发达城市的创新需求、创新竞争力依赖高水平大学，高水平大学集聚形成"高校经济圈"，根据 2013~2022 年上海交通大学发布的《世界大学学术排名百强》及全球化和世界级城市研究小组发布的年度《GaWC 世界级城市排名》，约有七成高水平大学位于经济比较发达城市。从国内来看，绝大多数国家中心城市聚集了较多的高校，具有较强的高等教育实力（见图 6-1）。可见，大学尤其是高水平大学对经济发达城市和地区的作用至关重要。这种重要作用主要体现在知识创新、技术创新、产业创新、制度创新、文化创新等方面，通过高校与城市协同创新，可推动科技成果产业化，提高企业自主创新能力，培养区域内新的经济增长点，有力地提高企业竞争力和区域经济实力。此外，高校与所在城市联动发展，可大大促进研究成果转化，减少转化周期，降低转化风险，规范运营管理，保障转化收益，形成成果转化的良性循环。

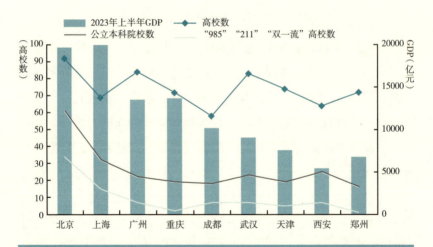

图 6-1　国家中心城市经济发展与高校数量情况

数据来源：2023 年上半年 GDP 数据来自各地统计公报；高校数、公立本科院校数，以及"985""211""双一流"高校数由本书根据各地高校统计数据整理。

三是对地区产业升级和经济结构调整转型发挥关键作用。2018年，教育部等三部门出台的《关于高等学校加快"双一流"建设的指导意见》指出，将以人才培养、创新能力、办学特色、服务贡献和影响力作为"双一流"高校建设综合评价体系的核心要素，突出强调了大学在国家和区域经济社会发展中的重要价值。高等学校作为知识传承和创新的主要载体，对于促进高新技术产业在区域内的优化配置，合理进行产业布局，推动科技与生产力的融合，提高科技竞争与经济竞争力，通过高端人才的培养和集聚、提升城市创新活力和研发实力等方面形成整体优势，扭转区域内产业分工不明确、产业创新链存在不足、科研成果转化率较低、优势资源整合配置不合理等问题方面将发挥关键作用。

二　高校与所在城市互动发展的内在逻辑

从西方国家大学与城市的关系来看，第二次世界大战以后，不少大学与城市之间的互动越来越密切，大学推动城市经济发展，甚至推动城市产业转型升级。我国高校与城市发展之间的合作起步于 20 世纪 80 年代中后期，但发展相对缓慢，直至 90 年代中后期，才开始以各类高校为主体建设科技园区。我国大学与城市的互动大致经历了三个阶段。第一阶段，随着高校扩招的发展，高校的办学规模不断扩大，北京、天津、上海、南京等大城市的一些高校不得不扩大学校面积，于是高校纷纷与当地教育部门合作，选择临近市区的地方为各大高校新建分校，形成了大学城。截至目前，我国已经投入建设数十个大学城。第二阶段，随着高校办学结构与规模的调整，以及为地方经济服务等目标的确立，部分高校开始在经济发达、工业生产企业数量较多、规模较大的城市，相对集中地建立二级学院或分教点，以满足城市经济发展的需求。第三阶段，我国高等教育大众化使得高等教育体制需要不断改革，高校也被要求提高社会服务能力，政府扶持兴建了集"产、学、研"于一体的大学城，如北京中关村大学科技园联盟、环同济知识经济圈等。综观大学与城市之间的互动发展，其中存在一定的内在逻辑。

（一）市场机制是高校与城市协同发展的重要调节机制

在社会发展实践中，大学与城市根据各自发展需要保持良好的互动关系，才能实现互利双赢发展。正如斯坦福大学前校长约翰·亨尼斯（John L. Hennessy）所言："人们都说没有斯坦福就没有硅谷，我还要加一句话，没有硅谷就没有一流水平的斯坦福大学。"高校资源与区域整合发展需要在政府的指导和推动之下，充分发挥高等学校的积极性，吸引社会力量广泛参与，关键是依靠市场化的运行机制。斯坦福大学与硅谷的成功与其灵活的市场模式是分不开的。

市场机制在高校资源与区域整合发展中至少体现了三方面作用：一是充分发挥市场机制的调节和激励功能，整合资源，提高资源的利用率；二是促进区域产业的竞争与合作；三是面向市场，拓展融资方式，实现资金来源多元化，即加强与金融、投资机构的合作，通过建立和引入种子基金、创业基金、风险基金和科技型中小企业技术创新基金等，吸引社会企业向园内技术创新项目和高科技中小企业投资，推动国外风险投资公司进入国家大学科技园，利用国内外证券市场和产权交易市场融通资金，建立具有中国特色的创业投资机制。

（二）科技创新和核心辐射功能是高校与城市协同发展的根本动因

高校的科技创新和核心辐射功能是高校资源与城市协同发展的关键要素，具有较强科研实力的大学是科技创新和区域发展的核心，是区域经济发展和行业技术进步的主要创新源泉之一，是实现区域产业升级转型的引擎。正如哈佛大学前校长德里克·博克（Derek Bok）所说："我们不知道一个没有大学的城市会更富有还是更贫穷。但是，我们相信，相对来说，很少有其他方式可以像大学那样给一个城市带来如此大的经济效益。"① 从国际上看，斯坦福研究园区是连接斯坦福大学和硅谷的桥梁，它是推动整个硅谷发展的核心动力。从国内来看，大学充分发挥自身的科研创新能力，实现高等教育、研发、高新产区在地域上的集聚，在大学周边形成科技园区，如经过 30 余年的建设和发展，北京中关村大学科技园联盟已经成为中关村科技园区及首都区域创新体系建设的重要组成部分，利用大学智力、知识、人才优势带动科技成果转化，将高等学校源头创新的科技成果进行产业化（见图 6-2）。

图 6-2　中关村指数 2022

数据来源：北京方迪经济发展研究院、中关村创新发展研究院，《中关村指数 2022》，2022 年 12 月。

2021 年中关村示范区高新技术企业总收入达 8.4 万亿元，约占全国高新区整体的 1/6，居全国高新区首位；总收入同比增长

---

① 转引自《一流大学与中心城市的互动发展》，《河南日报》2020 年 10 月 19 日。

16.8%，增速高于全国高新区整体水平 4.8 个百分点；实现增加值
13397.2 亿元，占北京市地区生产总值的 33.3%，占比较上年提升
1.8 个百分点，对北京市经济增长贡献率为 48.3%。发展质效加快
提升，2021 年中关村示范区劳动生产率为 47.0 万元／人，人均税
收 11.1 万元／人，均实现 20% 以上的快速增长。

（三）政府的引导和政策支持是高校与城市协同发展的措施
保障

根据其他国家和地区的经验，政府通过制定政策、法规，为
高校与周边地区联动发展提供了制度性保障。一方面，长远规划是
联动发展的重要措施。高校资源与周边地区联动发展需要系统运
作，要明确发展目标，政府可做好空间布局规划和重点发展方向的
规划，促进产业集聚。大学科技园规划要与城市的产业发展战略相
结合，向城市的高新技术产业、新兴产业等辐射科研成果、输送科
技企业家、转移科技企业；要与当地的建设接轨，与区域经济及社
会发展规划相适应，结合地方特色产业，推动区域经济建设和行业
技术进步发展，并充分利用高校已有的资源条件，相互促进，共同
发展。另一方面，完善的管理制度是高校与城市联动发展的重要保
障。高校资源与所在区域联动发展需要在政府的指导和推动下，不
断完善管理体制和运行机制。政府可通过专门的计划、项目，划拨
专项资金用于支持产学研合作；鼓励兴办产学研结合的服务与研究
中介机构；建设产学研合作的产业集聚区；采用多种形式鼓励人才
培养和人员流动。同时，政府成立专门的行政机构用以合理分配资
源，促进高校与产业主体之间的合作与竞争。另外，政府需创新服
务体系，建设职业化、高素质的管理与服务队伍，改善园区环境和
条件，建立高效便捷的公共信息平台，进一步提高孵化服务能力。
在创业辅导、企业诊断、市场营销、投资融资、产权交易、技术支

持、人才引进、人才培训、对外合作、法律咨询等方面为入园创业者提供高质量服务。

（四）地域优势和资源基础是高校与城市协同发展的基本依托

区域的整合发展涉及人口、资源、环境、技术和制度等因素，而且这些因素之间相互影响、相互作用，使得整个系统呈现一种复杂的动态变化状态，而这个因素正是区域整合发展的支撑系统，对整个区域的整合发展有重要的影响。例如，地域优势——优良的自然环境、便利的交通和完善的城市配套设施与服务等，都是高校与区域整合发展的依托。从英国的牛津剑桥大学镇、美国的硅谷和日本的筑波科学城，到国内的中关村、环同济知识经济圈等，它们都有着良好的地域优势，自然环境良好、交通便利、设施完善。再如，资源基础——教育是一个资源相对比较密集的领域，高校更是各种资源的富集之地，特别是人力、人才、智力、信息与知识资源。资源密集丰富的大学城与高新技术园区的结合，有利于智力与资金的集合、科研与生产的结合。

第二节　世界湾区高等教育与区域协调发展的对比分析

一　国际三大湾区高等教育发展与区域互动分析

美国旧金山湾区、纽约湾区和日本东京湾区被公认为三大国际一流湾区，高等教育已成为其经济发展和区域全方位振兴的关键因素。

（一）旧金山湾区多类别大学集聚支撑区域创新

旧金山湾区集聚了加州大学伯克利分校、加州大学旧金山分校、斯坦福大学等顶尖研究型大学，这些大学注重产学研一体化发展，实现了良性互动。"企业入驻高校，双方在多元学科、交叉学科和跨学科的发展与技术成果转化方面紧密联系与合作，形成区域高等教育集群与产业集群共生共荣的景象。"[①]区内还有旧金山大学、加州州立大学东湾分校及北湾的索诺马州立大学等高校，其学科专业涵盖面广，尤其擅长自然科学和思维科学，加州州立大学东湾分校在计算机科学、生物学等领域均处于领先地位。此外，旧金山湾区还拥有全美规模最大的私立艺术院校旧金山艺术大学，以及聚焦于创新创业的金门大学，加利福尼亚圣玛丽学院尤其擅长文科和社会科学，其以独特鲜明的办学特色培养多元化和个性化的人才，满足湾区经济发展的多样化需求。旧金山还拥有大量社区学院，包括旧金山城市学院、圣马特奥学院、纳帕谷学院、马林学院等，此类学院类似于我国的职业类大学，主要针对职业教育，更聚焦高校与社会之间的紧密合作，这类大学以职业教育为主要职能，旨在培养大量技能型人才，注重高校社会价值的实现。可见，旧金山湾区拥有不同层级高校的定位与职责，鼓励各层级高校在该系统范围内有序竞争，并且在三个层级间构建灵活的转学与升学机制，支持学生向上流动。随着新兴产业发展和劳动力市场需求的变化，公立高等教育系统也随之调整与改善，部分社区学院被赋予学士学位授予权，以提升职业技术教育的水平与层次，更加契合产业发展对不同层次人才的需要。

（二）纽约湾区高等教育发展成就纽约国际贸易、金融中心

纽约湾区最为举世瞩目的高等学校就是常春藤联盟大学，其由美国8所顶尖研究型高校组成，是全球最顶尖的高校联盟，纽约湾区及其周边有哥伦比亚大学、康奈尔大学、耶鲁大学、哈佛大学、

---

① 吴思、卢晓中：《国际一流湾区高等教育集群发展的结构优化及对粤港澳大湾区的启示》，《北京教育》2022年第11期。

麻省理工学院、约翰霍普金斯大学等。其历史悠久、文化底蕴深厚、科研创新能力强，百余年来为湾区金融、贸易、科技创新、产业等提供高端人才，因此纽约也成为首屈一指的国际贸易、金融中心。此外，纽约湾区还拥有纽约大学、北卡罗来纳大学教堂山分校等一批具有高水平科研和教学能力的大学。它们享有极高的国际声誉，对湾区科技发展起到了重要推动作用。尤其值得一提的是，美国东海岸还有一系列顶尖文理学院，如威廉姆斯学院、阿默斯特学院、斯沃斯莫尔学院等，此类学校办学规模小，但学术严谨、本科教育水平顶尖，也具有较高知名度。与旧金山湾区相比，纽约湾区遍布优质公立大学，包括纽约州立大学和纽约市立大学，这类公立学校规模大、数量多、教学水平高，尤其是宾夕法尼亚州立大学、纽约州立大学宾汉姆顿分校等学费较低，但是办学水平与常春藤大学齐平，备受关注。

综上所述，纽约极度重视基础研发和创新载体构建，夯实创新基础。为加快"创新制度"建设，纽约倡导努力创造多个在未来10年里将纽约高校毕业的工程师数量翻一番的应用科学计划，旨在吸引全球顶尖的理工科院校来纽约创办大学和科技园，弥补纽约"应用科学"上的短板，为纽约培养高科技人才。倡导众创空间计划，旨在激发纽约全市的创新创业活力，鼓励和吸引社会化的创新创业活动，为纽约培育新兴高科技公司。目前，纽约拥有科技大会和299个科技产业组织及12个"孵化器"，涵盖金融、时尚、媒体、出版、广告等各类产业，建立了强有力的产业互助系统。另外，纽约多年来的积累聚集了大量的金融机构和跨国公司总部，这使得纽约成为首屈一指的世界级总部基地和金融中心。通过倡导支持创新的融资激励计划，设立各种类型的种子基金及贷款基金，为创新创业企业提供资金扶持。

（三）东京湾区高等教育发展助力提升区域科技创新水平

日本大学的国际竞争力较强，日本于 2012 年和 2014 年分别制订了"牵引国际化人才大学"计划和"超级国际化大学"计划，东京湾区的东京大学、筑波大学等多所大学被列入这些计划。由这些大学所组成的大学联盟积极牵引国际化人才与国外一流大学开展多项合作交流，而且积极与区域产业构建有机联系，致力于科技创新。澳大利亚著名评测机构"2 thinknow"基于城市（区域）思维健康、财富、人口、地理及潜力等因素，从 2007 年起对全球前 100 名创新型城市（区域）进行排名和评分，在 2016~2017 年度排名中，伦敦、纽约、东京居前三位，排在前十位的还有新加坡、多伦多、巴黎、维也纳和首尔等城市。

为增进国立大学的特色化和多样化，日本于 2013 年公布《国立大学改革方案》，以"世界卓越、特色优秀、地域贡献"三组类型对国立大学进行划分，建立分类评估体系，调整组织结构和实行竞争性"倾斜配给"。[1]东京大学等被划分为第一类，以打造世界一流大学水平的卓越教育研究为目标，构建"世界卓越研究型大学"。此外，还有以医科著称的东京医科齿科大学，主要发挥较强专业特色优势。横滨国立大学等组成"地域发展贡献型大学"，专业发展与产业发展高度适配的学科，为区域产业界培养人才。[2]

综上所述，东京湾区依托高等教育加大全球化城市高端服务功能。政府依托港口积极营造优良的港口服务业发展环境，引导投融资向港口服务业倾斜，鼓励加快东京商业服务业快速发展，服务业产值逐渐增加，聚集了金融服务、商贸物流、生活服务、出版印刷

---

[1]　王晓燕：《日本推进国立大学功能分类改革的动向研究》，《中国高教研究》2016 年第 10 期。

[2]　程亚静：《日本启动国立大学分类改革》，《光明日报》2016 年 11 月 6 日。

等相关商业服务机构，涵盖了生产性和生活性服务业，成为引领辐射带动效应的重要产业。

二　粤港澳大湾区高等教育发展基本情况及主要特征

推动粤港澳大湾区教育合作发展，是推进粤港澳大湾区建设的重点领域，也是事关教育现代化全局的关键节点。粤港澳大湾区高等教育合作是湾区建设的基础性、持续性动力，为港澳融入国家发展战略提供了重要路径，也是打造国际高等教育示范区的现实需要。

2019 年，中共中央、国务院印发《粤港澳大湾区发展规划纲要》，提出"支持粤港澳高校合作办学""鼓励港澳青年到内地学校就读""鼓励粤港澳三地中小学校结为'姊妹学校'"等；同年，《中国教育现代化 2035》等重要纲领性文件，明确粤港澳大湾区在国家发展大局中的重要战略地位，提出支持大湾区建设国际教育示范区和新时代教育改革发展示范区、创新区和先行区。2020 年 11 月，教育部和广东省人民政府联合印发的《推进粤港澳大湾区高等教育合作发展规划》指出，到 2025 年，大湾区高等教育规模、结构、布局更加协调，科教融合、产教融合发展特色更加鲜明，资源要素自由流动机制取得突破，人才协同培养体制机制基本确立，区域高校协同发展格局基本形成，支撑国际科技创新中心建设的能力明显增强，在若干重要领域产出引领性原创成果；到 2035 年，建成若干所世界一流水平的高校，各类资源要素高效便捷流动，知识溢出效应显著，成为创新人才培养高地。这一高质量发展的目标定位，要求全面准确把握粤港澳大湾区"一国两制三法域"的特点，以集群发展推动高等教育高质量发展。

2022 年 10 月，党的二十大报告中明确指出深入实施区域协同发展战略。粤港澳大湾区作为国家战略发展重点区域，为推动区域政府之间、高等教育主体之间、区域社会组织之间开放融合发展等方面发挥了跨区域协同机制的功能作用，为构建区域高等学校协同创新体系，提升高等教育资源共享水平，推动区域高等教育高质量发展作出了积极贡献。[①]

推进大湾区人才高地建设，形成高端科技人才集聚效应，离不开教育的战略性作用。教育领域的交流合作，也是支持香港、澳门融入国家发展大局的重要一环。粤港澳教育交流合作对维护国家利益、促进港澳繁荣稳定至关重要。

有学者研究指出，"湾区具有高校集聚、格局开放、溢出显著与机制协调等特征，是世界科技创新和经济增效的动力引擎"。粤港澳大湾区高等教育发展则肩负多重任务，需"创新体制机制，把湾区建设成世界性高等教育新高地；增强辐射效应，实现三地高等教育资源内循环；对接'一带一路'建设，推动高等教育资源外循环"。[②]

当前，粤港澳大湾区高等教育集群已具雏形，下一步应更好地发挥协同效应，致力于将湾区打造成更高质量的区域高等教育集群乃至世界性高等教育集群。粤港澳教育合作发展不仅要创新人才培养模式，为大湾区建设提供高素质人才支撑，而且承担着培养担当民族复兴大任的时代新人、增进港澳青少年国家认同的重要使命。大湾区教育应充分立足传统文化，融入世界发展前沿，发展出拥抱时代的教育新理念，创造可羡可学的教育新模式，为中国教育现代化和世界教育发展作出贡献。[③]

---

① 韩庚君：《协同发展视角下京津冀高等教育一体化研究》，《现代商贸工业》2021年第3期。

② 杨蕾、陈先哲：《从"中心-边缘"到创新网络：知识溢出视野下的粤港澳大湾区高等教育集群发展》，《现代大学教育》2022年第5期。

③ 龚亮、吴春燕：《大湾区教育合作空间广阔——专家研讨粤港澳大湾区教育合作与发展》，《光明日报》2023年6月6日。

（一）粤港澳大湾区高等教育合作兼具横向合作和纵向立体双重特征，前景广阔

湾区内各高等教育发展主体在融合关系中获取资源，实现自发发展。[①] 而通过实现优势互补，强化三地高等教育交流与合作，也会在极大程度上助推经济整体发展。此外，加强三地教育尤其是高等教育交流合作，着力培育和增进港澳青少年的家国情怀，这对促进港澳青少年成长成才、推动港澳融入国家发展大局、实现港澳长远持续发展具有重要意义。[②]

粤港澳大湾区拥有超过 170 所高等教育机构，学生总人数超过 200 万。湾区的高校通过提供高水平的人力资源使之成为技术创新的引擎。然而总体上看，顶级大学在帮助经济结构重塑和推动珠江三角洲腹地高科技发展方面仍存在一些局限性。从历史维度看，大湾区的第一所现代大学是 1888 年在广州成立的岭南大学。1911 年，香港大学成立。1981 年，澳门开设东亚大学（今天的澳门大学），这也是澳门本土第一所大学。从 1979 年到 1997 年香港回归祖国，湾区内城市的高教合作取得了长足发展，尤其是在 1997 年之后，跨境教育和学术交流数量都快速增长，包括学生交换项目、研究项目、联合研究中心和实验室、产学研基地等在内的要素指标提升迅速。自 2009 年以来，香港特别行政区和澳门特别行政区政府均在中央政府的支持下，在内地开启了合作办学模式。

从 2020 年起，国家通过顶层设计开展粤港澳大湾区内高校拓展交流。港澳政府和教育部签署谅解备忘录，鼓励在大湾区大学或

---

① 许长青、黄玉梅：《制度变迁视域中粤港澳大湾区高等教育融合发展研究》，《中国高教研究》2019 年第 7 期。

② 龚亮、吴春燕：《大湾区教育合作空间广阔——专家研讨粤港澳大湾区教育合作与发展》，《光明日报》2023 年 6 月 6 日。

学院开展多种层次跨境交流，并在大学之间相互认可学分和学术资格。与此同时，大湾区内学生开启双向招生模式，内地的大学可按照三种方式招收来自香港和澳门的学生：个别招生、联合招生和推荐招生。"个别招生"始自20世纪80年代，经教育部批准，中山大学和暨南大学等少数内地大学有权组织本校的香港和澳门学生入学考试，并独立招生；"联合招生"是香港的学生每年5月在香港参加联合大学程序录取系统（JUPAS）考试，近300所内地大学根据学生在JUPAS中的表现，招收合格的候选人；"推荐招生"则主要针对香港学生，主要取决于在香港中学文凭考试中的表现，广东等地有大约90所大学通过这个方案招收部分学生。同时，香港和澳门的大学主要通过两种方式招收来自内地的本科生或研究生。内地学生通过高考后，申请香港本科课程的学生需要参加由各大学独立组织的招生考试。澳门的大学根据学生在高考中的表现招收本科生。在研究生阶段，香港和澳门的所有大学通过一个类似西方大学的独立申请系统录取研究生。目前，香港有12所大学，澳门有6所大学招收来自内地的学生。

除了招生机制的互联互通外，早在2006年，湾区内的大学就已经开始一些研究、教学项目的合作运营。香港大学在北大深圳校区较早就开设了工商管理课程；2005年，香港浸会大学与北京师范大学合作，在珠海开设了联合国际学院。2009年，中央政府将位于珠海横琴的面积为1.0926平方千米的土地批准用于建设澳门大学新校区。经过全国人民代表大会常务委员会的授权，澳门特别行政区被允许对新校区行使司法权。2014年，香港中文大学（CUHK）与深圳大学合作，在深圳龙岗区设立香港中文大学（深圳）。被录取到香港中文大学（深圳）的学生也会注册为香港中文大学的学生，并在毕业时获得本校的学位。2019年，香港科技大学与广州大学实现合作办学。这种合作形式的快速发展对大湾区的未来至关重要。除了由大湾区高等教育机构的科学家进行的联合研究项目外，研究合作还采取了独立研究机构和联合重点实验室的形式。例如，深圳政府资助了来自香港的五所大学在深圳设立研究机构，以促进技术转移。2016年，广东省教育厅开始推动在广东、香港和澳门之间建立联合实验室，以促进该地区的科技创新。

上述合作很大程度上受益于中央政府和港澳地区出台的大量政策的较大力度推动（见表6-1）。

表6-1 粤港澳大湾区高教合作部分文件一览		
文件名称	时间	出台机构
《关于普通高等学校招收和培养香港特别行政区、澳门地区及台湾省学生的暂行规定》	1999年	教育部、国台办、国务院港澳办、公安部
《中华人民共和国中外合作办学条例》	2003年，其后两次修订	国务院
《内地与香港关于建立更紧密经贸关系的安排》（CEPA）	2003年	国务院和香港特区政府
《内地与澳门关于建立更紧密经贸关系的安排》（CEPA）	2003年	国务院和澳门特区政府
《广东省教育现代化建设纲要（2004~2020年）》	2004年	广东省人民政府
《广东省中长期教育改革和发展规划纲要（2010~2020年）》	2010年	中共广东省委、广东省人民政府
《粤港资历框架合作意向书》	2019年	广东省教育厅、香港特区政府教育局
《粤澳教育培训及人才交流合作意向书》	2019年	广东省教育厅、澳门特区政府教育暨青年局、澳门高等教育局
《关于推进与港澳大湾区职称评价和职业资格认可的实施方案》	2019年	广东省人社厅、教育厅等九部门
《关于推进深圳职业教育高端发展 争创世界一流的实施意见》	2020年	教育部、广东省人民政府

资料来源：根据相关资料整理。

　　总体来说，粤港澳大湾区高等教育发展呈现区域不平衡特征（见表6-2），这与其差异较大的经济发展水平紧密相关。从占地面积看，广州、惠州、肇庆、江门四市居湾区前列，但除广州外，其他三市高等教育发展相对滞后。香港高等教育无论从规模还是水平上看均达到国际先进水平，有大专以上院校23所，大学11所（见表6-3），高等教育毛入学率达68.5%。广州作为省会，拥有高校82所，其中"双一流"建设大学达7所，广东省也仅有8所"双一流"建设高校。[①]

表 6-2　2021 年粤港澳大湾区"9+2"城市经济与高等教育基本情况

城市	面积（km²）	人口（万人）	GDP（万亿元）	高校数（所）	本科以上高校数（所）	毛入学率（%）
香港	1105.7	740.31	2.37	22	22	68.5
澳门	32.9	68.32	0.19	10	10	80.7
广州	7434.4	1881.06	2.82	82	37	67.5
深圳	1997.5	1756.01	3.07	15	112	55.1
珠海	1735.5	243.96	0.38	10	8	55.2
佛山	3797.7	961.26	1.22	10	6	64.0
东莞	2460.1	1053.68	1.09	9	5	66.8
惠州	11347.0	604.28	0.49	7	2	36.3
肇庆	14897.5	412.97	0.26	5	1	25.0
江门	9505.9	479.80	0.36	5	1	54.3
中山	1800.1	446.69	0.35	3	1	62.1

数据来源：2022年大湾区教育直通车报告。

[①]　林杰、刘业青：《高等教育外部治理格局的突破与创新——深圳建设中国特色社会主义先行示范区的机遇》，《清华大学教育研究》2020年第2期。

表 6-3　香港大学和专上院校概况

序号	类别	院校	成立年份	最高可颁授学位	营运模式
1	大学	香港大学	1911	博士	教资会资助
2	大学	香港中文大学	1963	博士	教资会资助
3	大学	香港科技大学	1991	博士	教资会资助
4	大学	香港理工大学	1937	博士	教资会资助
5	大学	香港浸会大学	1956	博士	教资会资助
6	大学	香港城市大学	1984	博士	教资会资助
7	大学	岭南大学	1967	博士	教资会资助
8	大学	香港教育大学	1994	博士	教资会资助
9	大学	香港都会大学	1989	博士	自资营运
10	大学	香港树仁大学	1971	博士	自资营运
11	大学	香港恒生大学	1980	硕士	自资营运
12	专上学院	香港演艺学院	1984	硕士	公帑资助
13	专上学院	香港珠海学院	1947	硕士	自资营运
14	专上学院	明爱专上学院	1985	硕士	自资营运
15	专上学院	才晋高等教育学院	2003	学士	职业训练局
16	专上学院	香港高等教育科技学院	2012	学士	职业训练局
17	专上学院	香港能仁专上学院	1968	学士	自资营运
18	专上学院	香港伍伦贡学院	2004	学士	自资营运
19	专上学院	东华学院	2005	学士	自资营运
20	专上学院	耀中幼教学院	2008	学士	自资营运
21	专上学院	港专学院	2014	学士	自资营运
22	专上学院	宏恩基督教学院	2015	学士	自资营运

续表

序号	类别	院校	成立年份	最高可颁授学位	营运模式
23	专上学院	香港艺术学院	2000	学士	自资营运
24	专上学院	香港专业教育学院	1999	副学士	职业训练局
25	专上学院	香港知专设计学院	2007	副学士	职业训练局
26	专上学院	高峰进修学院	2003	副学士	职业训练局
27	专上学院	香港专上学院	2001	副学士	自资营运
28	专上学院	香港专业进修学校	1957	副学士	自资营运
29	专上学院	明爱社区书院	1963	副学士	自资营运
30	专上学院	明爱白英奇专业学校	1971	副学士	自资营运
31	专上学院	青年会专业书院	1995	副学士	自资营运
32	专上学院	香港科技专上书院	1997	副学士	自资营运
33	专上学院	香港大学专业进修学院保良局何鸿燊社区书院	2006	副学士	自资营运
34	专上学院	芝加哥大学布思商学院香港分校	2014	–	自资营运

资料来源：根据公开数据整理。

深圳作为经济"领头羊"，虽然高等教育发展起步较晚，但是后来居上，通过"内培外引"等超常规发展模式，先后建设了深圳大学（深圳第一所大学是成立于1983年的深圳大学，起步晚但是着眼高端，受到北京三所顶尖大学的援建。其中，北京大学援建中文、外语类学科，清华大学援建电子、建筑类学科，中国人民大学援建经济、法律类学科）、南方科技大学、深圳技术大学、深圳职业技术学院（现为深圳职业技术大学，后文皆统一称为深圳职业技术大学）、深圳信息技术学院等高水平院校，还"外引"了北京大学和清华大学研究生院、哈尔滨工业大学、中山大学、暨南大学、香港中文大学（深圳）、深圳北理莫斯科大学、天津大学佐治亚理工深圳学院等知名高校[①]。这种发展态势与经济发展水平及政策支持紧密相关。早在 2016 年，深圳市委、市政府就发布《关于加快高等教育发展的若干意见》，这是深圳推动高等教育全面发展的第一份文件，其中提出未来十年将建设 10 所大学，到 2025 年高校数量翻番，达到 20 所左右，3~5 所高校排名进入全国前 50。2021 年《深圳市人民政府香港大学关于在深合作办学备忘录》的签署，标志着两地高等教育合作有了更进一步发展。目前深圳高等教育跨越式发展主要依赖自办高校与引进办学。

澳门土地面积小，人口少，但是高等教育较为发达。有本科以上高校 10 所，高等教育毛入学率高达 95%，不仅满足了澳门本地适龄青年的教育需求，而且为内地适龄青年提供了多样化的高等教育机会。澳门充分利用其自由港和国际旅游城市的区位优势，发展公私立高等教育，尤其注重发展旅游、博彩、中药等特色学科，推进大学国际化程度不断攀升。

大湾区内地其他几个城市高等教育发展较弱。例如，珠海的 GDP 低，人口少，面积小，没有本土高校，但近年来其创新路径，先后引进了北京师范大学、吉林大学、北京理工大学、中山大学、暨南大学、北京师范大学 – 香港浸会大学联合国际学院等 10 所大学，使得其高等教育规模和水平仅居广州、深圳之后。再如，佛山

---

① 李均、吴秋怡：《深圳特区高等教育史略——40 年的嬗变与求索》，《高教探索》2021 年第 7 期。

本土高校只有佛山科学技术学院、广东东软学院、顺德职业技术学院、佛山职业技术学院、广东职业技术学院、广东环境保护工程职业学院6所，但是同样受益于当地政府的高度重视和经济发展的促进作用，2000年以后，先后有华南师范大学、广东轻工学院、广东财经大学、广州美术学院等在佛山办学；目前，香港理工大学（佛山）也已在建设中。类似的情况还有东莞，拥有东莞理工学院、广东科技学院、东莞理工学院城市学院、广东亚视演艺职业学院、东莞职业技术学院、广东创新科技职业学院、广东酒店管理职业技术学院等7所本土院校，其中高职高专占多数。但是广东医科大学、广州新华学院近二十年来也在东莞办学，随着大湾区大学（东莞）、香港城市大学（东莞）两所大学进入，东莞高等教育也将迎来全新发展。然而，惠州、中山、江门、肇庆四市的高等教育水平较弱，属于大湾区高等教育"洼地"。

总体来说，粤港澳大湾区内地九市高等教育尽管与港澳有较大差距，但是发展势头强劲，潜力巨大。这一因素也极大地支撑了广东省创新优势的持续性。自2017年跃居第一以来，广东区域创新能力已连续6年领跑全国。

（二）粤港澳大湾区职业教育发展特色明显

《广东省国民经济和社会发展第十四个五年规划和2035年远景目标纲要》明确提出，"要建立中等、专科、本科职业教育、专业学位研究生教育纵向贯通的现代职业教育体系"。在国家政策的积极引导下，近年来粤港澳大湾区的职业教育交流和合作日趋频繁。三地在招生、职业培训、交流和学生技能竞赛等方面均有合作基础。例如，截至2022年，深圳职业技术大学、广州民航学院和番禺职业技术学院均可以招收港澳籍学生。在大湾区内地城市就读职业院校的港澳学生，可以申请在内地直接就业。香港职业教育集团和深圳职业技术大学业已启动联合发展电气服务工程专业。近年来，湾区内也通过举办技能大赛，积极推进职业标准的统一和三地职业资格证书互认。

建设现代化经济体系需要不断优化人力资源对经济社会发展的支撑，职业教育国际化发展是推动经济高质量发展的关键环节，是推进教育链、人才链和创新链、产业链有机衔接的重要手段，能为现代化经济体系建设提供人才和技术保障。[①] 粤港澳大湾区职业教育国际化发展和经济可持续发展的战略选择，可以有效地促进职业教育高质量发展，从而全方位推动区域经济整体发展。就目前来看，粤港澳大湾区职业教育整体呈现"外高内低"的态势，即港澳地区发展明显超越内地。因此，三地之间在职业教育领域进行优势互补，不断加强联动，将有利于三地教育协同发展，不断增强地区产业协同和整体经济发展活力。

2021年9月，中共中央、国务院下发的"前海""横琴"两个方案在过去粤港、粤澳合作基础上进一步拓展了三地合作发展能级。[②] 目前，湾区内各个区域间的经济合作更加紧密，产业集群的形成和发展成为主引擎，先进制造业、战略性新兴产业和现代服务业融合发展，技术驱动自主创新的势头强劲，对高素质技术技能人才的需求急剧攀升。粤港澳大湾区正面临大规模的产业转型升级，产业环境越发复杂，对人才理论知识与专业能力的要求越来越高。[③] 而传统的内地高等职业教育多配套于劳动密集型产业，已经不能完

---

① 赵晋芳:《"十四五"期间粤港澳大湾区职业教育协同发展路径探析》,《广东轻工职业技术学院学报》2022年第2期。

② 《全面深化前海深港现代服务业合作区改革开放方案》与《横琴粤澳深度合作区建设总体方案》。

③ 吴婷、谢杭锋:《粤港澳大湾区高等职业教育协同创新发展的路径研究》,《职业教育研究》2020年第7期。

全适应日趋走向协同的大湾区产业体系，因此通过职业教育深度合作发展来打造更高质量的湾区职业教育体系，成为题中应有之义。

（三）粤港澳大湾区高等教育与区域互动协调发展目标明确

大湾区发展战略旨在构建一个一体化、创新型、国际化的经济体，这为高等教育机构带来了机遇和挑战——意味着需要更深入的合作，高等教育系统将成为世界一流的，并作为一个统一的系统，能够很好地应对大湾区的社会和经济需求。然而，尽管已经有政策鼓励和促进跨境学术和研究合作，但目前大湾区内的高等教育体系仍然相对分离。近年来，内地赴香港和澳门就读学生数量不断增加，但是文化上存在的一些差异，为学生适应新的教育环境从而更好地实现沟通交流造成了较大的障碍。但是，大湾区高等教育体系也有很好的融合条件，例如三地共享市场化的产业体系和外部机制。如果能有效利用优势资源条件，将能在大湾区内实现更为紧密的高等教育合作。

此外，粤港澳大湾区高等教育发展方向还应朝着"集群化"的路线迈进。"高等教育集群发展是建设高质量高等教育体系的重要途径，近年来已成为区域高等教育发展的重要战略选择……一方面是高等教育如何在教育、科技、人才三位一体的统筹安排、一体部署中更好地为大湾区经济发展、科技创新，尤其是为国际科技创新中心建设提供基础性、战略性支撑；另一方面是大湾区与粤东粤西粤北地区高等教育如何更好地协调发展，为粤东粤西粤北地区发展提供人才和智力支撑。"[1]高等教育协调发展也不是简单的均衡发展，而是与各地经济发展、科技创新、高水平人才高地建设相适应的多

---

[1]　卢晓中：《集群发展推进粤港澳大湾区高等教育结构优化》，《南方日报》2023年3月6日。

样、特色发展，进而实现整体发展。这也是高等教育集群发展的要义所在。

三 国际比较：粤港澳大湾区高等教育发展的优劣势

一方面，粤港澳大湾区高等教育发展有其自身特色。

一是从三地关系上来看，粤港澳大湾区三地毗邻，具有文化共通性特征。粤港澳大湾区三地在地理空间、历史发展、区域特点等方面关系紧密，在方言、民俗文化、思维方式上都有教育的类型化特征。[①] 从高等教育功能来看，三地人才教育可共享同种语言环境；三地科学研究可共享课题研究的人文环境和历史背景；三地开展社会服务具有共享开放、务实等特征。因此，粤港澳大湾区高等教育具有较为明显的区域特色，也进一步加深了其竞争力。

二是从各自资源禀赋来看，香港、澳门高校具有显著的国际化优势。一方面，港澳高校具有与国际接轨的优势，香港的大学深受英国等欧美体系影响，与欧美高校联系密切，加之其国际自由港地位，与世界各地高校合作较多。澳门高等教育有"三文四语"的多元教学语言体系，因而具备合作的先天优势。同时，香港教育具有高等教育毛入学率高，以及大学科研教育水平高、基础教育水平高，还有办学多样化、教师职业化、国际化等优势，可进一步发挥香港在知识、技术、人才、资本等方面的优势，使其在建设教育强国中发挥显著作用。另一方面，广东高校受益于珠三角坚实的产业基础和发达的外贸体系，高校外向型特征显著。这为湾区高等教育的国际交流合作奠定了良好的基础。面对国家发展战略实施以及区

---

① 孙清忠等：《场域理论视角下的粤港澳大湾区高等教育合作研究》，《高教探索》2002 年第 5 期。

域经济社会创新对人与科技的重大需求，学科交叉融合已成为高等教育推动人才培养体系改革及学术研究创新的必然举措。许多国家和地区的大学将打破学科专业界限作为课程改革的方向之一，并积极推动跨学科、跨领域学术研究。从教育理念、制度机制到知识创新等不同层面，持续进行有益的探索，取得了良好进展。澳门大学在这一方面进行了很有益的探索（见专栏）。

专 栏

澳门大学从顶层推行以问题为导向，学科交叉、协同创新和知识转化的"P.I.C.K."研究策略，把学科融合的理念贯穿在澳门大学人才培养体系的全过程。例如，澳门大学拥有亚洲规模最大的住宿式书院系统。学校发挥书院系统与学院的协同育人优势，本科低年级阶段实现全人教育与学科融合充分结合；在硕士教育阶段，学校践行"知识整合"的理念，在提升学生专业水平及研究能力的同时，为学生提供更多参与跨学科学习和研究的机会；在博士教育阶段践行"协同创新"的理念，致力营造有利于学生更好发挥研究水平和能力的环境，促进跨学科、跨领域学术研究的相互启发和交流。以开放、合作和资源共享的创新模式，鼓励学院、学系以及博士生个人充分发挥各自的能力优势，参与学术合作，实现优势整合互补，提升科研成果的质量和影响力。

资料来源：中国高等教育学会副会长、澳门大学校长宋永华在2022年11月27日高等教育国际论坛年会大学校长论坛上的报告，转载于《2022大湾区教育直通车》总第187期。

三是从各地文化积淀来看，粤港澳大湾区各个城市与国际交流较为密切，具有非常厚重的移民文化。这一文化底蕴对高等教育发展、人才交流、智慧碰撞均有重要支撑力。移民和多元文化吸引大量外来高层次人才，国际上的一些教育发达地区均具有类似的文化特色。

四是从高等教育发展的方向性来看，近年来湾区三地高等教育发展迅猛，尤其是着眼于应用，形成一大批优质高等院校。例如，"十三五"以来，深圳加快集聚国内外优质资源，深圳北理莫斯科大学、中山大学深圳校区、哈尔滨工业大学（深圳）、深圳技术大学、天津大学佐治亚理工深圳学院等先后获教育部批准设立，深圳5年新增5所大学，创造了高等教育的"深圳速度"。截至2021年底，全市已开办普通高等学校15所，在校学生14.52万人。2023年的深圳市政府工作报告明确指出，将"一体规划建设深圳海洋大学、深海科考中心、海洋博物馆"，"推动深圳理工大学去'筹'设立"，"开工建设深圳创新创意设计学院""电子科技大学（深圳）高等研究院"，"推进与香港大学合作办学"。

另一方面，与世界其他三大湾区比较，粤港澳大湾区高等教育发展亦有不足。从中央对粤港澳大湾区的高标准定位来看，内地建设与区域经济发展地位匹配的世界一流高等教育体系，仍然面临较大挑战。

一是区域在重大科研与实验项目上优势不明显，甚至短板凸显。重大国字头科研工程与项目建设不足，尤其是高新科技产业发展急需的顶尖人才缺乏，高等教育对尖端科技、高新技术产业的研发与支持力量不足。与世界其他三大湾区相比，粤港澳大湾区产、学、研结合的紧密程度较低，社会服务能力不足，对建构知识与研发创新体系的贡献度偏低。以人力资源为例，粤港澳大湾区被称为"人才湾区"，常住人口超7000万，约占全国总人口的5%，超过世界其他三大湾区人口总和，每年仍然保持150万左右的人口增长。具体在高等教育领域，专职教师数量超过 20 万人，这一数据优势是较为明显的。但是比较而言，顶尖人才的引进能力还有待提升。从国际视角看，创新程度较高的区域无一例外是人才集聚高地，高等教育在人才集聚的过程中起到了重要的支撑作用。以创新之城特拉维夫为例，其本身就是靠人才"起家"的创新型城市。特拉维夫的高等教育打破传统学科交流界限，助力师生创新项目的研究与发展。特拉维夫是以色列的文化、金融和技术中心，特拉维夫大学位居全球大学百强之列，大学与这座城市共享着开放、创新精神。学校注重支持师生国际交流，营造校园多元文化；建立国际合作伙伴关系，丰富世界教育体系。其教学和研究打破学科间的界限，学校建立研究中心，召集不同领域的研究者共同分享新认知和新方法。每年在特拉维夫大学 9 个系、125 个研究所里的"跨界"项目有 3500 个之多。[1] 如果说世界高等教育的趋势是越来越走向学科融合，那么特拉维夫大学则一直引领着城市走在世界前列。

二是粤港澳大湾区高校整体创新密度较高，但是内地城市与香港差异明显。根据 QS 世界大学排名，世界各湾区中，进入 QS100 的大学共计 17 所，粤港澳大湾区连续两次进入前 100 位的大学均达到 5 所，但是均在香港（见图 6-3）。区域高校科研创新能力不均衡。在高等教育层次结构方面，与三大国际一流湾区相比较，当前大湾区各层级高校不同程度地存在定位不够清晰、比例不够合理、流转机制存在障碍等问题，尤其是研究生规模较小，只占高校在校生的 6%[2]，高层次创新人才的培养力明显不足，与《粤港澳大

---

① 吕伊雯、刘明珍：《教育交流与科研合作促进高校创新发展》，《世界教育信息》2017 年第 2 期。

② 南方科技大学粤港澳大湾区高等教育大数据研究中心：《粤港澳、京津冀、长三角地区高等教育与经济发展报告（2021）》，南方科技大学粤港澳大湾区高等教育大数据研究中心 2021 年报告。

湾区发展规划纲要》的要求不相匹配。

深圳、广州的高校数量虽多，广东全省高校在校人数总量位居全国第一，但是与世界一流大学相比仍有很大差距。根据 2022 年泰晤士高等教育世界大学排名，粤港澳大湾区入围前 200 名的高校仅有香港 5 所高校，且排名最高的香港大学位列第 30 名，可见湾区内高等教育水平发展极不均衡且顶尖高校基数较少。而反观纽约湾区，有 10 所院校进入排行榜前 30，远远高于粤港澳大湾区整体水平。从内地高等教育优质资源分布情况来看，粤港澳大湾区内地九个城市也远远不及北京、上海等传统教育强市。内地进入 QS 前 100 名大学排行榜的大学共有 5 所，其中北京、上海各有 2 所，杭州 1 所，大湾区九市没有上榜高校（见表 6-4）。

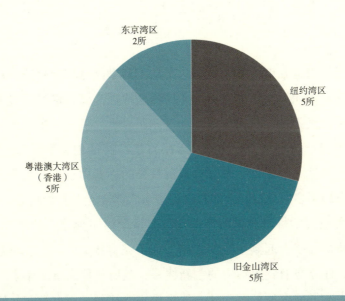

图 6-3 世界湾区 QS100 大学数量

资料来源：QS World University Rankings 2024。

表 6-4　中国境内进入 QS 100 大学及排名情况

序号	QS 排名	大学名称	所在地
1	17	北京大学	北京
2	25	清华大学	北京
3	26	香港大学	香港
4	44	浙江大学	杭州
5	47	香港中文大学	香港
6	50	复旦大学	上海
7	51	上海交通大学	上海
8	60	香港科技大学	香港
9	65	香港理工大学	香港
10	70	香港城市大学	香港

资料来源：根据 QS World University Rankings 2024 数据整理。

　　三是内地九市大学学科结构布局不科学问题较为普遍，高端优势学科不明显，高等教育人才培养与深圳高新技术产业发展需求的契合度不高，与其他国际湾区差距较大。例如，东京湾区就高度重视产学研一体化建设，着眼打造广阔的创新平台和空间。除东京本地大学之外，东京首都圈重要的创新中心京滨工业区周边也布局了多所高校，政府积极促进各大学与企业开展科研合作，努力实现大学科研成果的产业化。大量政府主导建立的专业产、学、研协作平台起到了重要作用。为了完善相关产、学、研合作机制，建立更有竞争活力的创新体系，政府将原来隶属于多个省厅的大学和研究所调整为独立法人机构，从而赋予大学和科研单位更大的行政权。通过"产学研"体系的协调运转，较好地发挥了各部门联合攻关的积极性，对提高区域科技创新水平具有重要的作用和意义。

四是粤港澳大湾区高校，尤其是内地九市高校人才吸引力不足，与国际湾区差距较大。硅谷成为一流的国际化创新型城市得益于强大的人力资源。硅谷周边聚集了斯坦福大学、加州大学伯克利分校等全球一流的大学和美国SLAC国家加速器实验室、帕罗奥多研究中心等全球知名的研究机构，为硅谷产业界提供了技术源头和优秀人才。斯坦福大学在硅谷的产生过程中起过非常重要的作用。斯坦福大学对师生创业持积极支持态度，与斯坦福大学有关的企业（由斯坦福大学的师生和校友创办的企业）的产值占硅谷产值的50%~60%。斯坦福大学还允许教师作为咨询顾问参与产业界，担任企业董事，甚至允许其短期离职，而企业则出资支持大学的科研。很大程度上，以"另类大学"斯坦福大学为代表的大批杰出大学和研究机构，是硅谷创新生态系统的基础。波士顿近百年起起伏伏的发展历程同样得益于人才提供核心的智力资源。一方面，大学成为区域创新网络中知识创造与人才培养的桥头堡。波士顿有包括哈佛大学、麻省理工学院等世界著名学府在内的120所大学，得天独厚的智力资源成为波士顿128公路区高技术产业发展的强有力支撑。另一方面，波士顿实施非常优厚的人才激励政策，注重外来人才的引进使用。人才激励政策内容丰富、范围广泛，涵盖了税收激励、高等教育、科技人力资源等领域。同样，纽约湾区极度重视基础研发和创新载体构建，夯实创新基础。为加快"创新制度"建设，纽约倡导努力创造多个在未来10年里将纽约高校毕业的工程师数量翻一番的应用科学计划，旨在吸引全球顶尖的理工科院校来纽约创办大学和科技园，弥补纽约"应用科学"上的短板，为纽约培养高科技人才。

第三节　粤港澳大湾区高等教育高质量发展的
对策建议

一　加大政策支持力度，形成"外向型"高等教育中心

做强高等教育是促进大湾区教育与经济社会协同发展的基础所在。从历史来看，高等教育发展往往需要长期的历史积淀。欧洲的一些著名高校已有近千年历史，美国主要研究型大学也大多有上百年历史，短期内促成高等教育的大发展难度较大。但近年来，以香港科技大学为代表的后发研究型大学模式的出现，为改革提供了借鉴。在此种背景下，可结合政策、经济和地缘优势，加大政策支持力度，逐步形成"外向型"高等教育中心。建立良好的高校与城市联动机制，推进、激励高校利用自身的教育资源参与城市建设。政府可以结合产业结构特点、产业发展需要、城市发展需要，在创新主题、创新人才、创新平台等方面出台政策措施，培育和引进一批优质高等教育资源，在战略布局、引人育人、科技创新等方面实现高度协同，推动高校与城市一体化高质量发展。例如，做好人才引进，形成人才聚集区。事实上，大力引进人才，"以引代培"，已经是深圳市乃至广东省改革开放以来重要的人才工作经验。比如总部设在深圳的华为公司，大量吸引了包括清华大学、浙江大学、华中科技大学等知名高校在内的优质毕业生，促成了企业的快速发展。

当前国际人才形势正在发生变化：欧美等国经济危机导致劳动力市场需求下降，部分高层次研究者开始向中国等后发国家流动；中国对创新型人才的需求不断增加，人才吸纳力度逐步加大；海外归国人才从重就业变为重创业，更多期待祖国提供创业政策和平台。在此种背景下，大湾区应主动出击，通过人才获得形成人才高

地，可尝试在以下方面寻求突破。一是加强留学生创业园建设。提供更大幅度创新与创业项目支持力度。目前中关村等地建有多个留学生创业园，在创业孵化等方面提供大量支持，吸引了大批留学生归国创业，极大地带动了当地经济社会发展。大湾区可在目前留学生创业园基础上，进一步增加园区数量，增强创业支持力度，提升管理科学化水平。二是加强海外人才工作办事处建设。近年来，以浙江大学为代表的高等学校，以江苏省教育厅为代表的地方政府部门，纷纷在海外人才富集地建立办事处，开展常态化人才引进工作。大湾区可尝试在波士顿、纽约、洛杉矶、东京、伦敦等地有步骤地建立海外人才工作办事处，直接开展人才洽谈、对接和服务。三是探索创建人才特区，争取更多政策支持。近年来，中关村等园区获准建立国家级人才特区，在人才引进、人才培养、科技创新、人才创业、金融财税、签证居留制度等方面获得国家和地方政府的大力支持，已取得一批重要成果。大湾区具有显著的人才特区建设优势，应向构建国家级人才特区方向努力。

二　充分认识大湾区经济发展与高等教育发展"不协调不平衡"短板，合理布局高等教育资源，促进高等教育与区域协同发展

从我国高等教育与区域经济发展的研究结果来看，不少城市拥有相当数量的大学，具备服务区域经济社会发展的基础。但是现有的高等教育资源对所在区域尤其是中西部地区经济社会发展的贡献作用不够明显，整体影响力和辐射力较弱。大湾区高等教育亦是如此，优质高等教育资源主要集中在省会广州，而经济发达的深圳市仅有 15 所高校，其中仅有 1 所"双一流"建设高校。基于高等教育与科技创新的密切关系，为适应创新驱动发展和产业转型发展的

需要，应通过构建类型多样、层次合理、发展均衡的区域高等教育体系，保持城市发展和高校发展的均衡性与匹配度，充分发挥大学的集聚效应和辐射作用。

一是着力构建与粤港澳大湾区经济地位相匹配的高等教育体系，跨越式提升人才培养能力。努力争取国家部委的支持，创建多所具有区域独特品牌的国内一流大学与特色学院，尤其是理工、医学类院校，广聚天下英才，为粤港澳大湾区的科技创新与产业发展提供源源不断的新动力。积极加强国际 STEAM 教育知名机构的合作交流，加快培养 STEAM 专业师资。通过 STEAM 教育为区域源源不断地培养具有综合科技素养的新型创新人才。此外，为服务大湾区国际科技创新中心及教育、人才高地的目标定位，高等教育建设应重视提升人才培养的层次和水平，将培养重心由专科、本科逐步向研究生上移。[①] 尤其要注重培养具有较强创新意识、研究能力的学术型研究生，依据大湾区经济社会和产业生产需要，培育具有较强应用能力和职业技能的专业型研究生，实施产教融合、科教融合的培养模式。

二是构建协同创新中心。努力构建多样化的协同创新体，加速推进校企合作、区校合作等协同创新，积极探索构建促进产学研用协同创新的平台、体制和机制，积极推动产学研一体化进程。围绕高校科技创新成果转化的机制体制创新改革展开合作，共同建设全国高校科技创新成果转化中心。为区域协同创新开辟政策"绿色通道"，政府要在协同创新过程中起到引导和政策支撑作用，为以大学的科研课题为主要载体的项目进入高技术产业建立有效的促进机

---

① 徐艳红、叶琦：《新时代我国高等教育层次结构优化研究》，《黑龙江教育（高教研究与评估）》2021 年第 8 期。

制，提供包括政策、信息、科技孵化器、专业园区、公共服务体系建设及制度等在内的优越创新"软环境"，放活人才资源、科技要素和创新资源的市场体系，完善知识产权制度和技术标准体系，推动和支撑科技中介组织发展。积极向大学与企业的合作创新领域进行政策倾斜，对新产品、新技术加以扶植，给予各方优惠政策，缩短产品研发周期和回报周期。在法律、税制、政策等方面，需要政府放开门路，提供优惠政策去支撑协同创新的开展。

此外，政府还应在教育发展、科技战略、金融税收政策、嘉奖政策等方面对协同创新的开展给予有力支持。同时，要简化工作程序，优化流程，为校企合作创新提供高效便捷的政策服务。强化大学创新动力，优化大学创新能力转移模式。将大学的科技创新经费由主要由国家财政支出，逐步转向从合作企业的市场回报利益中直接分配，此外在职称评定和高校领导考核时，可以将技术创新作为一项指标来考察。大学应加大对学科交叉研究项目的立项支持力度，建立多种学科交叉研究的共享和交流平台，增加对高校协同创新研究项目的经费投入，成立高校协同创新研究的指导和服务组织，完善高校协同创新研究的评价和监督体系。根据区域经济需要优化学科设置，以强势学科为主导参与创新能力转移。在人才培养方面，为大学的广大师生提供创新实践的基地，出台激励师生参与创新的制度。在科研开发方面，应着重开展合作研究，实现创新资源的有效配置。此外，通过"走出去"战略，服务社会和地方经济，以更大的半径实现创新能力转移和扩散。

三是建立完善保障机制。进一步创新制度机制，推进中介组织的联动集成，完善创新服务体系，为创新人才和创业人才提供良好的发展环境，尤其是完善创新活动硬件和软件环境。其中，应着重完善知识产权保护制度。平衡知识产权的私有和开放，平衡自我研发和外部购买，实施形式多样的知识产权战略。参与协同创新的企业既要有可免费共用的知识产权，又要有可有偿使用的知识产权；既有独立开发的知识产权，又有以外购获得的知识产权。对不同知识产权类型，划分保护层次和等级，采取形式多样的知识产权保护措施。在协同创新过程中，企业要确认知识产权的共享范围、层次和等级，既要避免知识产权在过大范围内被共享，又要避免与协同创新无关的知识产权的溢出和共享。提高投入较多知识产权企业的利益分配比例，以高科技园区税收减免等形式，投入资金支持产业集群的协同研发。

三　加强顶层设计，做好机制衔接，构建合作广泛、创新开放、具有全球影响力的大湾区高等教育体系

一是通过顶层设计构建更为广泛的合作规则体系。在"一国两制三法域"背景下，粤港澳大湾区高等教育发展的重点在于制度对接、规则衔接。例如，三地高校科研、学科建设、人事管理、财务制度等相关管理体制机制不融合，成为三地高等教育衔接的重大难题。因此，需要顶层设计安排，突破不利于科研协同合作的机制障碍。应发挥优质高等教育资源较丰富的广州、深圳、香港、澳门四大中心城市的比较优势，做优做强高等教育，形成大湾区四大高等教育中心，发挥"集聚-辐射"效应，构建中心城市以点带面、全面铺开的高等教育空间布局。[①] 同时，加大对周边城市的政策及经费支持力度，推动中心城市与非中心城市高校通过合作办学、共建研究中心和实验室、搭建创新创业平台等途径开展合作与交流，带动周边高等教育发展。此外，协调好港澳高校办学自主权与内地高

---

① 卢晓中、陈先哲：《粤港澳大湾区高等教育集群发展：理论审思与实践策略》，《大学教育科学》2021 年第 4 期。

校办学自主权的有效衔接，推动区内高校在合作办学、招生、资源配置、专业设置和科学研究等方面进一步联通，进一步发挥主题性功能。"进一步扩大和落实内地高校的办学自主权，使高校能更加充分表达自身的利益诉求，激发其内生动力。"

二是打造高等教育国际示范区，不断提升大湾区高等教育全球影响力。"充分发挥高校学科优势，优化结构布局，引入动态竞争、第三方评价机制，打造一批世界一流学科，形成国际高等教育科学研究的前沿阵地"。[①] 更多更快地引进国际优质教育资源，通过独立办学、合作办学、联合人才培养等，整合高校大科学装置、大科学平台，借助国家层面粤港澳大湾区综合性国家科学中心的政策利好，带动湾区引进和兴办高水平大学，培育一批具有国际水平的科研领军人才和创新团队。此外，应广泛凝聚三地共识，以"大湾区"一体化的思维模式建立适应大湾区高等教育布局结构的组织机制。如依托已成立的粤港澳高校联盟组建新的专业联盟，创新机制打造"粤港澳一小时学术圈"。[②] 成立实体化的高校战略联盟组织，组建统筹管理委员会，制订明确可行的盟校合作计划和项目并负责实施[③]。综合考量三地大学办学水平和实力，对标国家"双一流"建设标准，并与各地已有的高等教育政策制度相关联，建立"一流大学联盟"、"高水平大学联盟"和"特色高校联盟"等不同层类的高校战略联盟。[④] 继续支持港澳优质教育资源和研发工作在内地延

① 孙清忠等:《场域理论视角下的粤港澳大湾区高等教育合作研究》,《高教探索》2002 年第 5 期。

② 陈先哲、陈雪芹:《多中心之下的融合创新：粤港澳大湾区高等教育集群的挑战与出路》,《苏州大学学报（教育科学版）》2019 年第 2 期。

③ 焦磊:《粤港澳大湾区高校战略联盟构建策略研究》,《高教探索》2018 年第 8 期。

④ 吴思、卢晓中:《国际一流湾区高等教育集群发展的结构优化及对粤港澳大湾区的启示》,《北京教育》2022 年第 11 期。

伸，科技成果向内地转化，从而加快大湾区高等教育布局结构规划的实施与落地。

三是加大资源供给，不断提升区内高等教育吸引力。高等教育（科研院所）、技术创新、产业发展、人才支撑和科技金融共同构成一整套生态系统，不断完善适应高校与区域整体发展的制度环境。一方面，通过多元化模式探索政府、高校（科研院所）、社会力量多主体协同的高等教育办学模式；另一方面，探索更加开放、多元的招生机制，支持区内高校间创新"联合培养学生、学分互认、专业认证、学位互授、课程学术资源共用、科研成果转化的具体政策，实现共享共融共通"。[①] 此外，也要充分借助区内深度参与国际产业分工的传统优势，推动全球资源要素在本地快速聚合，在全国率先建立"以企业为主导、市场为导向、政产学研资介相结合"的综合创新生态体系。站在新的更高平台上，继续坚持开放式创新理念，积极拥抱全球创新网络，努力在全球范围内集聚配置创新资源，在更高层次上参与全球创新合作竞争，为根本改变我国关键领域核心技术"受制于人"的局面作出应有的贡献。

四 对接产业构建粤港澳大湾区职业教育体系

一是理念先行，完善三地政府推进粤港澳大湾区职业教育协同发展的沟通协调机制，树立湾区职业教育"共同体"或者"大联盟"意识。最大限度地打破行政带来的天然"壁垒"，摆脱传统思维桎梏，充分考量政府、学校、社会、企业等多元主体在职业教育发展中的多种诉求，充分利用其各自优势助推职业教育发展联盟发

---

① 孙清忠等:《场域理论视角下的粤港澳大湾区高等教育合作研究》,《高教探索》2002 年第 5 期。

挥实际作用。针对目前湾区内部职业教育领域缺乏交流等问题，亟须建立跨区域联动，从各个职业院校实际需求出发，通过三地教育部门顶层设计搭建平台，推动更深层次的人员互联、资源共享、项目互助等合作。例如，广东省人民政府和港澳特别行政区政府及教育主管部门从政策层面和制度层面加强引导，推进信息互通、工作互动，为多方主体交流合作提供平台和制度保障，从而反向作用于多主体的深度合作。

二是对接湾区现有产业集群，有针对性地开展产学研一体化模式下的职业教育联动发展。紧紧依托湾区内现有产业集群，与优秀企业资源建立校企联动机制，引领粤港澳大湾区职业教育资源互通。尤其是在数字经济产业勃兴发展的新阶段，进一步深度思考应发展何种与产业高度匹配的职业教育，以及如何有效链接三地职业教育资源，面向产业数字化转型升级需要对人才和专业开展新技术赋能。以项目为依托，分步分类实施职业教育协同发展，重点突破产教融合、校企合作中遇到的迫切问题，拓展合作深度与广度。例如，三地学生能否实施联合培养机制，优质教育资源能否有效共享，三地师资、职称等能否实现初步资格互认，三地学生学分能否互认，线上课程能否联动共享，校企实习资源能否共享等。通过一些卓有成效的举措，锚定产业优化升级和技术变革方向，聚焦现代产业集群，强化职业教育对大湾区产业集群的重要作用，推动职业院校实现专业、人才、技术与重要产业的全链条融合。

三是科学合理地构建高等教育体系。纵向贯通大湾区各层次职业教育，构建"高职—职业本科—专业型硕士—专业型博士"的职业高等教育体系，在人才培养方面突出职业技能和应用实践能力。横向融通职业教育与普通教育，在"职""普"两个体系之间构建灵活的转学与升学机制，加强不同层类高等教育的沟通衔接。两个体系既相对独立又相互联系，共同构成"层类交错""职普融通"的大湾区高等教育体系。[①] 当前，大湾区已初步形成"职业高等教育学校（本科、专科）—应用型大学—研究型大学"的高等教育集群架构，但在层次类型转换和学分互认方面还存在障碍，须继续推进大湾区资历框架建设和开展三地高校学分互认工作，以完善高等教育沟通衔接机制。[②] 最终构建职业教育与普通教育相互融通、层类交错、有机统一的高质量现代高等教育体系。[③]

四是充分发挥各自资源禀赋，实现湾区内职业教育弥合发展。粤港澳职业教育协同发展有较好的实践基础。首先，教育资源互补性较强，为职业教育协同发展奠定了良好基础。通过横向比较来看，香港职业教育整体水平较高。其次，职业教育体系完善，可提供中三全日制、中六全日制、兼读制，以及高级文凭毕业生、学士学位、硕士学位等多元化课程，满足不同群体对职业教育的需求。最后，香港职业教育国际化程度较高，可以为广东省和澳门地区职业教育国际化发展提供有利借鉴。澳门地区职业教育注重"全人发展目标"，注重学以致用的育人精神，这与澳门自身产业特点关系紧密。广东省职业教育在教育内涵、地位到人才培养目标、办学体制、办学模式等方面积累了丰富的理论成果和实践经验，尤其是其较大的办学规模、与产业紧密结合的就业机会等，为整个大湾

---

① 卢晓中：《基于"职普融通"的现代职业教育体系构建》，《河北师范大学学报（教育科学版）》2022年第1期。

② 卢晓中、陈先哲：《粤港澳大湾区高等教育集群发展：理论审思与实践策略》，《大学教育科学》2021年第4期。

③ 吴思、卢晓中：《国际一流湾区高等教育集群发展的结构优化及对粤港澳大湾区的启示》，《北京教育》2022年第11期。

区职业教育发展提供了较好的参考。广东省职业教育学科门类全，[①]
在一流高职院校、专业教学标准、现代学徒制和品牌特色专业等
职教改革上积累了较为丰富的经验。如果能有效集合粤港澳历史
经验和区位优势，则有望打造具有国际竞争力的现代职业教育
体系。

---

① 目前，广东省已实施"创新强校工程"、"一流高职院校建设"、"创新发展行
动计划"、"扩容、提质、强服务"以及"双高"建设。

第七章 世界湾区生态文明发展比较研究

　　随着城市化进程的不断加快，湾区地带成为全球发展的热点，然而与其快速的经济增长相伴随的是环境挑战的不断增加。在这一背景下，探索湾区生态文明的发展已成为当今社会研究的重要议题之一。本章将深入研究纽约、东京、旧金山等世界湾区的生态文明发展，通过比较分析它们在可持续城市发展、绿色交通、城市绿化、产业转型等方面的成功经验与挑战，为粤港澳大湾区及其他湾区的未来发展提供有益的借鉴和启示。

第一节　绿色发展：大湾区的战略选择

一　绿色发展：生态文明建设的基本途径

　　绿色发展是生态文明建设的基本途径，也是粤港澳大湾区生态文明建设的重点之一。生态文明建设的核心是协调好人与自然的关系，本质是人与自然和谐共生。从现实出发，要加大生态系统的保护修复力度，增强生态系统的服务功能，支撑污染防治攻坚战取得更大更好成效。

（一）准确把握生态文明建设的要义

　　生态文明建设的核心在于正确理解其本质和重点任务，而粤港澳大湾区的生态文明建设正是这一理念的重要体现。生态文明建设的本质是人与自然的和谐共生，其核心任务是协调人类社会与自然界的关系。党的十八大将生态文明建设纳入了"五位一体"总体布局，表明新时代生态文明建设的重要性。党的十八大以来，以习近平同志为核心的党中央加强了对生态文明建设的力度，推动了中国在生态环境保护方面取得历史性和转折性的成就。人民群众对生态环境的感知和幸福感不断提升，各地都在书写关于绿色发展的成功故事。习近平总书记在党的二十大报告中再次强调了生态文明建设，强调了"绿水青山就是金山银山"的理念，这在新时代提出了对经济社会发展的新要求。必须深刻理解生态文明建设的重要性，因为它关乎中华民族的永续发展。我们需要坚决抛弃以牺牲生态环境来换取短期经济增长的发展方式，将优质的生态环境视为改善人民生活质量、支撑经济社会持续健康发展、提升国家形象的关键。我们需要坚持山水林田湖草沙一体化的保护和综合治理，协同推进降低碳排放、减少污染、扩大绿色覆盖、促进经济增长，以生态优先、资源节约、绿色低碳为导向来推动发展。我们需要综合考虑历史和当代的发展需求，让天更蓝、地更绿、水更清，以满足人民对美好生态环境的期望。党的历史根基、执政基础和力量源泉是在历史观的基础上建立的，同时，也需要适应当代中国发展的阶段性特点，满足人民对美好生活的新需求。这将使我们在生态文明建设的道路上走得更为坚定，为未来的可持续发展铺平道路。

生态系统服务功能在生态文明建设中具有至关重要的地位。人类作为生态系统中的重要一环，对生态系统功能产生着深远的影响。我们的生产和生活方式是绿色发展的核心，传统的发展方式往往导致资源低效利用、环境污染加重以及生态系统持续退化。如果我们不能实现发展方式和生活方式的绿色化，那么我们将难以打赢污染防治的攻坚战，资源将不堪重负，环境将无法承载，可持续发展也将难以为继。党的二十大报告明确提出了"加快发展方式绿色转型"的要求，这意味着需要加速推动产业结构、能源结构和交通运输结构的调整和优化。我们需要实施全面的节约战略，推动各种资源的节约和集约利用，加快构建废弃物的循环利用体系。此外，还需要完善支持绿色发展的财税、金融、投资和价格政策，建立相应的标准体系。需要积极发展绿色低碳产业，建立健全资源和环境要素市场化配置体系，加速研发和推广应用节能降碳的先进技术，倡导绿色消费，推动绿色低碳的生产方式和生活方式的形成。这将有助于探索一条既能实现生产发展、生活富裕，又能保持生态系统健康的文明发展之路。

坚决推进污染防治攻坚战是促进生态文明建设的关键举措。党的二十大报告强调，未来五年是全面建设社会主义现代化国家的关键时期，必须深入进行"环境污染防治"，持续努力确保蓝天、碧水、净土。在生态环境领域，主要任务是显著改善城乡居住环境，取得明显的"美丽中国"建设成果。为实现这一目标，需要深化环境污染防治工作，要坚持有针对性、科学合理、法治有力的污染治理策略，持之以恒地进行保卫蓝天、碧水、净土的斗争；要积极贯彻党的二十大精神，通过具体措施和行动，推动治污攻坚取得更大进展，真正改善生态环境。在环境污染控制方面，需要协同控制不同污染物，致力于基本消除重污染天气，同时统筹水资源、水环境和水生态治理，以实现城市黑臭水体的基本消除；需要加强土壤污染源的防控工作，特别是对新型污染物的治理要有针对性。此外，提升环境基础设施建设水平，推进城乡居住环境整治，也是非常重要的一环。在生态系统保护方面，要着力提高生态系统的多样性、稳定性和持续性。这包括加快实施关键的生态系统保护和修复项目，积极推动国家公园等自然保护地的建设，以及有针对性地保护生物多样性。还需要积极推进国土绿化行动，深化集体林权制度改革，构建生态廊道和生物多样性保护网络，以提升生态系统的质量和稳定性，从而实现人与自然的和谐共生。

碳达峰和碳中和构成了深化和延伸生态文明建设的重要举措。党的十八大以来，中国一直倡导并践行新发展理念，致力于建立符合中国特色的生态文明制度体系。党的十九大报告进一步明确了"积极稳妥推进碳达峰碳中和"的目标，并强调了要谨慎前行，分阶段、分步骤有序实施碳达峰行动。碳达峰和碳中和提供了一个中长期的发展愿景、全面的目标设定以及系统的实施平台，是推动生态文明建设的关键手段。"双碳"目标的实现将引发中国在能源、环境和社会经济领域的深刻变革，涉及各个领域的发展方式改革和转型路径创新，包括生产、消费、流通、贸易等多个方面。

碳达峰和碳中和不仅具有创新引领的作用，推动深化改革，而且有助于加速产业升级和技术创新。中国在可再生能源投资和应用方面已经处于全球领先地位，尤其在电动汽车制造和绿色消费等领域。中国已经成为全球绿色低碳技术的主要提供者和引领者。在《巴黎协定》的框架下，绿色低碳已经成为各产业发展、改革和创新的一部分。面向未来，我们需要进一步加大力度，全面推动低碳和零碳技术的研发与商业化应用，降低绿色低碳技术的成本，提高中国在绿色低碳科技领域的全球领导地位。这将有助于推动国内产业的良性转型，提高长期的经济竞争力和可持续安全性。同时，碳达峰和碳中和是解决人与自然矛盾、实现绿色高质量发展的根本手段。在当前国际国内形势复杂多变、全球气候变化日益严重的背景下，中国面临着能源资源安全、环境污染治理和生态系统保护等重大挑战。实现碳达峰和碳中和将为这些问题提供系统性解决方案。因此，2021 年发布的《关于完整准确全面贯彻新发展理念做好碳达峰碳中和工作的意见》和《2030 年前碳达峰行动方案》提出了通过国土空间规划、生态系统保护和修复等手段来提高碳汇能力。这将为实现碳达峰和碳中和目标提供重要支持。特别是在当前国际政治经济格局不确定性增加、民粹主义和反全球化势头抬头的情况下，气候变化已成为一个全球性议题，得到各国的普遍认可，碳达峰和碳中和不仅有助于中国更深入地参与全球治理，而且有助于提高对外开放水平。

（二）绿色发展是大湾区发展的战略选择

2019年2月，《粤港澳大湾区发展规划纲要》（以下简称《纲要》）发布，全面部署了大湾区的战略方向，其中强调了绿色发展的必要性，将其视为实现高质量发展和生态保护的关键一环。《纲要》反复强调了绿色发展理念，明确指出了保护生态环境和可持续发展的基本原则。要在2035年前，实现资源利用效率的显著提高和生态环境的有效保护，从而全面建设国际一流湾区。《纲要》第七章明确了生态文明建设的重要性，并从多个方面部署了大湾区的生态工作，倡导了树立绿色发展观念，推动绿色、低碳的生产生活方式和城市建设经营模式的发展。这包括优化产业结构，将追求美丽生态环境作为发展目标。为了实现这一愿景，要坚持节约资源和保护环境，着力提升生态环境质量，形成资源节约和环境保护的格局，以推动绿色、低碳和循环发展，从而改善天空、山川和水域的质量，使环境更宜人。

虽然粤港澳大湾区已成为中国极具经济活力和社会发展水平的区域之一，但多年的高速发展积累了深层次问题，尤其是生态透支问题。公众对清洁的空气、水资源和绿化空间等生态环境的需求日益增长，这反映了人们对美好生活的向往。《纲要》明确指出，大湾区面临"生态赤字"，这是中国整体生态挑战的一个缩影。构建生态湾区和绿色湾区，实现可持续发展，是大湾区优质生活圈建设的关键部分，也是愿景的一部分。在这一背景下，探讨如何建设更可持续的湾区城市群是有意义的话题。湾区需要应对供给端和消费端的挑战，提供足够的生态系统服务，并抑制生态足迹，特别是碳足迹的不合理增长。大湾区的贡献不仅在于提供创新的发展模式，提升经济和科技水平，还需要寻找新的生产和生活方式，强调绿色、生态、节能和环保的价值理念，实现人与自然的和谐共处和共生共荣。如果在此时实现这种转变，大湾区有望成为全球可持续发展城市群的楷模，为全球可持续发展提供借鉴。

粤港澳大湾区作为我国改革开放的前沿，经历多年高速发展，已成为我国开放程度最高、经济活力最强、社会发展水平最高的地区。然而，长期迅猛发展也带来了一系列深层次矛盾和问题，尤其是生态透支问题日益严重，土地、能源、水资源等生态资源的量与质都出现了下降，资源与环境的约束逐渐显著。同时，公众对优美生态环境的向往越发强烈，特别体现在对洁净的空气、水和绿化空间的迫切需求。《纲要》明确指出："区域发展空间面临瓶颈制约，资源能源供需压力不断升高，生态环境压力逐渐增加。"因此，必须大力倡导生态文明，确立绿色发展理念，促使形成以绿色和低碳为特征的生产和生活方式，以及城市建设和运营模式。

构建生态湾区和绿色湾区，实现湾区的可持续发展，是大湾区创建高品质生活圈以及实现发展愿景的核心内容。在这一背景下，共同探讨如何构建更为可持续的湾区城市群显得非常有意义。湾区至少需要应对两大挑战：一是在供给端，提供充足的本地生态服务；二是在消费端，抑制生态足迹，特别是碳足迹的不合理增长。对于大湾区的贡献，我们不仅需要提供创新的发展模式，提升经济和科技的质量与数量，还需寻找全新的生产和生活方式，彰显绿色、生态、节能以及环保的价值理念，实现人与自然的和谐共生和共同繁荣，成为全球可持续发展城市群的楷模，并将这一经验推广至"一带一路"沿线国家，从而推动全球可持续发展的实现。

二　基本特征特点：粤港澳大湾区发展宏观图景

粤港澳大湾区在粤港澳三地居民中达成了广泛的共识，即强化生态环境保护、推动绿色低碳发展、构建生态文明，是不可或缺的选择。大湾区建设的重要组成部分是创建生态安全、环境宜人的美丽湾区。当前，国际一流湾区和世界级城市群的建设正稳步推进，粤港澳大湾区正积极塑造资源节约与环境友好的发展格局、生产生活方式，同时逐渐深化了绿色低碳循环发展模式。大湾区的生态环境质量不断改善，特别是在大气质量改善方面取得显著进展。主要的大气污染物年均浓度整体呈下降趋势，根据"粤港澳珠江三角洲区域空气监测网络"的数据，2006~2020年，二氧化硫、二氧化氮和PM10的年均浓度分别下降了86%、43%和49%，而2020年PM2.5的平均浓度比2015年下降了31%，优于世卫组织的第二阶段标准。与全国其他两大城市群相比，珠三角城市群的空气质量整体上明显更优。

粤港澳大湾区占据全国仅0.6%的国土面积，却承载了全国5%的人口，贡献了全国12%的GDP。大湾区持续深化产业绿色低碳升级，推动了绿色产业体系的快速建设。然而，随着城市经济社会的快速发展，资源环境压力也在逐渐增大。其中，一些问题涉及区域协同和城市规划，如海陆一体化发展不够协调，城市规划和功能定位缺乏特色，海洋开发活动不足；制造业产品附加值较低，产业布局同质化问题突出；建筑业在绿色、工业化和智能化方面有待提高，缺乏标准化、产品化和集成化思维，尚未形成激励新型建筑工业化创新发展的协同机制；"无废城市"的建设还有进一步加强的空间；等等。

（一）粤港澳大湾区生态问题总览及协同治理现状

加强粤港澳大湾区生态文明建设和生态协同治理，是粤港澳大湾区建设的一个重要目标。多年来，广东、香港和澳门一直重视生态空间的协同发展机制建设，在协同治理中的法律法规体系建立、规划研究、理念共识等领域取得了良好的成果。对比美国旧金山湾区生态协同机制发展情况，粤港澳大湾区的生态治理存在问题较多。目前，粤港澳大湾区进入建设加速阶段，既有的区域环境问题可能上升为新的区域环境问题，阻碍粤港澳大湾区实现"宜居、宜业、宜游、宜人"的建设目标。生态协同治理就是在这样的背景下提出的，是指相邻的几个城市有着共同的生态治理理念，并且大力合作，致力于将该地区建设成生态宜居宜游的现代化地区。

1. 大湾区生态环境问题：有所改善，但仍不乐观

粤港澳大湾区的发展也没能避免"先污染后治理"的老路。随着经济技术的发展，生态问题越来越严重，相关部门积极采取措施阻止生态的进一步恶化，但对生态造成的影响短时间内无法根本性改变。区域生态问题主要表现在跨界性和复合型污染问题上。

在治理跨界河流时，必须面对一系列行政、经济、法律等多方面的挑战，增加了生态环境治理的复杂性。粤港澳大湾区由于特殊的地理位置，城市群人口密度高，城市之间的互动频繁，导致了高度复杂的跨界性和综合性污染问题，这些问题尤为突出。根据2010~2018年广东省环境质量公报的数据，广佛地区的跨界河流、莞深地区的石马河等水体的水质在多年来未能达到标准要求，仅有1/4的地表水可被归类为Ⅱ类水质，适用于饮用水源。河流型水源地受到面源污染的显著影响，总氮和粪大肠菌群的浓度普遍超标，一些湖库型水源地也存在中度富营养化问题。在水环境治理方面，需要综合考虑珠江的影响，以制订联合的水环境整治计划，确保在实施过程中不会对各方产生不利影响。尽管大湾区拥有珠江等丰富的水资源，但仍然存在一定的水质问题，尤其是在南山河、龙岗河、坪山河、深圳河等河段，水质属于重度污染，主要受氨氮、总磷和有机废氧物质的影响。随着化工、陶瓷等产业向大湾区以外地区扩展，北部饮用水源地也开始受到污染威胁。截至2022年，粤

港澳大湾区仍有个别地表水断面按国家地表水考核标准的水质为Ⅴ类，占据全省一半以上。因此，必须认真应对这一问题，采取有效措施，确保水质达标，维护水资源的可持续利用，促进大湾区的可持续发展。

粤港澳大湾区的大气环境问题呈现明显的地域性和复杂性。与世界上许多发达国家和湾区相比，该区域的空气质量仍然存在差距，主要原因是快速的工业化和城市化进程，以及环保措施不够有效。然而，近年来，通过一系列污染治理措施，大湾区的空气质量得到明显改善。根据2022年粤港澳共同发布的《粤港澳珠江三角洲区域空气监测网络2021年监测结果报告》，该地区的空气环境质量持续提升。在2006~2021年的监测数据中，二氧化硫、二氧化氮和可吸入颗粒物（PM10）的年平均浓度分别下降了84%、40%和45%，呈现明显的下降趋势。此外，自2014年9月起监测的一氧化碳和细颗粒物（PM2.5）平均浓度也明显降低，2021年一氧化碳和PM2.5的年平均浓度相比2015年分别下降了18%和28%。这一改善趋势反映了近年来粤港澳采取的减排措施，包括发电厂脱硫设施的安装、车辆排放标准的制定与收紧、高污染车辆的进口禁令、油品规格的提高、高污染工业设施的淘汰等，有效改善了整个珠三角地区的空气质量。尽管如此，与世界卫生组织规定的空气质量指导值相比，仍存在一定差距，尤其在香港和澳门地区，空气质量问题仍然值得关注。

此外，长期的观测数据还表明，该地区的臭氧污染问题日益突出，2021年臭氧浓度的年平均值较2006年上升了34%。这意味着二次污染问题越发突出，光化学污染需要更多关注。面向未来，粤港澳地区的大气污染治理将从一次污染物总量控制逐渐过渡到以空气质量为导向的多污染物协同治理，特别是对二次污染物的控制将成为重点。中国已经提出了国家碳达峰和碳中和目标，未来的治理措施将更加注重减排降碳的协同治理，注重源头治理，这需要更加精细化的跨领域、跨区域、跨学科的调控策略。

2. 生态协同治理机制现状：不断完善

由于历史原因，大湾区内大部分城市在传统的工业发展思路中，并未对生态环境问题给予足够的重视，又为谋求城市快速发展，填海造陆，对大湾区沿海岸地块造成更为严重的污染和破坏，且很多情况下是跨城市区域的问题，涉及不同地方政府在财政、机制协调和出资等方面的问题。

为改变现状，广东省人民政府联合港澳特区政府努力建立完善区域规划和协调实施统筹机制，2005 年广东、香港和澳门等 8 省市地区共同签署了《泛珠三角区域环境保护合作协议》；2014 年 9 月，粤港澳环境保护部门共同签署了《粤港澳区域大气污染联防联治合作协议书》，致力于从双边合作转向粤港澳在大气污染防治领域的三方合作。再比如，珠海市斗门区人民检察院、江门市新会区人民检察院在开展虎跳门、崖门水道水资源保护调查走访时，发现作为粤港澳大湾区内一条重要的入海水道，该水道有着重要的经济、生态和文化价值，但一些不法分子不顾生态破坏和水环境污染，在水道内非法盗砂、洗砂洗泥、冲滩拆船等，严重损害生态环境和自然资源。鉴于此，2023 年 2 月，珠海市斗门区人民检察院、江门市新会区人民检察院联合举办了案件联合磋商会，并联同两地生态环境部门、自然资源部门、农业农村部门、水务部门及属地镇政府联合签署了《守护虎跳门、崖门水道生态环境和自然资源工作协作机制》，共同守护粤港澳大湾区生态环境。近些年，一系列跨区域协调机制的陆续形成和完善，标志着泛粤港澳区域环保合作平台的建立，在一定程度上实现了区域生态协同治理合作。

3.湾区生态环境协调机制存在问题：尚未真正打通和落实

粤港澳已逐步搭建了以行政协议为顶层设计，以合作联席会议、责任小组为基础的协作治理机制。粤港澳大湾区初步构建了政府间环境合作的行动框架，环境合作不断拓展并取得显著的治理成效。现有粤港澳环保合作机制以政府间合作为主，已基本覆盖区域性重要环境合作事务。

然而，与国际一流湾区和世界级城市群的生态文明协同共建机制对比，粤港澳大湾区生态环境保护仍面临一系列问题和短板，主要表现为以下几个方面。

第一，在特殊背景下，即"一国两制、三种货币"的情况下，粤港澳大湾区内各地之间的法规和政策协调不够完善，城市内部行政壁垒问题严重，妨碍了资源和要素的自由流通。例如，在环境影响评价方面，由于粤港澳各自的评价仅关注本地影响，导致某些产业和设施在交界地区聚集，引发了跨区域的环境风险。第二，不同地区的环境质量评估指标存在显著差异，缺乏统一的执行标准和规范，缺乏全面的生态规划体系，这加剧了城市间的竞争，不利于深度合作和长期可持续发展。第三，现有环保合作机制对执行和目标实现的约束力较弱。目前，仅在粤、港珠江三角洲空气质量管理方面实现了联合制定区域性策略并提出可考核的共同目标，其他领域缺乏执行和目标实现方面的约束性协议。例如，现有的粤港合作框架协议和粤澳生态环境合作缺乏明确的权责和成本条款。虽然《共建优质生活圈专项规划》包括生态环境内容，但未提出大湾区整体生态环境目标，导致环保合作缺乏明确的指导。第四，信息不对称问题增加了治理成本，城市、地区以及环境与企业之间的信息不对称限制了有效的环保决策和企业评估。企业环境数据的不足导致有关机构难以准确识别真正的绿色企业，增加了业务

327

成本。第五，现有的粤港澳环保合作机制缺乏决策功能。在"一国两制"的框架下，粤港澳地区公共管理主要通过"粤港（澳）合作联席会议"的制度来展开，但协作仍主要在中央政府的指导和协调下进行，粤港澳环保合作缺乏自主决策的平台，难以真正实现共同决策。例如，粤港澳环保合作专责小组难以成为协调决策的有效平台。

（二）多措并举大力推进"无废湾区"建设，成效显著

与日俱增的固体废物对城市污染造成严重影响，城市固体废物又称为城市生活垃圾，是指城市居民日常生活中产生的固体废物。城市固体垃圾主要来自城市居民家庭，以及城市商业、餐饮业、旅馆业、旅游业、服务业、市政环卫、交通运输、工业企业单位及给排水处理污泥等，典型的城市固体废物包括废塑料、废橡胶、废汽车、废旧家电、废纸和建筑垃圾等。

为了实现固体废物的源头减量和资源化利用，以及将固体废物填埋量降至最低，构建城市发展的全新模式，实现固体废物"趋于零排放"的"无废社会"，"无废城市"已成为粤港澳大湾区城市发展的基本方向。但需要明确的是，"无废城市"并不是指固体废物的完全绝迹，也不代表百分之百的资源化利用，而是借助新的发展理念，通过促进绿色发展方式和生活方式的形成，持续推动固体废物的源头减量和资源化利用，以最大限度地减少填埋量，将固体废物对环境的影响降到最低，这构建了城市可持续发展的新模式。

"无废城市"建设不仅是生态文明建设的一项重要举措，也是推动生产方式和生活方式更加绿色的具体实践。它是通过试行新的城市发展模式，将固体废物对环境的不利影响降至最低，进一步践行了党中央和国务院深入推动污染防治攻坚战的改革部署。为了加快"无废城市"建设，国务院办公厅于 2018 年 12 月发布了《"无

废城市"建设试点工作方案》，在全国范围内的"11+5"城市和重点地区开展试点工作。而在粤港澳大湾区建设的国家重大发展战略中，提升固体废物处理无害化、减量化和资源化水平也被明确提出。因此，推动"无废城市"建设在粤港澳大湾区具有极为重要的意义，它有助于推动固体废物的源头减量、资源化利用和无害化处理，进一步推动城市向绿色发展模式转型，提升城市的生态环境质量，增强城市的宜居性，也有助于促进国际一流湾区建设目标的实现。

1. 加强"无废城市"试点建设：效果显著

为推动大湾区实现绿色高质量发展，各城市纷纷借鉴深圳市成功的"无废城市"建设试点经验，于 2022 年展开了"无废城市"试点工作。截至 2022 年底，大湾区内的 9 个城市均已被列入国家"十四五"时期"无废城市"建设名单。这些试点城市在 2022 年 4 月前后陆续发布了"无废城市"建设实施方案，这些方案明确了制度体系任务、技术体系任务、市场体系任务以及监管体系任务，分别有 217 项、95 项、103 项和 130 项。这些任务的重点集中在五个固废领域，即一般工业固废、危险废物、生活垃圾、建筑垃圾和农业废弃物。为了实现这些任务，这些城市共同部署了 263 个重点工程项目，总投资超过 700 亿元。其中，深圳市成效显著，成功打造了一个超大型城市的"无废城市"建设典范，因此获得了生态环境部颁发的 2000 万元专项财政资金奖励。另外，佛山市南海区的固废处理环保产业园也备受住建部的推崇，成为唯一入选中宣部"砥砺奋进五周年"大型成就展的行业案例。

2. 积极探索"无废湾区"共建模式：纳入国家探索创新任务

为进一步探索"无废城市"区域共建模式，2023 年 3 月 17 日，生态环境部办公厅印发《2023 年度"无废城市"建设工作推进计划》，提出了加快探索创新、加强指导帮扶、提升保障能力、做好宣传引导四个方面 39 项工作计划，其中广东省"无废湾区"建设被列入探索创新任务，将积极探索建立"无废湾区"建设协调沟通机制及"无废湾区"固体废物区域协同示范。2023 年 6 月，《粤港澳大湾区生态环境保护规划》明确提出建设"无废湾区"的目标，探索"无废城市"区域共建模式。

首先，各级领导小组的机制将得到进一步优化和落实。目前已经共同设立了 25 个相关部门的工作领导小组，这些小组还将设立办公室和 3 个工作小组，以确保各领域的工作能够有序开展。此外，各试点城市也已经成立了领导小组，这种组织格局基本上由党委领导、政府主导、企业主体、社会组织以及公众共同参与，有助于推动"无废湾区"的建设工作。其次，通过利用前海深港、横琴粤澳和南沙三大合作机制作为交流平台，借鉴国家"无废城市"建设试点工作的经验，不断完善固体废物源头减量、资源化利用和无害化处置体系，探索粤港澳大湾区的"无废湾区"共建模式。同时，还将建立跨省（区）非法转移联防联控合作机制，以应对非法固废转移问题。最后，为推动生活垃圾的综合处理设施建设，将鼓励采用新技术和新方式，例如"互联网＋回收"和智能回收，以促进垃圾分类和资源回收。同时，还将积极探索内河船舶垃圾与陆地垃圾分类之间的衔接机制，进一步提升废物管理的效率和协同性。

3. 持续健全工作机制：技术、制度和监管

近年来，粤港澳大湾区各地政府聚焦"无废城市"建设，持续健全技术标准、制度体系和监管平台，系统性推进"无废湾区"建设工作的落实。

首先，广东省建立了覆盖包括粤港澳大湾区城市在内的固体废物环境监管信息平台，已将 15 万家危险废物产生单位纳入平台管

理，较 2017 年增长了 6.5 倍。这一创新举措有助于实现大湾区资源的优化配置，同时解决了部分城市面临的"垃圾处理难"问题。平台的上线标志着全国首个省级建筑垃圾跨区域处置协作监管平台的正式投入使用，粤港澳大湾区率先实现了建筑垃圾的跨区域平衡处置，实现了资源化利用、智能化监管和信息化协同。这一区域监管平台为政府部门提供了跨地域、跨层级、跨部门的协作监管模式，也为企业提供了建筑垃圾跨区域平衡处置的一站式服务。

其次，粤港澳大湾区进一步完善了"无废城市"建设的技术和市场体系。在技术领域，进行了固废治理及资源化利用等七大技术领域的重点攻关工作，新增多项标准规范和相关专利，形成了一批先进示范技术。此外，健全了固体废物环境管理技术标准体系，完善了固体废物污染控制技术标准与资源化产品标准，推动了上下游产业间标准的衔接。同时，加快了固体废物源头减量、资源化利用和无害化处置技术的推广应用，也探索了废气、废水和固体废物一体化协同治理解决方案。

再次，粤港澳大湾区在制度体系方面采取了多项举措，印发实施了近 200 项相关政策文件。此外，还出台了全国首个省级建筑垃圾管理地方性法规——《广东省建筑垃圾管理条例》，用以规范建筑垃圾管理工作。

最后，粤港澳大湾区在市场体系方面也进行了积极推动。2022年，全区域的 615 户企业享受了相关政策的支持，办理增值税退税总额达 16.9 亿元。此外，中国人民银行广州分行的绿色信贷余额（反映国内金融机构在"无废城市"建设中的贷款规模情况）达 2.07 万亿元。

4. 香港：从"源头和末端"两端发力，有效处理固废

香港有约 800 万人，每天会产生大量垃圾。根据香港环境及生态局统计，2020 年香港的城市固体废物人均弃置量为每日 1.5 千克。远远高于东京、首尔等亚洲发达城市。为合理处置垃圾，香港环境及生态局在 2013 年发布《香港资源循环蓝图 2013~2022》，定下在 2022 年或以前把香港的都市固体废物人均弃置量减少四成的目标；2021 年又公布《香港资源循环蓝图 2035》，提出通过社会动员、投资基础设施、制定政策及法规三大范畴，把都市固体废物的人均弃置量逐步减少 40%~45%。为达到该目标，香港各界齐心协力，合力实践环保新文化，共同保护地球资源。

首先，香港采取了有效的厨余垃圾源头减少计划。厨余垃圾是香港都市固体废物中最大的类别，据特区政府环境及生态局的数据，每天堆填的 9278 吨都市固体废物中，厨余垃圾占到了 36%，达 3337 吨。为了减少厨余垃圾的产生，香港特区政府于 2012 年成立了"惜食香港运动"督导委员会，推动了"惜食香港运动"。这一运动已经举办了 17 场巡回展览，吸引了逾 2.1 万人次参与。其次，香港大力投资基础设施，将绿色生活理念融入社区，示范并实践如何避免、减少废物产生并对废物加以重用，同时建立了社区环保站。这些社区环保站的建筑物采用了再造材料，如货柜和竹子等，并经过专业设计，既美观又环保。此外，社区环保站还推出了环保课程，以寓教于乐的方式，使市民在休闲的同时能够获得环保知识，提高环保意识，使市民可以在日常生活中应用所学。最后，香港特别行政区政府积极落实"三炉一堆"政策，解决目前废物处理方式过于依赖三个填埋区且趋于饱和的问题。采取了扩建填埋区和升级焚化炉计划等措施，有效延长了填埋区的使用寿命，减少了固体垃圾的总量。

（三）绿色金融助力大湾区经济发展

绿色发展离不开金融支持，发展绿色金融已成为金融行业的主旋律,实现碳达峰与碳中和"双碳"目标离不开金融体系的有力支持,绿色金融已经成为助力发展绿色经济的主要工具。大湾区内地九市拥有全国最大的制造业产业,其中上下游配套产业众多。在"双碳"目标的背景下,产业链上各环节的企业都面临着较大的绿色转型压力,绿色融资需求旺盛。而香港与澳门有成熟的资本市场和开放的制度环境,香港也是亚洲规模最大的绿色债券市场,2021年亚洲约 1/3 的绿色债券在香港发行。因此,凭借粤港澳大湾区金融优势以及扎实的产业优势,湾区内各城市可以充分发挥协同效应,根据自身的经济基础、社会制度以及开放程度等对绿色金融进行试点尝试,有望率先实现碳中和,为全国实现"双碳"目标提供宝贵经验。

1. 粤港澳大湾区绿色金融政策举措支撑有力

首先,针对绿色金融进行了完善的顶层设计。《粤港澳大湾区发展规划纲要》(以下简称《纲要》)明确表示支持香港成为大湾区绿色金融中心,同时,中国人民银行等四部门于 2020 年联合发布了《关于金融支持粤港澳大湾区建设的意见》,建立了完善的大湾区绿色金融合作工作机制。此外,大湾区内还颁布实施了《深圳经济特区绿色金融条例》以及《广东省发展绿色金融支持碳达峰行动的实施方案》等文件。这些国家、区域和地方政策的支持为绿色金融的发展提供了坚实保障。

其次,湾区各城市采取了精细化的政策举措,积极推动绿色金融发展。广州在绿色金融产品和绿色债券等领域创造了多个国内"首个"和"首单",并发布了《关于金融支持企业碳账户体系建设的指导意见》,计划推广企业碳账户体系的应用。深圳构建了"1+1+1+N"绿色金融发展体系,颁发了《关于加强深圳市银行业绿色金融专营体系建设的指导意见(试行)》,并认定了首批 11 家绿色金融专营机构，以发挥示范效应。此外，多家银行还实行了绿色信贷项目全流程优先机制等措施，积极推动绿色金融的发展。

2.各大城市定位、重点和进度差异明显

《纲要》明确提出在大湾区大力发展绿色金融。绿色发展离不开金融的支持，在加快发展现代服务业方面，《纲要》提出建设国际金融枢纽，大力发展特色金融产业，有序推进金融市场互联互通，构建现代服务业体系。围绕绿色金融，《纲要》为香港、广州、澳门、深圳、珠海等城市做了不同的规划：支持香港地区打造大湾区绿色金融中心，建设国际认可的绿色债券认证机构；支持广州建设绿色金融改革创新试验区，研究设立以碳排放为首个品种的创新型期货交易所；支持澳门地区发展租赁等特色金融业务，探索与邻近地区错位发展，研究在澳门地区建立以人民币计价结算的证券市场、绿色金融平台、中葡金融服务平台；支持深圳建设保险创新发展试验区，推进深港金融市场互联互通和深澳特色金融合作，开展科技金融试点，加强金融科技载体建设；支持珠海等市发挥各自优势，发展特色金融服务业。在符合法律法规及监管要求的前提下，支持粤港澳保险机构合作开发创新型跨境机动车保险和跨境医疗保险产品，为跨境保险客户提供便利化承保、查勘、理赔等服务。

粤港澳大湾区各地纷纷出台了绿色金融政策（见表 7-1），但在政策的重点和实施进度上存在明显差异。这些政策着眼于支持绿色金融的发展，内容包括政策框架的构建、监管政策的制定，以及激励和约束机制等多个方面。广州地区作为全国绿色金融改革创新试验区之一，一直处于政策制定的前沿。广州率先提出了一系列绿色金融改革方案，不断出台具体的激励政策，同时还创新性地建立了绿色企业和绿色项目认证机制。广深地区的政策更为详细具体且鼓励创新，不但对投资者也对发行人进行鼓励与支持。香港地区的政策则主要聚焦在投资者方面，强调与国际标准的一致性，并积极努力打造国际绿色金融中心，特别是在绿色债券领域有所侧重。澳门地区的绿色金融政策制定相对滞后，目前的政策主要集中在特色金融总体上，侧重于融资租赁和财富管理等领域，具体的绿色金融政策尚未全面出台。

表 7-1　粤港澳大湾区绿色金融关键政策

目标地区	政策名称	发布时间	主要内容
广州市	《广东省广州市建设绿色金融改革创新试验区总体方案》	2017 年 6 月 23 日	要求在广州市率先开展绿色金融改革创新试点，是广州建设绿色金融改革创新试验区的总纲领；明确了试验区的主要目标、重点改革创新任务、国家层面的政策支持以及地方政府的支持事项；明确在广州市花都区率先开展绿色金融改革创新试点
广州市花都区	《服务广州市花都区绿色金融产业发展税收优惠政策汇编》	2017 年 11 月 28 日	共包含 106 条地方税收优惠政策，发挥税收力量，助力绿色金融改革创新试验区建设
广州市花都区	《广东省广州市绿色金融改革创新试验区绿色企业认定管理办法》《广东省广州市绿色金融改革创新试验区绿色项目认定管理办法》	2018 年 5 月 25 日	认定方法分别从企业和项目两个不同层面，充分考虑了花都区的产业特点，从企业管理、企业与环境、项目技术水平以及项目与环境等多个维度给出了绿色企业和绿色项目的评价认定指标，明确了试验区绿色金融支持的绿色企业及绿色项目范围
	《广东省广州市绿色金融改革创新试验区绿色企业、绿色项目认定管理办法（试行）》	2019 年 9 月 12 日	对辖区内绿色企业和绿色项目的认证要求与流程做了进一步规范
广东省	原广东银监局《关于广东银行业加快发展绿色金融的实施意见》	2018 年 10 月 12 日	持续加大在绿色制造、节能环保、污染防治、清洁能源、绿色建筑、绿色交通、绿色农业、资源循环利用、新能源、新材料等重点领域的金融支持，创新绿色企业专属产品并鼓励绿色消费金融

目标地区	政策名称	发布时间	主要内容
深圳市	深圳市人民政府《关于构建绿色金融体系的实施意见》	2018年12月27日	支持绿色信贷发展，支持绿色企业上市融资和再融资，开展绿色债券业务试点，推动绿色债券市场双向互动，发展绿色资产证券化，鼓励中小企业发行绿色集合债，探索设立绿色产业投资基金，推动绿色保险市场发展和权益市场发展等
	中共中央、国务院《关于支持深圳建设中国特色社会主义先行示范区的意见》	2019年8月18日	强调要加强生态文明建设，并提出具体举措。要求加快建立绿色低碳循环发展的经济体系，构建以市场为导向的绿色技术创新体系，大力发展绿色产业，促进绿色消费，发展绿色金融
肇庆市	《肇庆市推动绿色金融创新发展十项行动计划（2018~2020年）》	2018年7月5日	明确了肇庆市绿色金融创新发展的总体要求、主要任务和风险保障措施
香港特别行政区	"1000亿香港主权绿色债券计划"	2018年2月	将为绿色公共工程提供资金支持
	国家发展和改革委员会与香港特别行政区政府《关于支持香港全面参与和助力"一带一路"建设的安排》	2018年3月28日	推动基于香港地区平台发展绿色债券市场，支持符合条件的中资机构为"一带一路"建设相关的绿色项目在香港地区平台发债集资，推动建立国际认可的绿色债券认证机构
	香港金融管理局《绿色金融策略框架》	2018年9月21日	提出五点策略，除涉及香港地区现时所聚焦的绿色债券外，更与全球市场和监管的发展接轨：一要加强上市公司环境资讯披露力度；二要对参与香港地区市场的资产管理者及资产拥有人就可持续投资实践进行调查；三要推动发展多样化的绿色相关产品；四要多方合作提高投资者对绿色金融和相关投资的认识和能力建设；五要推动香港地区成为国际绿色金融中心
	香港金融管理《促进绿色金融发展的策略框架》	2019年5月7日	分阶段建立绿色及可持续银行业的监管框架；外汇基金加强推动负责任投资；在金管局基建融资促进办公室之下成立绿色金融中心，提升业界专业能力

续表

目标地区	政策名称	发布时间	主要内容
香港特别行政区	香港联交所《环境、社会及管治报告指引》（新修订版）	2019年12月	强制企业进行信息披露并鼓励独立性验证
澳门特别行政区	《澳门特别行政区五年发展规划（2016~2020年）》	2016年9月8日	不断加大力度培育特色金融，并提出具体举措

3. 发挥各自优势特色，合力打造粤港澳绿色金融核心区

实现"双碳"目标离不开金融体系的有力支持，绿色金融已经成为助力发展绿色经济的主要工具。粤港澳大湾区绿色金融合作进一步深化，随着发展绿色金融逐渐成为粤港澳三地的共识，合力打造粤港澳绿色金融核心区，向"一带一路"国家输出绿色金融服务，也成为大湾区合作发展的重点。

大湾区内地九市拥有全国最大的制造业产业，其上下游配套产业众多。在"双碳"目标的背景下，产业链上各环节的企业都面临较大的绿色转型压力，为绿色金融发展提供了实物载体。香港与澳门有成熟的资本市场和开放的制度环境，是大湾区经济对外交流合作的平台，香港也是亚洲规模最大的绿色债券市场，2021年亚洲约1/3的绿色债券在香港融资发行，建设绿色金融平台，为示范区向其他地区推广。因此，凭借粤港澳大湾区金融优势以及扎实的产业优势，湾区内各城市可以充分发挥协同效应，根据自身的经济基础、社会制度以及开放程度等对绿色金融进行试点尝试，有望率先实现碳中和，为全国实现"双碳"目标提供宝贵经验。

绿色金融产品包括绿色债券、绿色信贷、绿色保险、绿色信托、碳排放权，以及投资于绿色金融产品的公募基金和私募基金等。其中，绿色债券和绿色信贷具有明确的定义和官方标准，其他类别的

产品由于信息不对称问题较难统计。截至 2019 年 6 月，广东省已有
420 家企业参与绿色保险，提供了超过 5600 亿元的风险担保资金，
涉及石油化工、生物制药等多个行业。中国人民银行深圳中心支行
设立了"绿票通"专项再贴现额度，以满足绿色企业和绿色项目的
再贴现需求，截至 2019 年 8 月已经办理了 208 笔绿色再贴现交易，
涉及金额达 8.38 亿元。此外，深圳还积极参与绿色金融的专业研究、
深港及国际合作，并积极申报第二批绿色金融改革创新试验区。

在绿色债券领域，香港地区的规模和增速位居前列，粤港澳大
湾区的表现也超过了全国总体水平。根据气候债券倡议组织（CBI）
发布的报告，2018 年香港地区的绿色债券总额达 110 亿美元，位
列亚洲第三，较 2017 年的 30 亿美元规模增长了 237%。广东省的
绿色债券发行数量和发行额也增长迅速。根据 Wind 数据库的统
计，2019 年广东省发行的绿色债券共有 50 笔，总额达 422 亿元，
而 2018 年仅有 22 笔，总额为 159 亿元。特别是广州试验区，截至
2019 年 12 月底，其发行的绿色债券已达 351 亿元（见图 7-1）。

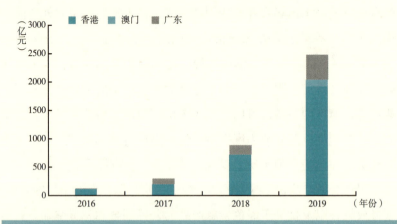

图 7-1　2016~2019 年粤港澳地区绿色债券发行量

在绿色信贷领域，中国内地的绿色信贷规模逐年增加。截至 2019 年 6 月末，广州试验区的银行机构提供了高达 3000 亿元的绿色贷款，在各个试验区中规模最大。深圳地区的绿色信贷余额超过 100 亿元，同比增长 34.2%。香港地区也持续涌现大额新增的绿色信贷项目，截至 2019 年 6 月，香港地区绿色信贷余额在粤港澳地区占比达 8%（见图 7-2）。

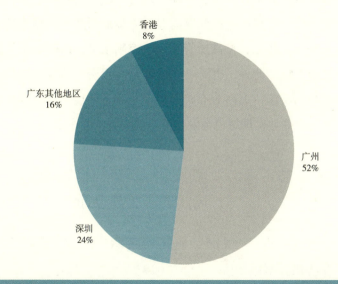

图 7-2　2019 年 6 月末粤港澳地区绿色信贷余额占比

4. 绿色金融领域的"劣币驱逐良币"效应时有发生

首先，绿色金融领域的"劣币驱逐良币"效应时有发生。这是因为绿色金融市场在成本和收益方面存在一些制度上的缺陷，导致"伪绿""假绿""洗绿"等产品和业务与真正的绿色金融产品竞争。这种情况影响了绿色治理对绿色金融发展的整体效能。其次，碳排放权的金融属性与传统金融风控体系治理不够匹配。碳金融市场在我国相对不成熟，成交额较低，价格远低于国际市场。这部分原因在于我国的碳排放权金融风险风控模型还基于传统的风控理念，并且法律体系未明确碳排放权的法律性质，存在不确定性。最后，我国 ESG（环境、社会和治理）产品在绿色金融资管产品中的比重较低，远低于欧美发达国家。在我国，ESG 投资仍未被作为强制信息披露内容，并且标准体系、法规和披露标准等方面还不够完善。ESG 披露质量和第三方审计水平也存在一定的问题，这限制了绿色金融治理效能的提升。解决这些问题需要进一步加强法律法规建设，完善绿色金融标准体系，提高监管和风险控制水平，以确保绿色金融市场的健康发展。此外，也需要加强对 ESG 投资的监管和推动相关标准的制定与实施，提高 ESG 产品的质量和透明度。这将有助于粤港澳大湾区更好地发挥绿色金融在可持续发展中的作用。

第二节　绿色发展的国际态势：世界主要湾区的经验与启示

一　纽约湾区：贯彻绿色转型战略，构建低碳、绿色、生态、宜居的现代城市

纽约城市转型历经了由制造业中心到服务业中心，再到高端知识密集型服务业中心的过程。文化创意产业和绿色产业快速发展，城市资源能源得到集约化利用，环境污染不断改善，使城市居民享受到更加生态、绿色、低碳、宜居的高端城市品位，增强了全球资源整合与创新能力，形成了强大的国际影响力和城市竞争力，使纽约成为世界城市建设的典范。

（一）将绿色转型上升为城市发展战略

纽约一直将注重资源集约和环境保护的绿色转型视为城市转型

的主要方向和基本趋势，这一战略不仅关乎城市的未来发展，而且涉及对环境的改善和对生态环境的维护。城市绿化美化、环境保护以及环保和绿色产业的发展，已经成为纽约现代服务业发展的关键动力。

城市的绿色转型需要与城市居民的需求相协调，包括价值实现、休闲娱乐和宜居城市生活。纽约城市的绿化美化工程不仅致力于改善城市环境，而且致力于提升居民的生活质量。在这个过程中，城市环境保护得到了高度关注，环保产业和绿色产业得以蓬勃发展，成为纽约现代服务业的支柱之一。同时，知识密集型服务业和文化产业的快速发展对城市的绿色转型也起到了积极作用。这些产业的崛起不仅为城市经济注入了新的活力，而且促进了城市环境的改善。纽约市通过采用智能技术和创新方法来应对全球气候变化，降低城市的能源消耗和碳排放，以构建低碳、绿色、生态、宜居的现代城市为目标，走在了世界城市转型与发展的前沿。

在城市的绿色发展中，纽约市特别注重城市建设的可持续性。通过屋顶绿化和绿色建筑建设，纽约实现了对城市旧城区的全面改造。绿色屋顶不仅美化了城市的天际线，而且起到了重要的环境保护作用。天台、阳台、墙体和立交桥等建筑空间经过科学设计和建设，成为绿色屋顶，有效地降低了城市的碳排放。高线公园是一个杰出的例子，它将废弃的高架铁路线充分利用，并进行了绿化建设，成为世界上最长的"绿色屋顶"。这个项目不仅美化了城市空间，而且增加了城市的森林碳汇，降低了碳排放，提升了纽约在国际上的绿色形象和低碳城市地位。另一个引人注目的特点是纽约市积极鼓励市民参与绿色屋顶建设。这种参与不仅推动了城市环保事业发展，而且创造了多重好处，包括城市环保、绿色美观、食品安全和经济效益等。一些创新项目，如在建筑屋顶上建造温室以种植果蔬，成为城市内的"有机农场"，为居民提供了更多的有机食品。

（二）建设完善区域协同机制，实现跨区域治理

纽约湾区在发展过程中面临一系列区域性环境问题，包括纽约–新泽西港湾和长岛海峡的水污染，以及主要由臭氧和颗粒物引起的大气环境污染。为了应对这些挑战，纽约湾区采用了区域性协同合作的机制，以共同解决这些区域性环境问题。

湾区，成立了一个独立的董事会，由来自三个州的市民、社区领导、商人和其他专家组成，形成了非官方、非营利的组织，即纽约区域规划协会（RPA）。该协会成立于1921年，通过四次规划，跨越了行政区界限，统一规划了湾区的发展与保护，形成了区域性的整体发展蓝图。这种跨越州界的合作伙伴型区域协作模式，有力地推动了湾区的可持续发展。在大气环境污染治理方面，湾区内各区均成为臭氧传输委员会（OTC）的成员，纽约湾区内的各州通过合作协议，共同协商和合作控制流动污染源。这种区域性的协同努力有助于减少大气污染，改善空气质量，保护居民健康。在水环境治理方面，湾区采用了多方合作的伙伴关系，联邦政府、地方政府、非政府组织和社会力量都参与其中，共同修复和保护湾区及其河口的生态环境，这种多方合作不仅有助于改善水质，而且保护了湾区的生态多样性，维护了水资源的可持续性。纽约湾区区域协同机制是一项成功的实践，体现了跨区域合作和整体规划的重要性，强调了合作与协调在解决跨界环境问题中的关键作用。

（三）创新性使用土地，满足城市有序扩张

纽约湾区作为全球较大的城市群之一，一直以来都面临着城市有序扩张与土地利用之间的挑战。纽约拥有丰富的人口资源，但其横向扩张受到了地理限制，绝大多数行政区位于岛上。因此，纽约

必须通过保护和扩展绿地、推行绿色发展计划以及创新土地再利用措施，最大限度地满足城市的增长需求。

值得强调的是，纽约市政府在土地利用方面保持了出色的创新性。尽管土地供给有限，但约 20% 的土地仍然保留为绿色用地。更为令人印象深刻的是，75% 的纽约市民居住在距离公园仅 0.25 英里的范围内，这反映了城市对绿地的高度重视。纽约不仅未牺牲绿地以谋取更多发展，反而通过保护和扩展绿地，提供了一系列环境、经济和健康效益。绿地在纽约的作用不仅仅是美学的，还在环境保护方面发挥了积极作用。纽约市政府通过实施"一百万棵树"计划，有针对性地在绿地覆盖率较低和儿童哮喘病入院率较高的地区植树。这一举措不仅美化了社区，还显著改善了空气质量，并降低了入院率。此外，纽约的树木被估算为拥有超过 50 亿美元的实物价值，而每年的效益更是高达数百万美元。这表明，将土地用于绿化不仅有助于改善环境质量，还可为城市经济带来可观回报（见表 7-2）。

表 7-2 纽约街道树木每年创造的效益

分类	描述	实际效益	每棵树节省金额（美元）
节约能源	通过遮蔽和气候控制节省能源	节省 1600 万千卡天然气	47.63
降低大气二氧化碳含量	通过节省能源，降低大气中二氧化碳含量，减少二氧化碳排放	减少 68687 吨二氧化碳排放	1.29
空气质量	通过植树拦截、去除、减少空气中的污染物	去除 191 吨的臭氧、63 吨的微粒物质	9.02
污水和雨水径流	通过减缓雨水径流，减轻输水管道和污水处理基础设施的压力	减少 8.91 亿吨的污水排放	61

分类	描述	实际效益	每棵树节省金额（美元）
			续表
房地产价值	通过增加审美价值，提高房地产的税收收入	—	89.88
总效益	街道树木提供的经济效益总量	—	208.83
成本收益比率	每花费1美元保养费用，对市民提供的效益	—	5.6

资料来源：纽约市森林资源分析局，道明银行经济分析部。

此外，纽约市政府采取了创新的土地再利用措施，即"污染土地开发"，这一举措旨在改善被污染的工业用地，从而恢复环境质量并刺激经济发展。通过"绿色房地产认证"（GPCP）项目，纽约确保这些土地的环境质量得到认证。该项目还提供了税收减免和清洁资金支持，以鼓励私人企业和非营利机构参与。在竞争激烈的房地产市场中，这种认证机制为开发商提供了竞争优势，提高了其社会声誉。这一综合税收激励和认证计划不仅满足了不断增长的房地产需求，而且推动了当地经济的增长，改善了环境质量。

最后，纽约在"9·11"事件后，以曼哈顿为核心的CBD有分散发展的趋势。为了保持纽约金融、贸易中心的地位，纽约市政府力图加强CBD的区域布局和高密度集约式建设，在曼哈顿下城、中城和布鲁克林中心区等CBD区域基础上，推进曼哈顿上城、布朗克斯的哈勃、昆斯的长岛市、法拉盛和牙买加等区域性商务中心的发展（见图7-3）。

（四）加强建筑能耗改造，提升建筑能耗效率

纽约市大部分城市面积被建筑覆盖，实际上，纽约市人口每天有90%的时间在室内度过，这导致建筑用电占据了该城市能源消

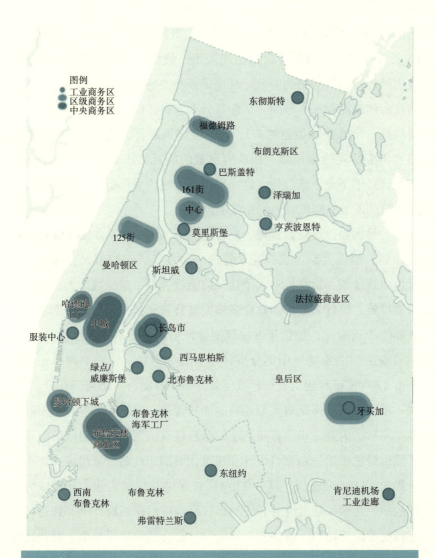

图例
工业商务区
区级商务区
中央商务区

东彻斯特

福德姆路

布朗克斯区

巴斯盖特

161街
中心

泽瑞加

莫里斯堡

亨茨波恩特

125街

曼哈顿区

斯坦威

法拉盛商业区

哈德逊
工厂
中城

长岛市

服装中心

西马思柏斯

绿点/
威廉斯堡

北布鲁克林

皇后区

曼哈顿下城

牙买加

布鲁克林
海军工厂

布鲁克林
商业区

东纽约

西南
布鲁克林

布鲁克林

肯尼迪机场
工业走廊

弗雷特兰斯

图 7-3　纽约推进城市 CBD 高密度发展

耗总量的 75% 以上。从建筑耗能来看，一方面，新建筑能耗持续
增长。人口增长会引起新的建筑需求。以 2016 年为例，纽约储备
用地降到了不足 4 万平方英尺，为近 10 年来的最低水平；土地成

本已从 1996 年的每平方英尺 15 美元上升到 2016 年的每平方英尺
95 美元左右，这预示着纽约已迎来新一波建筑需求高峰期，新建
筑规模的增长将对纽约的节能减排带来新的挑战。另一方面，住宅
和政府建筑能耗水平较高。从建筑分类来看，以 2006 年住宅为例，
其能耗占所有建筑类型的 1/3，居各类建筑之首，其中住宅取暖和
热水供应所耗能源最多，而政府建筑的能耗则占全部能耗的 20%
左右，高于工业建筑能耗。这一现实要求纽约采取积极的措施来提
高建筑的能效，降低城市的整体能源消耗。

　　一是加强建筑能效管理，完善建筑节能服务体系。实施绿色建
筑计划，加强大型建筑的能效管理。2009 年，纽约市议会通过了
绿色建筑计划，旨在推动大型建筑的能效管理，减少城市大型建筑
的碳排放。该计划要求 16000 多栋大型公共和私人建筑进行能效升
级和能源透明化，包括年度建筑能效评估、能源审查、目标设定、
照明改造和商业场所用电分类计量更换等内容。纽约市政府还对
全市 2700 栋市政建筑进行年度能效评估，并将评估结果公开分享。
这一举措有助于强化对大型建筑的能效管理，提高建筑能源利用效
率。同时，为进一步完善纽约市的绿色建筑法规，纽约市政府组建
了城市绿色小组，由来自设计和建筑领域的 200 名专家组成。该小
组提出了 111 项建议，其中 22 项已被采纳并付诸实施，有望成为
新的绿色建筑法规。此外，纽约市政府通过对建筑设计师和建造师
进行能源法规培训，确保新建筑的设计符合能源法规要求，并强化
在施工过程中的审查和监督。这些措施有助于确保新建筑达到高标
准的能效要求，减少碳排放。此外，加大城市节能投资与推广"市
长挑战"项目，促进节能新技术的应用，推动纽约成为全球低碳城
市的典范。2007 年以来，纽约市政府将预算的 10% 用于节能投资，
开展了超过 80 个整修工程，每年节省 280 万美元的能源成本。例

如，美国自然博物馆在 2009 年进行了全面的能源审查和能源改造，包括照明系统的更换和节能光感应器的安装。这些改造举措使博物馆每年节省了约 35 万美元的能源成本，并减少了 1431 吨碳排放。这些投资不仅有助于改善建筑的能效，而且为纽约市节省了大量能源开支。

二是提供低利率的贷款来降低能源效率改造的资金压力。实现建筑的能效提升需要资金支持，而这对小型建筑业主和私人业主来说可能是一个负担。为了应对这一挑战，纽约市成立了纽约市能源效率公司（NYCEEC）。这个独立的融资实体与政府合作，通过提供低利率的贷款来降低能源效率改造的资金压力。这意味着无论建筑是怎样的规模，业主都可以获得资金支持，进行能效改造。通过这种方式，所有建筑的业主都能够承受得起能源效率的提升成本，降低能源消耗。这些努力的经济效益是显而易见的，据测算，截至 2021 年，一系列经改造的市属建筑平均每栋节约了超过 200 万美元的能效成本。虽然绿色建筑计划在 10 年内预计将耗资 50 亿美元，但它将节省 120 亿美元的成本，也就是说能产生 70 亿美元的净收益。这一计划还创造了大约 18000 个建设工作岗位，为当地社区提供了就业机会，同时降低了温室气体排放，为气候变化应对作出了贡献。

（五）着力发展公共交通，积极推广新能源汽车

针对纽约轨道交通的拥挤程度高、公共交通使用率不高、自行车通勤率不高，以及步行出行不安全等问题，发展公共交通和推广新能源汽车成为关键举措。纽约市政府充分利用新技术，积极发展公共交通系统，同时鼓励市民采用零碳出行方式，致力于构建低碳出行的现代城市。

首先，纽约采用了先进的公共交通技术，以提升公共交通服务

的吸引力。这包括引进 SBS（选择性公交服务）技术，通过外部购票系统、科学设计的行车线路和信号灯优先通行等手段，提升了公共交通的效率和便捷性。这一技术已在曼哈顿的第一、第二大街得到应用，并将进一步扩大应用范围。除了 SBS 技术，纽约市还发布了即时公交车表，通过移动网络终端提供相关公交信息，提高了出行的便利性。

其次，纽约市政府鼓励市民采用自行车和步行作为通勤方式。2010~2020 年，纽约建设了 1800 英里的自行车道，提供了更多的自行车停车设施，并致力于提高步行交通的安全性。通过在 1500 个路口安装行人倒计时信号灯，以及实施学校安全路线等措施，纽约致力于降低交通事故的发生率，保障市民的出行安全。

最后，纽约积极推广新能源汽车。目前纽约已有超过 6000 辆城市用车使用混合动力或其他清洁能源动力，包括垃圾车、警车和拖车。市政府计划推动更多城市车队使用混合动力和电动车，并加速对现有车队的改造。纽约公园与娱乐管理局已经在柴油动力车中使用生物柴油混合动力，其他部门也在逐步采用生物柴油动力车。同时，纽约还积极推进新能源基础设施建设，以支持私人汽车的能源改造。

二　东京湾区：持续演化升级的环境发展战略是东京环保发展的灯塔

在发达国家中，日本属于较早致力于环境保护与低碳绿色发展的国家。东京作为东京湾区的核心城市及日本首都，在日本举国低碳绿色发展中更是走在前列，并成功将城市低碳绿色发展的经验扩展到东京湾区的其他县，对我国粤港澳大湾区生态环境发展具有借鉴价值。

（一）湾区环保合作机制是东京湾区环保协调发展的保障

湾区环保合作机制是东京湾区应对环境挑战并寻求可持续发展的一项关键举措。东京湾作为东京的重要生态和经济资源之一，近年来面临着自然岸线消失、湾区水质95%改善效果不明显等严重问题。这些问题的根本原因之一是过度的围海造陆。一方面，过度围海造陆的行为对东京湾的生态平衡产生了严重冲击。自然岸线的减少不仅限制了湾区的纳潮量，而且降低了海水自净能力，加剧了水环境的恶化，这对一个依赖湾区资源的城市来说，是一项极为严峻的挑战。另一方面，东京湾区在环境管理政策方面也存在问题，由于缺乏具有决策效力的、综合性的机构来推进湾区流域水环境管理，导致湾区的水环境管理政策协调不足，无法有效应对环境问题。这种分散的管理结构使得环境保护措施难以协同推进，影响了水质改善效果。为了应对这些挑战，东京湾区采取了创新性的措施，成立了湾区环保合作机制。这一机制的核心目标是通过整合资源、协调政策、强化监测和促进协作，全面推进湾区的环境保护工作。东京湾区环保合作机制实施了一系列关键举措，包括东京湾复兴行动计划的制订与实施，封闭性海域总量控制的加强，区域性环境监测与管理的联动推进，以及鼓励各界力量积极参与湾区环境保护等。这些措施的协同有力地推动了东京湾环境质量的整体改善。

东京的成功经验也反映了一种由城市走向湾区区域的发展趋势。在湾区环保合作机制的框架下，低碳技术在不同区域之间得以互联互通，为整个区域的协同低碳化发展提供了动力。这需要城市政府的管理透明化，以便通过信息公开和共享来吸引更多社会公众积极参与环保工作。另一个重要方面是加快小城镇的发展。东京周边的小城镇在城市体系中发挥着关键作用。将这些小城镇作为缓解大都市人口压力和解决经济、社会和环境问题的重要手段，有助于实现更为均衡的城市发展。另外，以大都市为核心推动绿色发展管理，促进城乡协调和地区合作，实现都市圈经济、社会和环境的协调发展，是东京湾区环保合作机制的另一成功要素。这种区域协调发展的模式有望为其他城市和地区提供有益的借鉴和启示。

（二）不断演化升级的环境发展战略是东京环保发展的灯塔

东京对环境保护的认识经历了一个逐渐深入的过程，第二次世界大战后，东京共经历了六次环境战略的转型，这六个阶段分别是：战后复兴与公害规制阶段（1945~1960年），将产业公害作为主要环境规制对象；公害管理体制整备扩充阶段（1960~1975年），聚焦传统产业污染治理；环境保护预防应对阶段（1976~1985年），制定《环境影响评价条例》与污染总量控制替代浓度控制，标志着东京的环境管理开始由末端治理向源头预防转变；综合环境管理阶段（1986~2000年），环境战略的出发点不再是环境质量达标，而是从居民健康出发，提升居民生活质量；低碳城市建设阶段（2001~2014年），致力于低碳能源战略，以《10年后的东京——东京在变化》开启了东京的低碳绿色发展规划；新可持续发展战略阶段（2015~2024年），建设智慧能源城市，增强城市韧性，探索新的可持续发展模式。在这个过程中，东京对环境问题识别与研判在不断演变，从被动治理到主动治理，从末端治理到源头预防，从污染物浓度控制到总量控制，从关注污染本身到研究环境背后的经济社会因素，从单个环境措施到综合环境政策，从研究地方环境到研究区域乃至全球环境，每一个维度的变化都可以看作其环境战略的转变。

（三）科技赋能是东京低碳转型的强力支撑

科技创新中心是东京环境战略转型的先天优势之一，为城市的可持续发展提供了关键支持。这一优势体现在两个方面：政治中心和科技创新中心的资源支持以及科技赋能城市低碳绿色发展。作为日本的政治中心，东京集聚了国家元首、政府行政机关、议会以及各种相关机构和团体，这一政治中心的地位为东京提供了丰富的资源支持。在环境战略转型中，需要大量的资源来投到环保措施、技术研发和基础设施建设等方面。政治中心的存在意味着东京可以获得来自城市自身以及全国的资源，以解决城市面临的各种问题，尤其是环境污染等与政治中心功能不符的城市挑战。此外，东京也是一个科技创新中心，拥有出色的高等教育机构和研究机构以及众多的高科技企业。东京的高校在全球范围内名列前茅，自然科学领域的诺贝尔奖获得者数量也高居亚洲第一位。在科技领域，东京全球财富 500 强企业有 43 家，这一科技创新中心为东京的环境战略转型提供了强大的技术支持。20 世纪 60 年代初，日本在钢铁和石化等重工业领域的技术已经达到世界领先地位，这为东京的产业转型提供了有力支持。东京还在环保技术、新能源技术、节能技术等环境友好型技术方面处于领先地位，这些技术为城市的环境战略转型提供了宝贵的资源。

科技创新不仅为环境保护提供了技术支持，还赋能了城市低碳绿色发展。东京积极引入先进减排技术，针对主要碳排放部门和高污染工业门类，采取了一系列技术措施来提高产业经济产出率和减少碳排放。通过技术进步，东京提高了能源利用效率，降低了单位排放强度，从而实现了碳减排目标，这种科技赋能不仅帮助东京改善了环境质量，而且促进了传统产业的转型升级，推动了新兴产业的发展，提升了城市的国际竞争力。

（四）城市空间优化与产业转移是东京环境战略转型的基础

城市空间优化与产业转移是东京环境战略转型的核心要素，它们相互交织，为东京的可持续发展提供了坚实的基础。东京在这两个领域的成功实践反映了其对环境问题的积极回应和持续改进。

首先，城市空间优化是东京环境战略转型的核心之一。自1953 年颁布《首都圈整治法》以来，东京一直致力于将首都圈作为规划对象，通过空间重构和城市功能的合理分配，实现城市空间的优化。在这一过程中，东京将产业从最初的高污染重化工业和机械制造业逐步转移到了商务流通和高端服务业，实现了产业的空间重塑（见图 7-4）。这种产业逐步向区域内和区域外的转移，有效地降低了城市内部的环境压力，同时促进了区域经济的均衡发展。

其次，产业转移是东京环境战略转型的关键驱动因素之一。特别是在 20 世纪 70 年代石油危机后，日本出台了《节能法》，限制了国内高污染和高耗能企业的发展，并积极鼓励这些产业向国外转移。这一政策的实施，旨在降低国内环境压力，提高能源效率，同

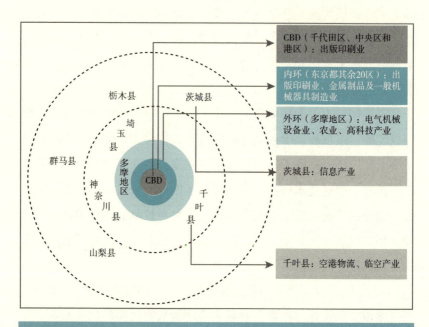

图 7-4 东京制造业空间布局

时为东京创造发展空间，使其更好地满足城市和区域的需求。东京的城市空间优化和产业转移相辅相成，城市空间的优化为产业转移提供了更多的发展机会，而产业转移则缓解了城市内部的环境压力。这种协同作用使得东京得以实现环境质量的提高和产业结构的优化，为城市的可持续发展奠定坚实的基础。

（五）制定高质量的环境规划是城市低碳发展的核心

制定高质量的环境规划是城市低碳发展的核心，这是东京在环境战略转型中所积累的宝贵经验。以下是关于规划制定的五个关键条件，这些条件为城市的低碳发展提供了坚实的基础。第一，制定具有挑战性的总体目标是规划的首要任务。在东京的低碳城市发展规划中，明确定义了总体的二氧化碳减排目标，并将各项举措与此目标相衔接，以确保实施方案的减排效果可衡量。同时，规划中还制定了明确的时间表和路线图，为目标的实现提供了具体指引。第二，抓住主要矛盾是规划制定的关键之一。东京的规划充分考虑了城市的主要碳排放领域，特别是建筑领域。规划中详细阐述了建筑节能降碳的相关措施，以应对这一主要碳排放源。这种针对性的规划可以更有效地推进环境治理，解决核心问题。第三，以人为本是东京规划的重要原则。城市规划兼顾了宜居性和减排目标，特别是在交通领域，通过提高公共交通设施的便捷性、改善自行车道路环境、推广电动交通工具充电设施的布局等措施，旨在提高市民的生活质量，同时实现交通领域的减排目标。第四，减缓和适应并重是规划制定的另一个关键要素。规划中提出了减缓气候变化和适应气候变化的相关举措，并将它们并行推进。这种前瞻性的规划可以提高城市各行业适应气候变化的能力，更好地保护城市的可持续性。第五，完善配套机制和制度是规划成功实施的关键。东京建立了跨部门的环保合作机制，设立了全球变暖对策应对基金，并推出了相关项目的实施状况报告等配套措施。这些机制和制度的建立有助于规划的顺利实施，确保最终实现计划目标。

三 旧金山湾区："绿化城市"已成为城市品牌之一

美国电影《夏菲米克的时代》展现了令人着迷的优美风景与城市生态环境，电影故事就发生在旧金山。这里有全长 2780 米的重要地标——金门大桥，横跨金门海峡，从 1937 年开始已连接旧金山和马林郡，每当傍晚和周末时，桥的东面都会挤满步行人士，而西面在周日下午三点半后和周末则主要预留给踏单车的人士。新建成的加利福尼亚州科学院集水族馆、天文厅、自然历史博物馆及其他科研设施于一身，使用的能源 5% 以上来自太阳能，而其崭新设计使用绿化屋顶，种植了加利福尼亚州本土的植物和让不同生物栖息，并采用再造物料建成，尽量使用天然光和通风系统。旧金山多次被环保杂志《绿色指南》评为全美国十大"绿色城市"，同时也被《普及科学》誉为美国最大的绿化城市，就连当地的旅游业亦以环保为噱头，经常宣传环保旅游，以此吸引世界各地更多的游客。

（一）湾区环境合作机制

旧金山湾区内环境合作关系主要通过建立区域规划委员会、特区（特别区）及伙伴关系等区域性管理机构，使地方政府服从区域环境资源管理机构的环境资源管理决策，湾区内各地区各方面的代表则充分参与湾区决策并监督其执行。依法成立的具有广泛执法权的综合性湾区环保机构——旧金山湾保护与发展委员会，通过许可管理湾区与用地相关的利用海滨的行为，同时积极参与其他环保活动。组建旧金山湾保护与发展委员会、旧金山海湾恢复管理局、湾区水质控制委员会以及湾区空气质量管理区等半官方性质的地方政府联合组织，解决跨区域的重大问题。旧金山湾区要求 9 个县的流域管理方案服从于湾区水质控制委员会制定的湾区流域管理规划。如果说有决策权和监督权的区域性环境保护合作机构是旧金山湾实现湾区一体化环境管理的基石，那么同时吸纳联邦政府、地方政府、非政府组织和社会资金的区域环境基金则为旧金山湾区区域环境治理提供了充足的资金支持。另外，从产业区域协作来看，旧金山市全力打造"创新回廊"，不同的区域承担着不同的创新产业发展，包括金融专业服务、新中转枢纽、数码媒体信息、生物技术、清洁技术、可持续发展等产业项目。

（二）废物管理与循环经济的创新实践

旧金山湾区在绿色城市发展方面的经验，特别是在废物管理和循环经济领域的创新实践，为其他城市树立了明确的榜样。早在2005年，旧金山就开始制定绿色城市目标，并通过创新实践不断推动废物管理和循环经济的发展，取得了令人瞩目的成就。2005年旧金山市年产废料高达179万吨，其中约117万吨废料得到回收再生，废料回收循环利用率达65%，这一成就的背后，是旧金山湾区对循环经济模式的早期探索和创新实践，这不仅有助于减少环境污染，而且有效地节约了资源，2010年废料回收循环利用率进一步提升到了75%，为可持续发展奠定了坚实的基础。其中，一个引人注目的案例是"废料屋"项目，这个项目在市政中心广场上建了一座"废料屋"，两室一厅，厨房、卫生间、露台、花园一应俱全，整个建造过程由100多位义工参与，他们利用从垃圾站和废料场收集来的废旧材料，包括报废的交通标志牌、淋浴房的旧门、白铁皮下脚料和500多本旧电话号码簿等，仅用两周时间就完成了建造。这座别具一格的"废料屋"不仅展示了废物再利用的潜力，更强调了社会创新和公众参与在推动绿色城市目标实现方面的重要作用。这个项目的成功表明，通过社会动员和创新设计，废物可以被赋予新的生命周期，创造可持续的环境效益。

旧金山湾区在废物管理方面的努力并未止步于此，旧金山实现了将温室气体排放量在 2012 年减少到相当于 1990 年 80% 的目标，且在该地区取得垃圾回收循环利用率超过 70% 显著成绩的基础上，2020 年又基本实现了"零废物"的目标，即达到 100% 的垃圾回收循环利用率。在这一整体目标的带动下，旧金山市政府制定并落实了一系列清洁能源方案，其中一个突出的例子就是城市垃圾回收系统。目前在旧金山市，居民家的垃圾桶会分为三类，包括蓝、绿、黑三个颜色，不同颜色代表不同类别，蓝色桶装玻璃瓶、塑料瓶、金属罐头盒、废纸等；绿色桶装有营养的废料，如各类剩余食物、饭菜、动物骨头等；黑色桶则装其他无法再生的生活垃圾。在这些分类回收的城市垃圾中，有 19% 是通过绿色桶回收的食品废料。针对这一特殊废料，旧金山的诺克尔系统回收公司从 1996 年开始推出"食物废料回收项目"，将这些从家庭和餐馆收集来的有营养的废料加工制成有机肥料，然后把再生有机肥提供给当地的葡萄园或农场，形成良性循环链。据统计，目前旧金山市已经有约 2200 家餐饮企业和 15 万户居民参加了这一项目。这一系列阶段性目标的实现，体现了旧金山湾区对绿色发展的坚定承诺，也为其他城市树立了可借鉴的标杆。

（三）智能城市规划与绿色能源布局的绿色发展典范

旧金山湾区政府深知可持续发展的重要性，制定并贯彻了一系列清洁能源方案，通过创新实践和科技创新，成功降低了温室气体排放，推动了可持续能源的广泛应用，实现了绿色城市的愿景。

在智能城市规划方面，旧金山湾区展现了先驱性的决策和务实的行动。湾区政府将先进技术融入城市管理，优化基础设施，提高了城市的运行效率。通过数据分析、数字化管理等手段，旧金山有效地解决了城市交通拥堵等问题，降低了能源消耗，改善了市民的生活质量。这些举措体现了市政府对科技创新的积极倡导，为绿色城市规划树立了典范。

在绿色能源布局方面，旧金山湾区在绿色能源领域的积极布局使其成为引领者。太阳能技术在该地区得到广泛应用，市政府为居民和商业用户提供补贴和支持，推动太阳能系统的普及，这不仅促进了清洁能源的使用，还为可持续发展带来了新的动力。此外，清洁能源技术与绿色环保技术的发展一直是旧金山经济发展的着眼点，也是旧金山将绿色、创新等概念进行有机融合、协同发展的最好载体。赫赫有名的劳伦斯伯克利国家实验室就位于旧金山湾区奥克兰的加州大学伯克利分校，该实验室奠定了旧金山作为全球清洁能源研究中心的地位。旧金山是一个集创新、知识资本于一体的领跑者，能为企业发展提供全球最好的员工和最好的生活品质。有超过 225 家清洁技术企业总部设在旧金山，越来越多的清洁技术企业作出同样的选择，因为这种兼具技术、政策、经济、人才、环境等多方面的竞争优势，只有像旧金山这样的地方才可以提供。

（四）绿色产业带动城市新发展

旧金山湾区在太阳能、绿色建筑和交通等绿色产业方面的引领发展举措，不仅促进了环境保护，而且在经济和社会层面带来了显著的改变，带动了城市新发展。

一是在太阳能产业方面，旧金山湾区的太阳能生产已经排名全美第一。虽然该地区太阳能产业发展起步较晚，但政府采取了积极的激励政策来推动太阳能开发与运用。湾区政府亲自安装了 3 兆瓦的太阳能系统，并为居民和商业用户提供慷慨的补贴，开发了太阳能安装奖励制度——Go Solar SF，一项用于光伏系统安装的优惠政策，再加上加利福尼亚州太阳能计划和联邦税收抵免退税，安装太阳能系统的居民共可以获得政府提供的 3000~5000 美元的补贴，商业用户甚至可以获得高达 1 万美元的补贴。这些激励措施使居民和商家可以节省 50% 以上的太阳能系统安装费用，从而迅速推动了太阳能在旧金山的普及。

二是在绿色建筑方面，旧金山湾区政府制定了一系列包括清洁交通、城市森林体系、绿色建筑等在内的可持续发展项目，并在 2008 年全市通过了最严格的美国绿色建筑标准，并采取了强制性措施，确保新建商业和居住建筑都符合 LEED 金奖标准，以最大限度地减少碳排放和能源使用。同时，旧金山市还出台了一项房地产开发商的激励政策，该政策致力于通过与规划部、房屋检验部、公共工程部的协调，对符合 LEED 金奖认证的建筑采取优先处理，这种激励使得所有正在修建的新建筑物都以 LEED 金奖认证为标准进行建设，为旧金山的城市规划树立了榜样。比如，旧金山湾区跨湾交通终点站项目就是其中典型的一个（见图 7-5），作为十大未来派绿色建筑之一，该项目要建一座横跨旧金山湾的交通工程的终点车站，拥有高耸入云的玻璃塔和市区内的大型交通中心，这个交通中心不仅包括一个占地 5.4 英亩的大型绿色公园，供公众休闲和文化活动使用，而且充当了一个生态技术教育基地，为当地居民提供了学习可持续发展概念和绿色屋顶等生态技术的机会。两栋建筑都拥有雨水和废水回收系统，将水资源回收再利用，同时还包括风力涡轮机组和地热系统，为绿色建筑提供可持续的能源供应。

最重要的是，这些绿色行业的发展并没有抑制经济增长，相反它们为旧金山湾区创造了新的经济机会和工作岗位。旧金山市市长纽森在 2010 年的公开讲话中提到，"如果投资 10 亿美元在新的煤电工厂，会有 870 个工作机会产生。如果投资在更绿色的核能行业，将会产生超过 1500 个工作机会。如果投资太阳能，产生的

图 7-5　旧金山湾区跨湾交通终点站项目

工作机会比核电的机会还要多。如果在风电方面投资，那么会增加3300多个工作机会"。在 2009 年奥巴马总统的 7870 亿美元经济刺激方案中，旧金山湾区的一些县市政府积极利用这些经费，设立了"绿色产业训练营"，专注于太阳能、风能、地热、绿色交通等绿色产业领域，培训出了一批批被称为"绿领"的工人。这一新兴就业市场的崛起为经济增长注入了新的动力，体现了美国政府当年刺激经济方案在可持续发展领域的显著成效。

（五）注重水和能源资源的高效利用：可持续发展的双赢之道

旧金山湾区的成功发展不仅依赖于其独特的地理位置和创新精神，还离不开其丰富的水资源和可靠的能源供应。这里不仅是美国水资源消耗较低的城市之一，还是可再生能源领域的翘楚。然而，面对气候变化、水资源短缺、水污染以及基础设施老化等日益严峻的挑战，旧金山湾区采取了积极的措施，将水和能源问题纳入统一管理，并制定了综合性规划"One Water SF"来统筹这两大关键资源的利用。"One Water SF"旨在继续传承旧金山强大的创新传统，同时平衡当地的生态系统，以建设可持续、宜居的城市环境。该规划鼓励寻找创新的水与能源解决方案，为新兴水与能源利用技术提供平台和发展空间，以最大化高效利用有限的水和能源资源。

一是水资源管理的卓越实践。从2012年开始，旧金山公共事业委员会实施的新型水处理系统降低了全市饮用水消耗量的65%。此举在全美范围内引起了广泛的关注和效仿，为水资源管理树立了典范。旧金山的水资源管理取得的一些显著成就包括以下几点。①水资源保护项目，通过提高水资源的利用效率和减少浪费，旧金山确保了水资源的高效利用。这一项目的成功经验可以为其他城市提供指导，特别是那些面临水资源短缺挑战的城市。②回收水的多元利用项目，旧金山采用了创新的方法，如将回收水用于灌溉公园和高尔夫球场，以及在建筑内部建立水资源循环系统，最大限度地减少了饮用水的浪费。这些举措不仅节约了宝贵的淡水资源，而且为城市的可持续发展树立了榜样。

二是清洁能源的领先地位。在能源方面，旧金山湾区积极推广清洁、可再生能源。虽然早期，位于内华达河上的385 MW水电站是旧金山湾区主要的可再生能源来源，但近年来，光伏发电和生物质项目在该地区迅速发展。值得一提的是，旧金山湾区非常注重水与能源之间的协同关系，跳出了传统的领域边界，将水生产、污水处理和能源供应融为一体。这些措施包括：能源效率提升，在水处理设施中安装节能设备，降低水处理过程中的能源消耗。同时，在废水处理厂内安装沼气发电设备，有效减少能源使用和温室气体排放，为可持续能源的开发提供有力支持。废水转化为能源，旧金山采用新技术将废水中的物质转化为生物质燃料，实现废物资源的再利用。这一实践不仅减少了废物排放，还为城市提供了额外的能源来源。这些水与能源管理的实践为旧金山湾区创造了可持续发展的双赢之道，既确保了资源的充分利用，又有助于减少对环境的负面影响。这些经验不仅对本地社区产生了积极影响，还为其他城市提供了宝贵的参考，强调了可持续发展的重要性。

三是大气治理，从雾霾到清新空气的蜕变。在20世纪六七十年代，旧金山地区曾经历过严重的臭氧和颗粒物污染问题。然而通过40多年的治理努力，旧金山湾区取得了显著的成就。通过实施一系列综合性措施，如出台1970年《清洁空气法》，制订《污染物减排实施计划》，采用固定源污染物排放控制技术，以及提高机动车辆排放标准等，旧金山湾区成功控制了污染源，并实现了大气环境的持续改善。同时，通过鼓励拼车和乘坐公共交通工具等措施，有效减少了机动车辆污染物排放。如今，旧金山湾区的大气质量已经恢复到了清新的水平，这一成就展现了长期致力于环境保护的决心和勇气。这一成功经验可以为其他城市提供借鉴，也是旧金山在环境治理领域的骄傲成就之一。

四　粤港澳大湾区：来自世界主要湾区的启示

（一）加强部门统筹，实现绿色空间统一规划与建设

加强多部门的协同合作，实现绿色空间的统一规划与建设，在粤港澳大湾区具有重要意义。东京湾区采用了多部门联合建设制度，这有助于实现城市的一体化规划和管理，也容易形成相对统一的城市风貌。以跨河桥的建设为例，涉及路政、市政、城市建设、水务、绿化等多个部门，还有一些企业积极参与，它们通力合作，将桥区以及周边地区的绿化、景观、道路驳岸和公共服务设施

进行了一体化规划和建设，达到了最佳的环境景观效果。旧金山湾区采取了不同的方法，主要是成立了一个拥有广泛执法权的综合性湾区环保机构，即旧金山湾保护与发展委员会。此外，还积极组建了旧金山海湾恢复管理局、湾区水质控制委员会以及湾区空气质量管理区等半官方地方政府机构，以解决涉及跨区域的重大问题。而纽约湾区采用了一系列的推动机制，包括设立纽约区域规划协会（RPA）、臭氧传输委员会（OTC）等，这些机制跨越了行政区划，但它们的建立有助于实现湾区的整体规划和保护。粤港澳大湾区可以进一步探索和完善多部门统一合作的管理方式，并赋予相关部门实际的管理权和能力，以确保绿色空间与城市其他空间能够形成多方面的统筹规划、高效管理、和谐一致的环境风貌。同时，可以通过鼓励企业开展合作，推动形成多层级、多领域的共同建设，以及共同管理和共同分享的规划实施途径，以更好地促进绿色发展和城市绿化建设。

（二）加强城市功能的均衡化疏解、基本公共服务均等化建设

为了应对有限空间内大城市有序扩张的需求，纽约市采用了创新的土地利用和强化中央商务区（CBD）的集中发展等方法。这些举措积累了丰富的经验，特别是在城市空间均衡化和绿色发展方面。旧金山湾区政府则积极运用先进技术来改善城市管理，成功解决了城市交通拥堵等问题，同时优化了基础设施的均衡利用。粤港澳大湾区作为一个面临土地空间有限、人口庞大、发展任务繁重等现实挑战的地区，需要在战略、政策、制度等多个层面进一步加强城市功能的完善和均衡融合发展。这包括缩小区域和城乡之间的差距，特别注重城市功能的优化布局，强化城市功能的疏解。需要实施多中心城市集聚，统筹协调核心区和远郊区县的均衡发展，同时降低区域之间的基础设施和公共服务的不平衡程度，以确保为所有

城乡居民提供完善的公共服务。这将有助于避免人口、交通、教育、医疗和行政等资源在局部地区，尤其是核心区的过度集中和拥挤问题。通过缓解粤港澳大湾区核心区的人口、交通、教育和医疗等资源的过度集中压力，实现城市功能的疏解和人口疏解，同时改善交通状况和促进区域、城乡的一体化发展。城市功能的均衡发展和战略规划将不仅有助于城市功能的优化配置，而且将提升居民的生活环境水平，增强城市的人文关怀和文化吸引力，从而构建一个更宜居的世界级湾区。

（三）优化城市布局与完善绿色公共交通系统

城市的布局对交通系统和通勤距离具有直接影响。为了适应高人口密度，纽约市自1982年以来投资了720亿美元，建设了北美最大的公共交通系统。东京则成功建立了世界领先的地铁系统，其中新宿站的日均客流量达223万人次，相当于同时期上海地铁1号、2号、3号线的总客流量。粤港澳大湾区核心区的人口密度较高，交通拥堵问题严重，公共交通系统特别是轨道交通系统的发展相对滞后。借鉴纽约和东京等世界领先湾区的经验对粤港澳大湾区具有重要意义。如果不改变人口大规模增长和单一中心集中的趋势，不提供便捷舒适的公共交通，城市将难以成为世界级宜居城市。不同交通工具的碳排放存在巨大差异，因此鼓励市民尽可能使用公共交通工具出行，可以提高公共交通资源的利用效率，降低交通领域的碳排放。因此，粤港澳大湾区的城市转型和绿色发展需要避免单一中心的人口和产业集中，大力发展地铁等公共交通系统，并将轨道交通延伸至城乡接合部、远郊区县和周边城市，以促进这些地区的统筹、协调和均衡发展。同时，也需要积极发展电动汽车和其他绿色交通方式，以降低碳排放，推动粤港澳大湾区经济圈的发展和世界级湾区的建设。

（四）加快城市绿色产业发展、绿色低碳技术创新和城市绿化建设

纽约市高度重视城市绿化，包括屋顶绿化和建筑节能改造，同时也积极发展绿色交通，提倡资源的循环利用和低碳发展。在这些方面，该城市已经积累了丰富的经验。旧金山湾区一直处于推广清洁和可再生能源的前沿，是世界领先的地区之一。这个地区在清洁能源利用方面取得了重要突破。粤港澳大湾区有解决环境污染、资源能源短缺等问题的紧迫需求，因此需要建立一个全面的绿色转型战略框架。这包括加速经济发展方式的转变，制定中长期的绿色发展规划，将绿色技术作为未来科技和相关技术产业发展规划的重要组成部分，推动能源和减排技术的低碳创新，加强建筑节能和屋顶绿化建设，加大对清洁和绿色能源开发利用的投入，促进清洁生产和绿色消费，鼓励公众积极参与植树造林增加碳汇，强化社会的绿色转型责任，构建粤港澳大湾区的绿色低碳创新示范区和区域低碳创新系统，最终实现建设绿色宜居的世界级湾区的目标。

（五）加强大湾区范围内产业转型政策的有序引导

纽约城市经历了数次产业转型，其成功经验在于联邦和地方政府的协同努力，两者通过制定明智的战略规划和进行有效的政策引导，协调市场机制，推动了城市产业结构的转型升级。这包括制订产业结构调整的复兴计划，增加对研发的资金支持以激励企业创新，并巧妙地运用财政政策来促进产业的优化升级。与此不同，东京湾区一直将有序的产业转移视为环境战略转型的核心要素，并采取了一系列相关政策和措施来实现这一目标。世界主要湾区的发展经验表明，政府的干预与市场机制的作用需要协调一致，这样才能实现相对有序的经济发展。这些城市的成功转型

经验表明，政府在引导产业转型方面扮演着重要的角色，通过合理的政策手段可以有效地推动经济的结构升级和可持续发展。粤港澳大湾区可以借鉴这些世界级湾区的成功经验，采用更为科学、合理、均衡的财政和货币政策，制定创新发展政策、城乡一体化政策以及人才扶持政策等，以鼓励地方政府和私人部门的投资，加快科技创新和产业升级。在城市功能均衡发展的基础上，还应进一步加强产业转型的战略规划和政策引导，以促进粤港澳大湾区的经济转型和绿色发展。

第三节　推动湾区绿色发展的战略思考

粤港澳大湾区凭借 40 多年的快速、健康发展，如今已具备了世界级城市群的基础和潜力。然而，在这一辉煌的发展过程中，不平衡和不充分的问题仍然存在，城市之间、区域之间的差距依旧明显。在湾区内部，城市的繁荣与生态环境的保护似乎总是一对难以调和的矛盾，即便在深圳这样的现代化城市中，城区与离岸的大鹏新区，生态环境也各自有别。随着生活水平的提高，人们对宜居环境和清新空气的渴求日益增强。因此，湾区的绿色发展已经成为燃眉之急。我们需要在经济增长与生态保护之间找到平衡，理顺生态价值观，明确生态环境对经济增长的价值。只有通过集约、高效、循环、可持续的方式，才能实现"绿水青山就是金山银山"的理念。我们要充分利用自然资源、环境容量和生态要素，把"绿水青山"转化为"金山银山"。

绿色发展既是当前时代的要求，也是长远的战略目标。我们需要突破重点领域，推动整体进步，在保护自然的同时，促进经济的发展。粤港澳大湾区的绿色发展将成为国际的典范，一个融合了繁荣和可持续性的范例，展现了经济与环境和谐共生的未来愿景。这是我们共同的责任和使命，也是对下一代的承诺，让他们能够继续享受"绿水青山"的价值，拥有更加美好的明天。

一　加强大湾区协同机制建设

从世界其他湾区区域生态环境协同治理的经验看，加强大湾区协同机制建设，是实现生态文明共建的重要一步。应建立综合决策机制，使各地区的政策和行动协调一致，并要实现生态环境管理制度的协调，确保各地的环保政策互相衔接。此外，提供充足的资金和基础保障也至关重要，以支持区域性、跨境生态环境保护项目。

（一）积极推进成立湾区生态文明共建领导小组

共建领导小组，这一举措在粤港澳大湾区的生态文明建设中具有重要意义。在"一国两制"的框架下，湾区面临着跨境合作和协调的挑战，而仅依赖双边或三边协商机制难以综合决策和解决区域性生态问题。例如，废旧车辆跨境转移处置问题需要多方协调才能顺利解决。因此，借鉴京津冀及周边地区大气污染防治领导小组的经验，建立粤港澳大湾区生态文明共建领导小组是必要的，可以实现湾区生态文明建设的整体协调和统筹。

（二）构建完善协调统一的湾区生态文明制度体系

在"一国两制"的背景下，湾区生态发展面临独特的挑战，需要特殊的制度体系来支持合作和协调。应加大粤港澳在生态文明政策制定、实施和监督方面的协调力度，建立跨境生态环境影响评估和咨询机制。建立统一的大湾区环境技术和环境质量标准体系，以确保各地政策和标准的一致性。也应设立领先的湾区生态文明建设目标，统一策略，建立整体生态空间管控体系和陆海统筹的绿色生态水网，加强区域大气污染联防联控，统一规划环保基础设施，以促进湾区的可持续发展。

（三）强化保障湾区环保资金投入

粤港澳大湾区的生态文明建设能够顺利推进，需要强有力的资金保障，随着未来跨境生态环境合作的不断扩大、加深，粤港澳财政制度的差异将可能成为影响部分跨境生态环境项目推进的主要障碍。为保障粤港澳大湾区生态文明建设投入，可以采取以下措施。在金融工具方面，通过改革和创新现有的金融工具，引入更多的绿色金融资金，例如绿色债券、绿色信贷等，以满足生态文明建设项目的融资需求。在筹资渠道方面，积极探索不同的筹资渠道，包括国内外资本市场、国际金融机构的合作，以及引导社会资本参与生态文明建设项目，多渠道筹集资金。积极成立大湾区环保基金，借鉴粤澳合作发展基金的经验，可以考虑由粤、港、澳三方合作成立粤港澳大湾区生态文明共建基金，专门用于支持区域性和跨境生态环境保护项目，确保资金的充分供应和有效利用。

（四）构建大湾区生态文明共建科技支撑体系

在生态文明建设过程中可能面临制度、技术等方面的挑战，为此，可以成立粤港澳大湾区生态文明建设技术委员会，以推动整体科技支撑的建设。该委员会的任务包括对大湾区生态文明建设的战略性、全局性和重大问题进行研究，提出建议，促进环保法规和标准的一致性，总结和分享成功的生态文明建设经验，以及推广新的生态环保科技成果。这样的委员会将有助于促进科技创新，保障生态文明建设的效率和成果。

二　突出大湾区优势，引领全球绿色金融发展

在粤港澳大湾区一体化程度稳步提升、经济转型逐步推进的背

景下，绿色金融有望成为中国绿色金融创新的策源地和全球绿色金融的中坚力量。在三方政策协作的背景下，粤港澳大湾区的绿色金融发展可通过明确各城市的定位，构建金融核心圈和产业包围圈的双圈模式，建立统一的绿色认定标准和权威的评级体制，实现各地绿色金融标准的互通互认，推动粤港澳大湾区成为全球绿色金融领域的引领者。

（一）构建完善绿色行业发展的金融市场环境

要构建助力绿色行业发展的金融市场环境，大湾区各城市都拥有潜力发展清洁交通和与污染防治相关的项目。广东省作为东南地区制造业基地，具备推动绿色制造和环保领域发展的潜力。其中，深圳尤其突出，因为它在清洁能源领域具备巨大的潜力，其他城市如东莞、香港、惠州、江门、肇庆等，也在生态保护和气候变化方面有着广阔的发展前景。潜力巨大的绿色行业包括发电燃料组合、清洁交通、水利基础设施、制造业绿色改造升级、绿色和低碳技术创新，以及生态环境保护等。随着生态文明建设的不断推进，这些领域的发展需要当地政府持续改进金融、财政、税收、土地和融资等方面的支持政策，提高服务水平，以加速创造更有利于绿色产业发展的市场环境。

（二）突出大湾区自身优势，引领全球绿色发展

粤港澳大湾区的经济体量和科技创新实力已经跻身世界前列，在科技创新、互联网和电子信息等领域，粤港澳大湾区已经崭露头角，与旧金山湾区不相上下。在金融服务领域，粤港澳大湾区同样有与纽约湾区和东京湾区竞争的实力。粤港澳大湾区应该在特色金融产业中谋求突破，而绿色金融作为其中之一，因其对可持续发展的重要性而备受关注。在国家政策、产业升级和金融基础设施的支持下，粤港澳大湾区有机会在绿色金融领域取得重要突破。大湾区

可以借助自身的制度优势，依托中国巨大的市场潜力、"一带一路"倡议和全球绿色发展的需求，建立高效有序的绿色金融标准、评估和管理体系。大湾区应将绿色金融实践经验推广到世界，巩固香港国际金融中心地位，提升大湾区国际金融影响力，促成中国参与全球金融治理，实现与国际金融规则的互动和衔接。通过深耕绿色金融，粤港澳大湾区有望成为支持"一带一路"沿线绿色发展的关键推动力，逐步引领全球绿色发展的方向。

（三）明确粤港澳各地定位，建设世界级绿色金融发展示范区

发展粤港澳大湾区的绿色金融，应明确粤港澳大湾区各地不同的定位，形成合作联动、分工负责、突出特色的协同惯性。在湾区内，以香港、澳门、深圳和广州四个城市为主要核心，形成金融核心圈。香港可以作为全球绿色金融交易中心；澳门可以充分利用与葡语系国家的历史联系；广州可以发展为国家级绿色金融改革创新试验区，深圳可以利用国家可持续发展议程创新示范区和中国特色社会主义先行示范区的政策优势，激发绿色金融创新，这两个城市可以成为双核心支持整个大湾区建设绿色金融合作平台。珠三角的其他城市可以分工协作，形成产业包围圈。一些制造业主导的城市可以建设绿色产业集聚区，而生态环保和资源丰富的城市可以打造绿水青山示范区。这样的错位发展将有助于形成产业集聚优势，扩大绿色产业与港澳金融市场的互联互通，推动粤港澳大湾区成为世界级绿色金融发展示范区。

（四）促进多层次绿色金融标准的互通互认

加强绿色金融标准的融合是粤港澳大湾区发展绿色金融的重要一环。为实现标准的互通互认，应建立统一可量化的绿色认定标准和权威的评级体制。大湾区可以构建项目绿色程度评估体系，建立绿色企业和项目库，并设立"绿色项目负面清单"等，以促

进三地的绿色标准和评估结果互通、互认和互用。同时，确保大湾区内绿色金融数据统计标准和信息披露制度的统一，为建立统一评级体系奠定基础。在绿色金融产品的标准方面，考虑到大湾区绿色产业的迅速发展和动态性，应采用灵活的标准制定机制，不断研究并更新标准体系，以适应产业发展的需求。此外，应鼓励团体标准和企业标准的制定，避免由于国家标准制定周期过长而导致标准滞后的问题。在环境影响评估认证方面，可以推广香港的"绿色金融认证计划"至大湾区各地，为发行者提供第三方认证服务，以确保绿色金融产品的环境、生态和气候效益得到专业认证。这将有助于提高绿色金融产品的质量和可信度，推动绿色金融在大湾区的发展。

三 推进粤港澳大湾区"无废湾区"建设

推动"无废湾区"建设，是大湾区迈向更可持续未来的坚定决心。在这个伟大的使命下，大湾区将聚焦创新与科技，集聚跨界智慧，以源头减量、资源化利用、废物处理协同为核心，共同筑就一座绿色堡垒，创造环保共赢的生态格局。

（一）强化全局规划

应提升"无废社会"建设至大湾区整体战略的高度，作为全面实现小康社会的重要组成部分。需推动粤港澳大湾区广泛运用量化指标，如资源产出率和资源循环利用率，将其纳入生态文明建设的核心战略指标，并融入经济社会发展评估及政府绩效评估体系。逐步构建社会范围内的固体废物分类与资源化循环体系，以降低整体资源与能源消耗，最大限度地提升资源的利用效率，最终建立符合中国国情的大湾区循环经济社会发展模式，实现"无废社会"的长远发展目标，确保可持续发展。

（二）夯实完善协调监管机制基础

重点解决"部门墙"问题，实现不同部门之间的管理责权合理分配，建立协调联动的监管工作机制，确保各部门分工明确、相互协作。在各级政府设立专门机构和专业人员，加大对固体废物收集、转移、利用和处置等环节的监管力度。同时，重视固体废物数据统计问题。要改进统计方法，扩大统计范围，以提高固体废物统计数据的准确性和可靠性，解决统计口径不一致、数据不完整以及某些固体废物缺乏统计数据的问题。同时，明确涉及固体废物的产业准入控制、回收、综合利用等方面的法律责任和管理规定。推动建立生产者责任延伸制度、企业间共生代谢机制等，同时建立资源化利用市场退出机制，以优化市场结构并提升整体资源化利用水平。明确在固体废物资源化利用过程中所需的污染控制标准和综合利用产品质量标准，着重规范工业装备再制造技术和再制造产品标准。同时，建立工业副产品鉴别标准和质量标准，以从源头控制固体废物品质，促进充分的固体废物资源化利用。

（三）加强社会参与和政策支持

推动社会参与，加强宣传教育，巩固社会基础。改进社会治理方式，积极防止"邻避效应"的发生，使公众成为参与者和决策主体，构建企业、公众和政府之间的合作机制，发挥企业、社区、家庭、中介组织和个人等社会力量的积极作用，培养他们参与固体废物分类资源化的积极性。将固体废物分类资源化纳入国民教育体系，提高全社会对固体废物资源化利用紧迫性的认知，推广资源循环理念，促进每位公民的生活方式朝着更环保的方向发展。加大投资力度，提升科技支持能力。加大国家财政专项资金和政府性投资等直接投入，以促进市场发展。同时，引导社会资本投入资源化利用产业市场。建立工程实验室、产学研平台、产业孵化器和标准实验室等支持体系，以推动污染防治技术、标准研究，促进资源化产品质量评估和风险评估等科技支持体系的发展。

（四）建立完善综合评价系统

当前，在处理餐厨垃圾等固废方面，采用了多种不同的方法，包括源头减量、收集运输、处理处置等。这些方法涵盖了传统的方式和不断涌现的新兴方式。例如，高温处理、中温湿式处理、干式厌氧消化等常规方式得到了创新，同时，一些餐饮企业或单位采用了源头快速减量餐厨垃圾处理器，以减少外运需求。家庭中也有人使用厨余垃圾粉碎机，将厨余垃圾粉碎后排入污水管道。多样性和不同的组合方式使得餐厨垃圾管理系统变得非常复杂。因此，迫切需要建立综合评价方法体系，该体系基于物质流分析、能量流分析、生命周期评价和生命周期成本评价等多维度分析方法，还需要相应的清单数据库，以实现对餐厨垃圾管理全过程和全周期的综合评价。

（五）协同推进处理固废技术能力建设

在实现"无废城市"建设和垃圾分类的过程中，高效处理餐厨垃圾显得至关重要。为了提升餐厨垃圾分类处理能力，建议各地采取多种激励机制，利用多元化融资方式来建设餐厨垃圾处理项目，以弥补处理能力的不足。可以采用 BOT、BOO 和 PPP 等模式，提高项目的建设和运营效率，减轻地方政府的负担，降低社会主体的投资风险。此外，建议制定主流处理工艺的相关技术标准，定期监督关键技术指标，规范评估和监管餐厨垃圾处理项目的实际运行效果，以指导行业提升技术水平。需要通过产学研用集成攻关，研发餐厨垃圾高效脱油除杂预处理设备，进行餐厨垃圾污泥和园林废物的联合厌氧消化工艺研究，突破资源化利用和无害化处理的制约问题。同时，加快新兴技术的中试与工程示范，积极探索餐厨垃圾处理的创新可能性。

四　着力打造现代建筑业高质量发展体系

大湾区应秉承城市发展规律，坚守大历史观，保持历史耐心，精心打造每一座建筑、每一个城区，专注于创建绿色、宜居、韧性和智慧城市，逐步将拥有香港、澳门、广州、深圳等城市的大湾区打造成经得起历史考验的千年湾区。着力改善大规模拆建、过时的建筑方式、短命建筑、质量问题、难以维护和高资源消耗等普遍问题，倡导"工匠精神"，将高质量标准融入建筑设计、施工和运营的方方面面，提升建筑质量和使用寿命，打造耐久、高性能、绿色低碳的百年古城。

（一）全力推进建筑低碳转型，打造建筑标杆城市

全力推进建筑业的低碳改革，打造杰出建筑典范城市。深圳一直是绿色建筑发展的领头羊，其建筑领域的碳排放约占全市总排放的1/4，因此成为节能减排的重点领域，应坚持全生命周期的绿色低碳发展理念，广泛应用低碳技术和产品，积极推动建筑领域向清洁低碳方向转型，确保绿色成为现代建筑业高质量发展的显著特色。

首先，要建立全面的绿色建筑标准体系，创建"深圳建造"的楷模。应充分利用智库总结深圳在绿色建筑领域的优势和经验，建立完善的绿色建造标准体系，推广全屋智能系统、数字化能源管理以及绿色建筑材料等尖端技术，加快发展高星级绿色建筑项目，提高建筑的环保性能，建立监督体系，全面推动工业和民用建筑的绿色化和低碳化改造。其次，提升已有建筑的节能改造水平。继续推动已有建筑的绿色改造工作，实施分布式光伏发电，鼓励已有建筑安装能源消耗的分项计量设备，并将能耗数据实时传输至市建筑能源监测平台，提高建筑能源监测的能力。结合老旧小区改造和房屋

装修改造，同步进行已有建筑的节能和绿色化改造，提高已有建筑的能源效益，推动城市基础设施建设，继续推进老旧小区改造工程，打造低能耗、高标准、可持续发展、智能化的绿色低碳城市。最后，要不断提高新建建筑的节能标准。大力发展绿色低碳社区，强化建筑全生命周期低碳设计、施工和运维，完善新建建筑的节能标准，确保新建工业和民用建筑 100% 符合绿色建筑标准，积极推动建筑行业的清洁低碳转型。

（二）发展装配式建筑是建造方式的重大变革

粤港澳大湾区应积极推动装配式建筑发展，利用制造业思维优势，强化建造体系创新，以科技创新、信息管理、数字生产、装配化建造促进建筑产业链各板块整合，提升产业链现代化水平。首先，加强装配式建筑标准体系建设，推行标准化设计，优化标准化流程，加速大湾区技术标准与其他城市对接，鼓励企业建设一体化设计平台，基于 BIM 技术的数字化集成设计，打造产业互联网平台，统一大湾区装配式建筑产业数据标准，实现信息应用与管理、标准化构件和部品部件互通共享，特别强化钢结构建筑标准体系建设，重点制定模块化建筑、钢结构保障房等地方标准，建立标准化部品部件库，提高标准化施工水平。其次，拓展装配式建筑应用场景，明确政府和社会投资项目实施装配式建造范围，推动装配式钢结构建筑技术在抗震设防类公共建筑、大型公共建筑中应用，鼓励新建民用和工业建筑采用装配式建筑方式，促进农房、民宿等标准化、模块化建设项目采用装配式方式，鼓励基础设施采用装配式部品部件建造，完善模块化建筑产品研发和推广，建立产品价格体系，倡导园区宿舍、校舍、医疗大楼采用模块化建筑，促进规模市场成熟。

（三）深化大湾区协作，扩大世界级"湾区建造"的国际影响

进一步推动深港建筑企业和专业技术人员的职业资格互认，建

立深港现代建筑产业联盟，积极对接香港北部都会区建设，同时研究引进香港先进标准适用机制。在建筑领域，创建更多具有国际影响力的合作平台，同时加强出口退税等政策激励措施，鼓励相关企业在海外设立工厂，积极推动粤港澳大湾区和"一带一路"核心项目建设。积极向海外推广"钢结构装配式建筑"等湾区制造的优势产业，以促使更多"湾区建造"和"湾区品牌"在国际舞台上崭露头角。

（四）积极推进绿色建筑技术的创新

支持骨干企业与高校、科研机构组建创新联合体，鼓励优势产学研单位围绕装配式建筑标准化、智能化、信息化等相关技术展开研究，推动部品部件智能工厂、数字化车间和智能生产线的建设，强化关键技术攻关，促进装配式建筑技术的整合与示范应用。同时，支持并鼓励新型智能化装备的研发和应用，例如建筑机器人、智能控制造楼机、质量安全智能监控机、高空焊接机器人等，以提升装配式建筑部件的自动化生产水平。加速中小企业装配式技术创新平台建设，强化装配式建筑全产业链一体化技术系统研发。建立健全装配式建筑科创技术服务清单及时发布机制，成立装配式建筑科技成果库，促进新技术、新材料、新工艺、新装备的推广使用。

（五）优化综合配套服务，积极推广绿色建筑落地

优化全面支持措施，积极促进绿色建筑实施。加强推广和应用绿色建材，可以借鉴佛山等城市入选首批国家试点，采纳其政府采购支持绿色建材以提升建筑质量的成功经验。需主动优化建筑材料目录，明确种类和数量，并改进入库和项目管理制度。应按照绿色建筑标准和法规的要求，提高项目对绿色建材的需求，以推动其广泛应用。强化绿色金融方面的支持，充分利用贷款贴息、利率优惠、保费补助等激励政策，鼓励金融资本投入，积极培育城市建设

领域的绿色低碳产业集群，推动其高水平发展。全过程监管也需加强。可以将发展绿色建筑作为市政府能耗总量和密度"双控"考核指标的重要影响因素，并建立责任制。需要在设计、建设、采购、监理等建设环节，严格执行全过程监管，通过"双随机一公开"等方式，检查绿色建筑的实施情况，确保相关工作得以顺利推进。

五　继续推进完善绿色交通体系

绿色交通体系是为了促进区域社会经济发展和实现区域资源共享而提供的重要服务，政府在区域交通设施建设方面发挥着明显的作用。然而，由于粤港澳三地目前处于不同的发展阶段，拥有不同的体制背景，因此需要全面考虑区域交通设施的特点、区域社会经济的发展情况、区域资源的共享机制以及政府的协调机制。

（一）促进绿色出行，打造绿色生活圈出行环境

推动绿色产业发展，健全交通污染监测和评估机制，倡导低碳经济。积极发展绿色交通产业，促进环保汽车的研发和推广，鼓励广泛使用电动公交和出租车。在"一国两制"的框架下，进行有利于减少雾霾污染的交通工具燃油和排放标准的研究制定。同时，加强关于绿色交通对空气质量影响的基础研究，完善评估标准和检测体系。同时，大湾区各市政府要倡导采用公共交通和非机动车出行方式，减少私人机动车使用。慎重考虑慢行交通在交通资源配置中的重要性，通过多种手段，如土地利用的调整、交通投资的倾斜、价格体系的调整、交通需求的管理以及提升公共交通服务水平，鼓励采用公共交通出行方式。通过合理规划站点周边环境，包括便捷的接驳和换乘设施，引导采用绿色出行方式，如"公交＋自行车"和"公交＋步行"。此外，通过绿化交通环境将交通设施与城市景观融合，以及提倡节能减排，营造以人为本的绿色出行环境。

（二）发挥轨道交通引领作用，引导优质生活圈城镇和功能节点的发展

通过城际轨道交通的引领，促使区域内城镇空间有序集聚，使居住和就业更加便捷，增进区域内各要素的协调流动，改善交通结构，降低对私人交通工具的依赖，减少资源和能源的浪费，减轻环境压力，提升区域环境品质。大湾区地区需充分发挥城际轨道交通的作用，引导区域内各城镇形成发展轴线和圈层，推动各都市圈内的功能布局更加合理。根据广佛、港深莞惠、珠澳中江等三大都市圈的布局，应通过都市圈交通协调发展的策略，确保轨道交通与城市空间的协同发展，跨越行政界线规划轨道交通网络，引导居住、就业和消费等功能跨区域分布，加强各都市圈核心地带发展，促进沿轴线的土地合理开发，推动城镇体系的有效布局，从而实现整个湾区的协调发展。同时，加强轨道交通对区域内城镇和功能节点土地利用开发的引领作用。粤港澳大湾区人口密集，土地资源有限，生态环境容量受限，因此，必须采取高度集约和可持续的发展方式来进行城镇体系建设和土地利用开发。紧凑的空间发展不仅有助于高效利用土地资源，减小城镇和产业对土地的压力，减轻城市化对自然环境的冲击，而且能促进人口和产业的集聚，提高城市的功能和服务水平。因此，应以城际轨道站点为核心，借鉴 TOD 理念，规划和建设站点周边地区，建立轨道交通与土地利用开发的良性互动机制，跳出传统的低密度、无序扩张的发展模式，打造多元化的城市发展格局。

（三）促进设施协调共建，建立协同机制支持交通基础设施建设

创建大湾区交通发展专责协调机构，以推动综合交通建设的统筹协调。由于粤港澳大湾区各地当前处于不同发展阶段和拥有不同体制背景，跨越多个城市和部门的综合交通基础设施建设需要建立

协同工作机制。现有的机构难以对区域交通整体发展进行连贯深入的统筹协调，因此有必要设立专责协调机构，负责统筹和协调大湾区的交通发展。此外，要建立和完善全过程协同工作机制。在专责机构的协调下，加强对交通规划、计划、建设和运行管理的全过程统筹和协调；共同制定大湾区综合交通协调发展规划，统筹组织大型交通基础设施的设计，协调设施布局和技术标准，加强跨界设施的空间衔接；共同制订大范围区域交通基础设施建设计划，协调设施建设的时序；在跨界交通设施的运行管理方面，统筹规划，提高设施的运行效率和服务水平。这将有助于确保交通基础设施的有序发展，支持大湾区的可持续发展。

（四）建立健全高效的跨界服务，实现大湾区内优质生活圈的高效跨界出行

一方面，要推动出台一体化的跨界客货运输政策。在"一国两制"的框架下，逐步放宽大珠三角地区的人员跨界政策，以实现粤港澳城市生活的无缝联结。积极鼓励华南和西南省份充分利用国家铁路网进行大规模综合货物的海铁联运，同时推动珠江沿线以及东、西部城市与香港之间的水陆联合货物运输。积极探索"单向查验""免检"等创新通关政策，全面改善出入境管理方式及手段。

另一方面，要积极建立完善一体化的跨界客货运输服务系统。积极推广技术手段，如电子通关（e-道）等，简化海空联合运输通关程序。同时，深入研究如何加强粤港澳之间的跨界信息合作，构建粤港澳之间无缝衔接的跨界交通服务体系，包括直通出租车服务、直升机服务、一卡通服务以及跨界客货运输信息平台共享等。这些措施旨在实现高效的跨界出行，为优质生活圈的发展提供有力支持。

后　记

　　"世界湾区发展指数研究"是在中共深圳市委宣传部指导下，深圳市重点人文社科研究基地——深圳市社会科学院深圳市情调查研究中心具体负责实施的重点研究项目之一。该项研究旨在通过建立世界湾区发展评价指标体系，对纽约湾区、旧金山湾区、东京湾区、粤港澳大湾区等世界知名湾区的发展水平进行综合测评，形成世界湾区发展指数系列研究报告。从2021年开始每年出版发布一册，本书——《世界湾区发展指数研究报告（2023）》是该系列的第三本。

　　本书由陈金海、范伟军同志负责研究统筹和统稿审定，方映灵同志具体负责协助组织完成。各章内容具体分工情况如下：

　　前　言　陈金海、陈能军

　　第一章　文献综述：世界湾区现代化发展研究　范伟军、贾淙

　　第二章　2022~2023年度世界湾区发展指数分析报告　陈能军、胡悦

　　第三章　粤港澳大湾区国际化发展研究报告　袁义才、陈曦

　　第四章　世界湾区金融发展比较研究　李凡、刘昊兰

　　第五章　世界湾区数字化发展比较研究　张国平

　　第六章　粤港澳大湾区高等教育高质量发展研究　吴燕妮、谷志远

　　第七章　世界湾区生态文明发展比较研究　张国平

　　本书的出版得到了深圳市宣传文化事业发展专项基金的资助，

书稿写作过程中得到了来自全国、省、市相关研究领域有关领导和专家的指导。参与本书撰写的作者也付出了辛勤的劳动，在此深表感谢！囿于我们的视野和水平，书稿编撰难免存在不足之处，诚挚地希望读者予以指教。在未来的指数编制过程中，我们将进一步加强世界湾区发展一般性规律的总结分析，进一步探索世界湾区发展评价指标体系，更加全面客观地测评世界湾区及其主要城市的发展水平，为编制更高质量的世界湾区发展指数研究报告贡献深圳学派的理论智慧。

2023 年 9 月

图书在版编目(CIP)数据

世界湾区发展指数研究报告. 2023 / 陈金海, 范伟
军主编. -- 北京：社会科学文献出版社, 2023.12
　　ISBN 978-7-5228-2758-2

　　Ⅰ.①世… Ⅱ.①陈… ②范… Ⅲ.①世界经济－经
济发展－指数－研究报告－2023 Ⅳ.①F113.4

　　中国国家版本馆CIP数据核字（2023）第216687号

世界湾区发展指数研究报告（2023）

主　　编 / 陈金海　范伟军

出 版 人 / 冀祥德
责任编辑 / 周雪林
责任印制 / 王京美

出　　版 / 社会科学文献出版社
　　　　　　地址：北京市北三环中路甲29号院华龙大厦　邮编：100029
　　　　　　网址：www.ssap.com.cn
发　　行 / 社会科学文献出版社（010）59367028
印　　装 / 三河市东方印刷有限公司

规　　格 / 开　本：787mm×1092mm 1/16
　　　　　　印　张：26　字　数：315千字
版　　次 / 2023年12月第1版　2023年12月第1次印刷
书　　号 / ISBN 978-7-5228-2758-2
定　　价 / 139.00元

读者服务电话：4008918866